河北省社会科学基金项目

On the Question of the Truth
of Historical Cognition

张云飞 著

历史认识的真实性问题研究

中国社会科学出版社

图书在版编目（CIP）数据

历史认识的真实性问题研究/张云飞著. —北京：
中国社会科学出版社，2017.3
ISBN 978 - 7 - 5203 - 0045 - 2

Ⅰ.①历…　Ⅱ.①张…　Ⅲ.①史学—研究
Ⅳ.①K0

中国版本图书馆 CIP 数据核字（2017）第 054311 号

出　版　人	赵剑英
责任编辑	宋燕鹏
责任校对	冯英爽
责任印制	李寡寡

出　　版	中国社会科学出版社
社　　址	北京鼓楼西大街甲 158 号
邮　　编	100720
网　　址	http://www.csspw.cn
发　行　部	010 - 84083685
门　市　部	010 - 84029450
经　　销	新华书店及其他书店

印　　刷	北京明恒达印务有限公司
装　　订	廊坊市广阳区广增装订厂
版　　次	2017 年 3 月第 1 版
印　　次	2017 年 3 月第 1 次印刷

开　　本	710×1000　1/16
印　　张	17
插　　页	2
字　　数	281 千字
定　　价	70.00 元

序　言

　　马克思曾经在《德意志意识形态》中强调"历史科学"的重要地位，并把它作为统摄自然史和人类史的"唯一的科学"："我们仅仅知道一门唯一的科学，即历史科学。历史可以从两个方面来考察，可以把它划为自然史和人类史。但这两个方面是不可分割的；只要人存在，自然史和人类史就彼此相互制约。自然史，即自然科学，我们在这里不谈；我们需要深入的是研究人类史，因为几乎整个意识形态不是曲解人类史，就是完全撇开人类史。意识形态本身只不过是这一历史的一个方面。"马克思的这一论述实际上表明了历史意识对于科学研究的极端重要性。科学家牛顿认为自己是"站在巨人的肩膀上"，哲学家冯友兰区分"照着讲"和"接着讲"两种境界，表明科学研究也好，哲学研究也罢，都是植根于历史的。每一个学科都有其自身发展的历史脉络，每一项成果都能在这一历史脉络中获得相应的定位。在这个意义上，历史意识或者历史研究对学术研究具有本质的重要性。既然每一个学科都在一定程度上涉及历史研究，那么，理解和把握历史研究的学科性质和价值目标就是一件具有重要理论意义和现实意义的事情了。

　　在近代西方，兰克阐述了建立在原始材料基础上"如实直书"的历史客观主义；在古代中国，司马迁坚持"其文直，其事核，不虚美，不隐恶"的历史实录精神。然而，这种深入人心的传统价值观念却受到现代批判的历史哲学、后现代历史哲学的严重挑战。在现代批判的历史哲学看来，每一代人总是从自己时代的需要出发，并根据自己的知识结构、价值观念，根据历史教科书、历史知识、历史资料去认识过去的历史的。然而，历史教科书、历史知识乃至历史资料都不是客观的，而是历史学家主观意识的产物。因此，不可能认识所谓的客观历史，甚至不存在客观历史。按照后现代历史哲学的观点，没有历史的真理，只有繁杂的解释；没有客观的真实，只有主观的看法。这就使历史认识的真实性问题突出地摆在人们的面前。张云飞博士以其敏锐的理论观察力注意到这一问题，写下了这部著作，即《历史认识的真实性问题研究》，集中探讨了历史认识的真实性问题。

英国历史哲学家沃尔什把历史哲学分为两个基本派别，即思辨的历史哲学与批判的历史哲学，即分析的历史哲学。其后，美国历史哲学家德雷进一步指出："思辨的历史哲学试图在历史中（在事件的过程中）发现一种超出一般历史学家视野之外的模式或意义。而批判的历史哲学则致力于弄清历史学家自身研究的性质，其目的在于'划定'历史研究在知识地图上所应占有的地盘。"这就是说，思辨的历史哲学主要研究历史本身的规律，而批判的历史哲学主要研究历史知识的性质。前者关注历史本体论，后者关注历史认识论。历史是已经过去的存在，在认识历史的活动中，认识主体无法直接面对认识客体，这就使认识历史的活动具有了特殊的复杂性。要认识历史，首先就要分析和理解历史知识、历史资料的性质。自觉而明确地意识到这一点，是分析的历史哲学即批判的历史哲学特点或优点。而一旦有了这种自觉而明确的意识，就会唤起一种自觉的批判精神，认识历史的努力在这里就会或多或少地变成历史认识的自我批判。因此，批判的历史哲学的形成绝不意味着西方历史哲学的没落，相反，意味着西方历史哲学的成熟。对历史认识论的探讨是一项极具科学价值的工作。如果对历史本体的探讨不与对历史认识的分析相结合，那么，其结论必然是独断的、不可靠的。

批判的历史哲学重视历史认识论研究不无道理，它促使我们更自觉地意识到认识能力的相对性，从而更清醒地去认识历史。但是，批判的历史哲学在考察历史认识论时，竟把其前提（即客观历史）一笔勾销了，结果是犯了一次"演丹麦王子而没有哈姆雷特"的错误。在这里，我们看到了凝重的历史虚无主义色彩。后现代历史哲学彻底解构了客观主义历史学构建起来的研究模式，彻底否定了历史的客观性，同时又依然保持了批判的历史哲学的批判性。不过，这种批判的指向却产生了巨大的游移。其特点在于，针对统一的现代知识体系并怀疑一切，怀疑史料，怀疑叙述，怀疑语言，怀疑历史学家的真诚，一言以蔽之，历史思考和写作的整个过程都需要怀疑。从这些怀疑出发，后现代历史哲学把历史学定位于建立认同感，而不是展示真理性。这就使解答历史认识的真实性问题变得更为复杂，更为艰难。

本书作者张云飞博士的学科背景是马克思主义哲学，学术背景正处在后现代历史哲学"魅力"四射的时代。然而，他没有"跟着感觉走"，而是在这部著作中深思历史研究的现状，力图运用马克思主义哲学的观点和方法，在综合分析近代历史哲学、现代历史哲学和后现代历史哲学的基础上，全面检视历史认识真实性的目标，条分缕析历史认识的真实性问题，并使之与历史认识的客观性相区分。

按照罗蒂的观点，客观性这个概念主要有两个层面的含义。第一层含义是"如其实际所是的那样来再现事物"。追求这种意义上的客观性，在历史研究中具有非常大的难度，因为历史科学和自然科学不同，自然科学研究主要是针对眼前的对象而展开，研究对象可以复制，研究结果可以检验；而历史科学的研究对象是过去的事件和人物，这些历史事件和人物具有一去不复返的特性，既不可能召回，也不可能复制。这就是说，研究对象本身已经在研究者面前消失，研究者因此很难确定"其实际所是的样子"，这种意义上的客观性因此也很难实现。第二层含义是"对一种观点的刻画，这一观点由于作者未被非相关的考虑所歪曲的论证结果而被一致同意"。这就是说，如果某个观点与主题紧密相关，并且经研究者一致同意，那么，这个观点相对于未经他人同意的个人见解而言就具有客观性。这种意义上的客观性是以一致同意为基础的，似乎在说民意测验就可以作为鉴别学术观点真伪的标准。

第一种意义上的客观性是客观主义历史学所追求的主要价值目标，同时也是后现代历史哲学所批判的主要对象。后现代历史哲学在历史文本中发现了太多的建构起来的东西，包括情节化结构编排、意识形态蕴涵、修辞手法等，因此，后现代历史哲学认定，客观主义历史学不可能达到以客观性为基础的"如实直书"。第二种意义上的客观性是在第一种意义上的客观性难以实现的情况下退而求其次的表现。但是，在做了这种退步之后，就难以对客观性与主观性做出明确的区分了，区别仅仅在于是一个人的主观性，还是多个人的主观性。在这里，客观性实际上蜕变为主观性。

可见，历史研究如果再把客观性确定为自身的研究目标，就会面临诸多的理论困难。于是，张云飞博士的这部著作，即《历史认识的真实性问题研究》力图全面论证历史认识的真实性，并以"真实性"代替"客观性"，从而把历史认识的目标明确标示为真实性。相对于"客观性"而言，"真实性"具有自身的优势，"客观性"不能容纳历史认识中的主观因素，而"真实性"这个概念并不排斥历史认识中的主体或主观因素。在张云飞博士看来，只有从这种立场、观点出发研究历史，才能够使历史研究、历史写作更具有真实性。这一见解虽然有待商榷，但的确不无道理。

围绕历史认识的真实性问题，该著作的第一章从词源学的视角考察了"真实性"概念的含义，认为"所谓'真实性'，就是指某一作品（或陈述、认识，等等）具有的与某种世界本体相符合的性质"。应该说，这一界定涵盖了历史研究不同语境中的真实性概念。然后，这部著作从四个方面展开关于历史认识真实性的论述：一是专门设置一章即第二章论述"历史解释及其中存在的真实与虚构的冲突"，阐述了历史解释性质的科学性与艺术性、哲学与历史学的差异与互补关系，并认为历史认识的实质就是进行历史解释。二是提出历史认识的对象是历史事实，当前历史哲学讨论历史认识真实性问题的核心就是围绕历史事实的性质展开的。那么，历史事实是什么、历史事实在哪里、历史事实发生于何时……这些问题都是迫切需要解答的重大理论问题。这部著作的第三章集中探讨了这些问题。三是提出历史认识主要是借助历史文本来展开研究的，这部著作的第四章就主要探讨历史文本及其在理解历史真实性中的作用，侧重说明在作者与读者双重制约下的文本规划过程。四是分析了历史研究方法及其与真实性的关系，考察了方法在历史认识过程中的地位和作用，史料考证法、抽象分析法、历史分期法、阶级分析法、从后思索法等历史研究方法都在讨论之列。这是这部著作第五章的内容。这样，《历史认识的真实性问题研究》围绕着"历史认识的真实性何以可能"这一核心问题，建构了一个合理的论证体系，并为我们展示了一个新的哲学研究、史学研究的理论空间。

　　我追求的理论目标是求新与求真的统一，我按照这个目标要求我自己，也按照这个目标要求学生。《历史认识的真实性问题研究》的作者张云飞是我的博士生，这部著作是在其博士论文的基础上写成的。从博士论文写作到这部著作的出版，时间整整过去了十年。十年间，张云飞博士执着专注、锲而不舍，不懈探索历史认识的真实性问题。这部著作当然有不成熟之处，有不完善之处，但求新与求真的统一这一原则犹如"看不见的手"在引导着这部著作的写作，并促使我们远眺一片思想的海洋。由此，我不由自主地想起了海涅《还乡曲》中的诗句：

　　　　　　我的心完全和海一样，
　　　　　　有潮汐也有风雨，
　　　　　　并且在它的深处
　　　　　　蕴藏着许多明珠。

杨　耕
2016 年 9 月于北京师范大学

目　　录

第一章　历史认识真实性
问题的理论定位

　　还原历史、追求真实是历史研究者在进行历史写作的过程中所坚持的一个重要的价值目标。作为目标而存在的东西总是与现实有一定的差距，只有在现实社会中暂未实现的东西才能够作为一种目标存在。历史认识的真实性就是这样一种价值目标，它在实现自身的过程中总是遇到各种困难，想要达到真实，最终获得的只是对世界历史的带有很多主观色彩的描述。与此同时，这种真实性的诉求是否能够作为规范历史研究过程的目标也受到了广泛的质疑，其中隐含着一系列重要的理论问题。本书的主题就是围绕这些有关历史认识真实性的问题而展开论述的，其中包括关于历史认识真实性概念的含义和层次的揭示，关于历史认识真实性问题的内在症结的诊断，关于历史解释、历史事实、历史文本以及历史研究方法等环节中的具体问题的说明，等等。在开始论述正题之前，总是需要有个正本清源、场域廓清的过程，这就像电影院在一部电影上演之前需要清场一样重要。我们的清场过程就是对历史认识真实性问题进行理论定位的过程。

第一节　历史认识真实性概念的内在澄明

　　海德格尔在 1969 年 9 月 7 日的哲学讨论班上，与一些法国哲学家讨论了语言转化（一种形而上学语言如何转化为非形而上学的语言）的两个条件：内在澄明与对外部境况的守护。这两个条件最初来自威廉·冯·洪堡的论述，洪堡在《通向语言之路》中说道："一个民族也许可以通过内在澄明与对外部境况的守护，给予它所继承的语言另一种形式，以至于它借此完全变成了另一种崭新的语言。"① 语言转化的这两个条件，一个是通过对于语言自身意义的深入领悟，从而使同一个语音代表与前此不同的意义，这就是所谓的内在澄明；一种语言在与其外部境况的比较和相互作用下，使自身的含义变得更加显明，更易于理解，这就是所谓的对外部境况的守护。洪堡和海德格尔都是从语言转化的角度来使用这两个条件的，我对于这两个条件的使用与它们的原初意义有所不同，我把它们当作理解词语的两个有效途径来加以使用，即我们要理解一个词语的确切含义，首先必须对该词语本身的意义加以充分的理解（内在澄明），其次还要和一些相关的与其不同的词语进行比较，在比较中进一步明确该词语的具体含义（与周边概念的比较），只有通过这两条途径，我们才能够对某一词语的含义有一个明确清晰的认识。本章第一节的任务就是对历史认识的真实性概念进行内在澄明，第二节将进一步涉及它与周边概念的比较。

一　真实性概念的词源学考察

进行词源学考察的主要目的是在母语的环境中确定该词语的确切含义，为围绕该词语展开的进一步论述奠定一个稳固的基地。在罗竹风等人主编的《汉语大辞典》中，对于"真实性"一词的释义有两条：其一是"佛教语。圆成实性三义之一，亦称真如"②。在这个释义中的例句引自龚自珍《南岳大师大乘止观科判》："止观境界分三科：一、真实性，即真如。"这一种释义涉及佛教，解说语焉不详，例句说一半藏一半，从这里我们根本发现不了佛教中使用"真实性"一词的本义。如果想要对其本义有所了解，我们必须知道佛教中三性说的基本内容。三性说由我国唐朝的高僧玄奘提出，其理论来源是印度大乘佛教，所谓三性是指遍计所执性、依他起性和圆成实性。出于人们的错误成见，把原本虚假的东西当作真实存在的东西来看待，这就是遍计所执性，遍计是周遍计度的意思；所谓依他起性，"他"指因缘条件，依他起就是依种种因缘条件而生起，从存在论上来说就是指一个事物依赖于其他事物而获得生存的意义，从认识论上来说就是对一个事物的解释只是看到外部现象或外部条件，同样是虚假

---

① ［法］费迪耶：《晚期海德格尔的三天讨论班纪要》，丁耘摘译，《哲学译丛》2001 年第 3 期，第 52 页。

② 罗竹风主编：《汉语大词典·第 2 卷》，汉语大词典出版社 1988 年版，第 151 页。

的。圆成实是圆满、成就、真实的意思。圆成实性就是圆满成就的真实性，也叫真如、法性，也就是一切事物的本性、本体，它是真实的。佛教常以蛇、绳、麻作比喻说明三性：一个人夜行山路，猛然间见一草绳，弯弯曲曲盘在路旁，便误认为是蛇，这就是"遍计所执性"；走近一看，发现是绳，绳是由草编织而成，这便是"依他起性"；再细看此绳，乃是由麻所制成，这便是"圆成实性"。这一比喻，在本体论上形象地说明了"无""假有"和"实有"之间的关系，在认识论上形象地说明了"妄想""相对真实"和"绝对真实"之间的关系。三性的理论，是佛教唯识宗概括分析世界万物的重要观点，是讲世界万物怎样形成，什么是客观事物的真实性，以及虚假的现实世界和绝对真实的本体世界的关系问题；在宗教实践上就是如何由世俗世界进到佛教最高境界的问题，即要去掉遍计所执性，领悟依他起性，体证万物真实本性——空。至于《汉语大词典》的释义中提到的龚自珍的那部著作是他对南岳慧思禅师的《大乘止观法门》一书的研究和分析，《大乘止观法门》是佛教天台宗的代表作，其中也有关于三性的说明，这里把三性概括为"分别性""依他性"和"真实性"，对其含义的解释类似于遍计所执性、依他起性和圆成实性。① 基于上述分析，可以看出，佛教中所谓"真实性"的概念，是指在排除虚假幻象和一切外部因素之后，对于世界本体的体悟和回复。只有与本体相符合、具有自性的东西才具有真实性，否则都可以归入虚假的幻象，是不真实的，或者是局部不真实的。

《汉语大词典》对"真实性"一词的第二条释义是"指反映事物真实情况的程度。特指文学艺术作品通过艺术形象反映社会生活所达到的正确程度"②。对于"真实性"含义的这一条释义同样包含着许多未被说明的东西：首先，上述的释义中缺省了主语。这里被缺省的主语是什么？什么在反映事物的真实情况？反映事物真实情况的东西显然是指人的某一项认识成果，或者按照下文中的意思，缺省的主语应该是文学艺术作品以及与此相类似的东西，例如历史作品、哲学作品等。其次，判断某个作品的真

---

① 关于佛教三性说的分析，资料来源包括：http://zhihai.heshang.net/Article/foshuku/han-chuan/huayan/200603/22371.html；http://www.mybuddhist.com/BuddDatabase/FoXueWenJi/ShengY-an/ShengYan001-10.html；http://www.ebud.net/teach/fschool/teach_fschool_20060316_7.html。

② 罗竹风主编：《汉语大词典·第2卷》，汉语大词典出版社1988年版，第151页。

实性程度在本质上就是一种评价,是谁在作出这样的评价?显然,评价权不在作者手中,作者只有在该作品遭受质疑的时候作出某种解释或辩护的权力,所以评价的主体应该是读者,所以"真实性"是读者对某一作品反映事物真实情况的程度的一种评价。最后,这个释义中所说的"程度"是什么意思?是指百分比吗?一般来说,没有哪一位读者在对某一作品的真实性的评价中用过百分比,他们不会说这一作品80%是真实的,其他的20%是虚构的。一个人对于某个作品的真实性进行评价的机制大致是这样:首先对于某一复杂事件中所包含的简单事件作出真实性的评价,然后逐步推进,按照事件发生发展的步骤以及各个事件之间转化的条件和可能性等方面对于事件进程的真实性进行评价,最后对于这一复杂事件的真实性作出整体概观。在这个过程中,不管是对于简单事件还是对于由简单事件构成的复杂事件的真实性的评价都不可能涉及"程度"的判定。简单事件,如果用罗素的逻辑原子主义的术语进行表述的话就是原子事件(最简单的不可再分的事件)。对于原子事件的判定,我们只能说它或者是真实的,或者是虚假的,除此之外没有第三种答案,这里根本涉及不到"程度"这样的评价。对于由各种原子事件所构成的复杂事件(或可称为分子事件)的真实性的评价则与原子事件的真实性存在密切关联,确定了原子事件的真实性,分子事件的真实性也就能够随之确定。由于分子事件所包含的各种原子事件之间存在着紧密的内在关联,同时,每个原子事件都为分子事件进行铺垫和服务,每个原子事件的真实性必然波及整个分子事件的真实性,其中只要一个原子事件是虚假的,那么整个分子事件的真实性就不会有可靠的基础。在案件侦破的过程中经常会出现这样的情况,嫌疑犯首先想到的就是逃避自己的罪责,他在对整个事件的叙述中编制了若干个原子事件,这些原子事件是他不可能犯罪的理由;侦察员在听取他对于整个事件的叙述的过程中,往往可以通过判定某一原子事件的虚假来推翻他关于整个事件的叙述;把这个原子事件作为突破口,就可以推定这个嫌疑犯是出于某种缘由刻意隐瞒某些事件,这些被隐瞒的事件就会成为破案的关键;这一原子事件的虚假带来了多米诺骨牌效应,随之而来的结果是他的整个叙事都会遭到彻底的怀疑。在现实生活中,我们也可以发现这样一个事实,那就是只要你发现一个人对你说了一句谎话,那么与这句谎话相关的一系列事件的真实性就都是可疑的。可见，对于分子事件的真实性评价与原子事件存在密切的关系，依据原子事件的真实性可以推定分子事件的真实性。分子事件中的有些原子事件是真的，有些原子事件是假的。但是，我们在对这个分子事件进行整体的概观时，我们往往不会说它亦真亦假，因为这样的判断在行动之中不会产生任何实际的效果，我们只会说这个分子事件是真实的，或者是虚假的，可见，在对分子事件的真实性的评价中我们也不会涉及"程度"这个概念。由此可以判定，《汉语大词典》对"真实性"的第二条释义是不完整的，在对"真实性"一词的释义中使用"程度"一词也是不恰当的。

我们应该选用什么词来代替"程度"这个词呢？其中的关键是要看"性"这个字的含义，在同一词典中，对"性"这个字的释义有九种：人的本性；事物的性质和性能；生命，生机；性情，脾气；身体，体质；姿态；性别；指与生殖、性欲有关；佛教语，指事物的本质，与"相"相对。① 通过对比"性"这个字的九种释义，我们很快就能发现，其中并没有包含"程度"的意思，同时我们却能够从中发现与"真实性"这个词境相匹配的一种释义，这就是把"性"理解为"事物的性质和性能"，于是对于"真实性"这个词语的释义比较完整的表述就是：某一作品（或陈述、认识等）具有的反映事物真实情况的性质。

对于真实性含义的界定至此依然是表面化的，必须进一步对其加深认识。下面我们来进一步考察"真实"的含义，在《汉语大词典》中对于"真实"的释义有三条：（1）"跟客观事实相符合；不假"。与这一"真实"相对的"真实性"的含义就是："某一作品（或陈述、认识，等等）具有的与客观事实相符合的性质。"如果把这种含义运用于历史哲学，就是客观主义史学的观点。（2）"真心实意。"例句采自苏轼《东坡志林》（《稗海》本）卷十："玄德将死之言，乃真实语也。"意思就是说蜀主刘备在白帝城对诸葛亮的托孤之言是刘备的真心话。这里的"真实"显然是指一个人说出来的话和其内心的真实想法相符合，也就是与人的思想相符合，与之相对应的"真实性"的含义就应当是："某一作品（或陈述、认

---

① 参见罗竹风、洪笃仁主编《汉语大词典：第 7 卷》，汉语大词典出版社 1991 年版，第 476—477 页。

识，等等）与历史人物的内心思想相符合的性质"，这是主观唯心主义的理解方式，克罗齐的历史哲学思想与此类似。（3）"确切清楚"。例句一采自明朝冯惟敏《不伏老》第二折："且是眼花花的怎生看的真实。"例句二采自《三国演义》第四五回："后面言语颇低，听不真实。"这两个例句一个是说自己看不清楚，另一个是说自己听不清楚，在这两个过程中都有一个被看的东西和被听的声音存在在那里，而自己并没有清楚地看到或听到那个对象，自己的认识没有达到与感官对象相符合的状况，这里的"真实"就是与感官对象相符合，与之对应的"真实性"的含义就是："一种感性认识具有的与感官对象相符合的性质。"由此，我们揭示了"真实性"本质上包含着一种验证符合的活动，人们对于应该与之符合的对象的认识有所不同，一种是客观事实，一种是人的本真思想，一种是感官对象。如果用哲学思维来表述这些对象，它们的区别在于对于世界本体的认识的不同，有的人主张外部事实具有实在性，人的认识的真实性就在于与客观事实相符合；有的人主张，人的思想和感觉是最为实在的东西，外部事物只是人的感觉的复合，人的认识的真实性就相应地来自与人的主观思想或者感受相符合；有的人主张绝对精神具有实在性，那么他就会认为人的认识的真实性就是与绝对精神相符合。由此可见，把"真实性"界定为"某一作品（或陈述、认识等）具有的反映事物真实情况的性质"，具有很大的片面性，我们应该把这一界定进一步精确化。所谓"真实性"，就是指某一作品（或陈述、认识等）具有的与某种世界本体相符合的性质。

有人曾经问我，"真实性"在英文中对应的词语是什么？我当时没能回答出来。但这是一个重要的问题，因为西方的历史哲学思想是我们展开分析所需要依赖的重要资源，不知道在英语语境中与"真实性"相对应的词语的具体含义，对我们下一步论述将产生制约效应。因此，我们在这里需要对英文中与"真实性"相对应的词语进行考察。在英文中具有"真实性"含义的单词主要包括 authenticity、factuality、realism、reality、truthfulness、truth 等六种。

根据《新牛津英汉双解大词典》（上海外语教育出版社 2007 年版），authenticity 是 authentic 的名词形式，authentic 的基本词意是"of undisputed origin，genuine"，中文词义是"可信的、真正的"，这是对人的一种基本生活态度的表达，包含诚恳、值得信赖等方面的意思，其延伸词义包含"based on facts, accurate or reliable"，中文词义就是"真实的（基于事实的）、精确的或可靠的"。存在主义哲学使用了该词，表达的意思是"relating to or denoting an emotionally appropriate, significant, purposive, and responsible mode of human life"，存在主义哲学用这个词表达的是本真性的（生存状态），这种生存状态是一种具有适当情感的、有意义的、有目的的和负责任的生活方式。在文学艺术领域也广泛使用 authenticity 一词，其含义是真实性，对于音乐来说就是其音响效果具有真实性，不刺耳；对于文学和绘画来说就是其反映的题材和内容具有真实性，来源于生活但又高于生活。在建筑学领域也在广泛使用 authenticity 一词，其含义是原真性，在古建保护领域所讨论的修旧如旧和修旧如新这两种不同意见就是产生于对于古建筑的原真性的不同理解。从其具体使用的一般情况来看，如果把 authenticity 译为"真实性"的话，其基本含义是"基于事实的"（based on facts），也可以表达为来源于生活世界，其中并不排除想象和虚构的成分，这是艺术的真实性，而不是历史学所要求的真实性。

factuality 与 authenticity 相比更偏重于事实，其含义是"真实的或基于事实的性质"。美国的《社会力量》（*Social Forces*）杂志在 1947 年第 3 期上发表了一篇署名为 Hornell Hart 的文章，文章标题是 Factuality and the Discussion of Values，该文章讨论的主题是关于社会学研究的一种争议，一方的观点是如果社会学想成为一种科学的话，就必须避免作出任何价值判断；另一方的观点是如果社会学想充分发挥其功能，就必须有效地处理价值问题。这也就是在社会学研究中如何处理事实和价值问题的讨论。社会学的 factuality 就是指社会学研究需要在有充分事实依据的基础上开展。这种用法过于偏重于事实的层面，而缺省逻辑的层面或者说是观念的层面，具有很大的局限性。另外，在后现代历史哲学中，有些学者（例如海登·怀特）刻意避免使用"事实"这一词语，而用比较中性的"事件"取而代之，其原因也在于此。历史真实性并不是一维的，也就是说并不仅仅是与客观事实相符合的主观认识才具有真实性，不涉及客观对象的某些思想或者情感同样也具有真实性。因而，factuality 并不适用于历史研究领域。

realism 和 reality 都与形容词 real 存在一定的关联，real 的基本词义是"确实存在的或真实发生的；不是想象或虚构的"，这里内在地包含一个存在判断，即一个事物的存在是真实的或者一个事件的发生是真实的，较少地涉及对一个对象的认识与这个对象的关系问题，因此应用到哲学中就是一个本体论概念，real 的含义是"实在的"或"如其所是的"。与此相类似，realism 的含义中也有"真实性""真实感"或"逼真性"等意思，但当它应用于哲学之中时，是指中世纪出现的一个哲学理论，即"唯实论"。reality 的基本词义是"现实、实际、事实、实体"，也延伸出"真实感、逼真性"的含义，但是应用到哲学领域，该词的含义是"实在、实在性"，这些都是对于世界本体的一些属性的判断，适用于历史本体论，但不具有历史认识论上所说的"真实性"的含义。

truthfulness 是形容词 truthful 的名词形式，truthful 的含义有两个，第一个意思是指"说真话的，（陈述）属实的，诚实的"，这是对一个人说或者表达的行为的判断，另外还包含对于一个人品质的判断（诚实的）；第二个意思是指"（文艺作品）准确的，现实的，忠于生活的"，这是从文艺作品与生活的关系角度来说明的，正像前面我们分析 authenticity 的基本词义时指出的那样，这种真实或现实并没有排除想象的虚构的成分，这种真实表达为"合理的想象"更为确切，与我们所说的"历史的真实性"是有一定差距的。

排除了所有其他的选项之后，现在只剩下了最后一个词"truth"。我们大家都知道 truth 是"真理"的意思，但这不是它的基本词义，它的基本词义是"the quality or state of being true"，直译就是"真实的性质或状态"，也就是"真实性"。英国思想家沃尔什在《历史哲学——导论》中分析了"批判的历史哲学"所研究的四组问题，其中第二组问题就是关于"历史学中的真实性和事实"，在该书的英文版中，对于这个问题是这样表述的：The same can be said of the second group of problems belonging to critical philosophy of history，which centre round the conceptions of truth and fact in history.①这句话译为中文就是："同样的话适用于批判的历史哲学的第二组问题，这组问题是紧紧围绕历史学中的真实性和事实等概念而展开论述的。"另外，该书第四章的标题也是 Truth and Fact in History（历史学中的

---

① Walsh W. H., *Philosophy of History*: *an Intruduction*, New York and Evanston: Harper & Row, 1958, p. 17.

真实性和事实）。①《历史与理论》（*History and Theory*）杂志1981年第20卷第1期发表了波兰学者托波尔斯基（Jerzy Topolski）的一篇文章，文章的标题是 Conditions of Truth of Historical Narratives，译为中文就是"历史叙事之真实性的条件"②。以上证据显示，我们研究的"真实性"一词相对应的英文单词就是 truth，这一用法适合词语的本义，同时也被学者们广泛地使用。至于 truth 的第一词义"真实性"与第二词义"真理"之间的关系问题，我们将在下文中进一步论述。

二　在历史本体层面上的真实性

历史包含两个层面，其一是实在历史，其二是记述历史。实在历史是过去客观实在地发生过的历史事件以及历史人物的总和。记述历史则是这些实在历史在文本中的呈现。在历史本体层面上的真实性实质上所指的就是实在历史的真实性，这里真实性的含义并不是偏重于"真"的层面，而是更多地偏向于"实"的层面。"真"的含义主要是指认识和对象相符合的属性，这主要是在认识论领域使用的概念。我们所谓的在历史本体层面上的真实性概念并不牵扯到认识因素，是撇开认识因素，单纯地对实在历史的自身属性加以言说，所以这里的"真实性"更多地偏向于"实"的层面，"实"的含义是指"坚实，踏实，不可动摇"，因此我们所谓的实在历史的真实性就是指实在历史的可靠性，也就是说那些出现于历史之中的人物和事件是坚实的、可以依靠的。历史实质上就是我们的生活，就是我们生活的这个世界，实在历史的真实性和可靠性也意指这个世界的真实性和可靠性。在这种意义上，与"真实"相对的词语是"虚幻"，所谓"虚幻"的意思是指历史中的人和事都不可靠、不真实，都是一些虚无缥缈的影子，这正像上海孤岛时期的女作家张爱玲所说的："好像这个世界的尘埃真是越积越深了，非但灰了心，无论什么东西都是一捏就粉粉碎，成了灰。"③

---

① 在何兆武与张文杰翻译的《历史哲学——导论》（广西师范大学出版社2001年版）中，对于 truth 的翻译前后出现了不一致，他们在该书第一章论述批判的历史哲学的第二组问题时，把 truth 译为"真理"，其后，把第四章标题中的 truth 译为"真实性"。

② 这篇文章被收录于陈新主编的《当代西方历史哲学读本》（复旦大学出版社2006年版）。

③《张爱玲文集》第4卷，安徽文艺出版社1992年版，第291页。

为什么我们会时常觉得这个世界不可以依靠呢？要回答这个问题，我们首先要明白，我们为什么要依靠这个世界？我们知道，人是不断产生需要、不断满足需要、由满足后的需要产生新的需要的不断循环、永不满足的动物。马克思正确地揭示了人类的这种需要的循环性，他确认的人类历史的第一个事实是"人们为了能够'创造历史'，必须能够生活。但是为了生活，首先就需要吃喝住穿以及其他一些东西"。马克思的第一个事实就是确认人类生存的基本需要，如果这个需要不能得到满足，人类就会丧失生存的根基。伴随着第一个事实，"第二个事实是，已经得到满足的第一个需要本身，满足需要的活动和已经获得的为满足需要而用的工具又引起新的需要"①。人类面对的这个世界的基本功能就是满足人类不断产生的各种需要，这些需要包括物质、精神和情感这三个基本方面。每当一个人的某些需要在诉之于他所面对的世界的时候（一捏），没有得到这个世界的积极的回应（粉碎成灰），这个人就会产生某种受挫的感觉，便会认为这个世界是虚幻的。

这个世界不真实的更根本的原因在于意义的丧失。人是一种寻求意义的动物，他从事每一件事情都要寻求一种意义，没有意义的事物总会引起人类内心最深层的荒诞与虚幻的感觉。意义是一种符号的获得，符号是一系列表面事物的深层结构，它是附着在一些事物背后的，符号的附着物主要有七种，即：名、利、权、色、情、知和空。这也就是人类社会存在的七种基本欲求。"名"有两层含义，其一是指经手某一事业的理由，也就是所谓的"名正言顺"；其二是指在某一领域树立权威，在这个领域中的较为复杂或较为繁难的事务别人没有干，某个人首先干起来，或者某些事务别人不会干，某个人干得很出色，这个人就在该领域中就树立了权威，获得了名声。"利"是物质条件的累积和生活条件的改善，是以财—货形式表现出来的物质占有，"利"分为不同的层次，最低的层次包括满足自身生存的衣食住行方面的需求，较高的层次则包括满足自身享乐和休闲的需求，在这些需求满足之后财—货则仅仅表现为一种数字的积累。"权"是指某个主体具有的对相关资源和人事进行支配的权力，这种权力来源于强力机构中相对的位置。"色"包括对性的渴望，也包括对一切美得令人

①［德］马克思、恩格斯：《德意志意识形态》（节选本），人民出版社 2003 年版，第 23 页。

赏心悦目的标的物的追求。"情"是指基于共同的生活经历和某种不可撤销的关系（例如血统或学统关系等）而产生的相互依赖感。"知"就是指知识，正像亚里士多德所言，人类具有求知的本能，面对疑问总是产生一种天生的好奇，由此引发对知识占有的欲望。"空"是指一种无所追求的境况，意识到各种欲望的虚无，从而希望摆脱欲望的牵绊，空本身也是一种欲求，是希望在自身死亡之前能够获得面对死亡的内心宁静，也就是希望在死亡之前达到死亡的状态。在生活中这七种欲求并不是单独分离地发生作用的，而是处于一种紧密联系和相互转化的状态之中，人往往是从其中之一着手，从而连带着获得其他六种欲求的满足。

这七种欲求都只是人类获得生存意义的外在形式，这些外在形式最终都会转化为一种符号，符号代表一种象征意义，例如我们上面提到的对"利"的占有，大多数情况下人们并不是对于一种"实利"的占有，而只是一种符号的占有，例如名牌服装就是这样的事例，我们知道，任何服装穿在身上都能遮羞保暖，但是人们在条件允许的情况下总是追求一种品牌的效应，这里的品牌就是一种符号，在其中并没有包含多少实际的东西。又例如对"孝"的理解，如果我们给父母提供山珍海味，但是态度恶劣，父母不会感到高兴；相反，我们如果能够恭恭敬敬地给父母端上一碗面，那么这碗面的味道要比那山珍海味还要鲜美，这里有生活的滋味，隐藏着"孝"的真谛，呈现出来的是一种符号的价值。当人们把人生的意义倾注在某些符号之上的时候，当这些符号真正满足了自己的内心需要的时候，这个世界就具有真实性，我们的生活就被赋予了意义。但是人在自己的生活中总是处于一种欠缺的不完整状态，正像海德格尔所指出的那样："可资利用的东西作为唯一上手的东西在所愿望的东西比照之下是永不满足的。"① 因而事情的真相往往是这样，在获得某种意义之后永远伴随着意义的消失以及一种追求新意义的开始。

在寻求意义的过程中不断伴随着意义的消失和意义的破碎，在人类生活之中，这种意义的消失与破碎主要通过三种形式得以表现，这三种形式分别为：梦醒、悲剧的诞生和死亡的降临。这三种形式的运动是某些人之

---

① ［德］海德格尔：《存在与时间》，陈嘉映、王庆节译，生活·读书·新知三联书店 2006 年第 3 版，第 225 页。

所以认为这个世界不真实的原因。

（一）梦醒

人每天都在做梦，正如尼采所说，梦是生活的一半：

> 无疑在生活的两半，即醒的一半和梦的一半中，前者在我们看来，要远为可取、重要、有价值、值得体验，甚至是唯一体验过的生活；然而我却要断言，尽管看起来完全是一个悖论，可是就我们本质的那种神秘基础（我们只是其现象）而言，对于梦恰好反而应该给予尊重。因为我越是在自然中察觉到那种最强大的艺术本能，并在那种本能中察觉到一种对于外观、对于通过外观而得到拯救的炽烈渴望，我就越感到自己向往这样的形而上假设：真实存在和太一，作为永恒的受苦者和矛盾的集合体，同时也需要令人陶醉的幻象，需要快乐的外观，以求不断得到拯救。①

尼采把生活分为两半，把生活的重要的一半赋予梦，并且从存在论生存论的角度赋予其拯救现实的重要作用，劝导人们满足于"令人陶醉的幻象"和"快乐的外观"，并且清醒地意识到"这是一个梦，我且梦下去"。梦提供给我们的是一个缺乏逻辑的、以自我为中心的非理性的幻象世界。许多理论家尝试过探索梦境以及解说梦的意义，中国古代有周公解梦，西方有弗洛伊德释梦，② 梦成为人类行为和意识研究的一个重要的领域，同时也成为艺术表现的一个重要的课题。意大利著名画家萨尔瓦多·达利的油画《记忆的永恒》就比较直观地描绘了这样一个超现实、非理性的个人梦境和幻象。在这幅油画中，画面的背景是一片辽阔的海滩、金黄色的山脉和五彩的天空，海滩上铺着一块白布，白布下面显然覆盖着许多东西，显得鼓鼓囊囊的，白布一角露出一个毒蛇的头，白布的下面好像还隐藏着一个圆圆的人头，人头的嘴巴和眼睛的轮廓印在了白布之上，从外部就可

---

① ［德］尼采：《悲剧的诞生》，杨恒达译，译林出版社2007年版，第29页。
② 周公解梦和弗洛伊德释梦表现出不同的阐释方向。周公解梦是把梦中的意象和将来的命运联系起来，梦被视为现实的一种预兆；弗洛伊德则认为梦是潜意识的欲望，在睡眠状态下，在潜意识和显意识之间的道德守门人放松了警惕，从而使潜意识中的欲望进入人的意识之中以梦的形式表现出来。前者具有浓重的神秘色彩，后者则在精神病治疗领域奠定了精神分析学派的基础。

以观察得到。这块白布的前方是一个方形的平台，平台上坚挺地竖立着一段枯木。最引人注目的是画面上扭曲变形的四块钟表，一块软绵绵地挂在枯枝之上；一块带着流动的感觉好像要从方台掉落在海滩之上；一块放在了那块白布上面，它随着白布的形状而延展；第四块钟表离欣赏者最近，展示的是钟表的背面，上面错落有致地镶嵌着宝石，以红色和黄色为主色调呈现出艳丽的色彩，这第四块钟表与其他钟表的不同之处在于它呈现出来的只是背面，色彩艳丽（这四块钟表由近到远颜色由浓变淡），依然保持着金属的质感，是其中唯一没有变形的钟表。这幅画表现了人类在辽阔的自然背景下上演的文化与文明，人类的一切丑恶和活力都掩藏在一块白布之下，在人类文明的前台上演的只是一些枯朽的、艳丽的、荒诞变形的东西。达利的《记忆的永恒》直观地描绘了梦境的荒诞以及在荒诞中呈现出来的幻象，正像弗洛伊德所认为的那样，梦中的形象虽然荒诞、不合逻辑，但它并不是偶然任意的联想，它体现了人的潜意识的欲望以及对于事物的真实看法。达利就是以超现实的手法描绘了人类现实，从中折射出人类的文化和文明，可以这样说，《记忆的永恒》是以图画形式表现出的尼采和弗洛伊德的学说。

"这是一个梦，我且梦下去！"不管美梦还是噩梦，梦中人都宁愿沉浸在梦中。有的人说不同的梦对人的效应是不一样的，美梦有益于人的身心健康，噩梦则对人的身心损伤很大，例如做梦娶媳妇有利于身心健康，做了亏心事梦到"东窗事发"则不利于身心健康。但是，真实情况是不管美梦还是噩梦都具有相同的效应。美梦并不是全部都有益于身心健康，例如《红楼梦》中的贾瑞因为正照"风月宝鉴"看到凤姐向他招手，精力耗尽，最终一命呜呼。风月宝鉴实无，贾瑞的死十有八九是美梦所致。噩梦也并不是全部都有害于身心健康，比如上述"东窗事发"的梦就在很大程度上具有缓解紧张神经的作用，做了亏心事总是受到自己良心的谴责，使自己在日常生活中处于高度紧张的自责心态之中，某种谴责或惩罚反而会使他从这种自责的心态中得以解脱，例如，长期在逃的罪犯被警察抓捕归案之后往往会产生这种获得解脱的心情。这种谴责或惩罚不是在现实之中发生的，而是在梦中如期到来，这对于做梦之人无疑也会起到一种解脱和释放的作用。所以，梦是以自我为中心的一种心理的释放和解脱，不管是美梦还是噩梦，只要不过度，都会对身心产生较为积极的效应。

梦是生活的一半,那么另一半又和梦有什么样的关系呢?我们醒着的时候也会做梦,所以我们经常会说"人生如梦",梦就是人生。人生如梦反映的是这样一种观念,即人生就像梦一样没有逻辑、没有相互的连属,从而变化无常、不可捉摸,这是人们在面对不可测度的未来时发自内心的感慨。但是,正像我们在上文中所论述的,梦是自我的天地,是自我欲望的达成,是自我情绪的释放与解脱,梦在人生之中具有许多积极的效应。在现实中,我们每个人心中都有自己的梦想,并且在现实之中不断营造着自己的梦想,梦想在一步步实现的过程中,我们的人生就感觉有意义,生活就充实。所以,人生不是怕做梦,有梦的人生才是美好的,人生之中最怕的是梦醒。这正像鲁迅先生所说的那样:

> 人生最苦痛的是梦醒了无路可以走。做梦的人是幸福的;倘没有看出可走的路,最要紧的是不要去惊醒他。①

是的,做梦的人是幸福的,每个人都曾经有做梦的时候,每个人都曾经幸福着,但并不是每个人的梦想都能够转变为现实,梦总有醒的时候,总会有破碎的可能。在这梦醒或梦碎的关头,一次两次的梦醒或梦碎,或可忍受得了,但是当一个人总是在实现自己梦想的过程中遭受挫折,可以设想,在这个人看来,现实世界就会是不可靠,没有意义,也就是不真实的。

(二) 悲剧的诞生

悲剧深深地植根于人类历史和生活之中,本来完美而精巧的设计却得不到好的结果。经典的悲剧形象是埃斯库罗斯所描绘的普罗米修斯,他为人类盗取火种,却被宙斯用永远也挣不断的铁链缚在高加索山的悬崖上,并让一只兀鹰每天啄食他的肝脏,他的肝脏被啄食之后又会重新生长出来。就这样,日复一日,年复一年,普罗米修斯忍受着这难以名状的痛苦和折磨。一个英雄人物为了一项伟大的事业,必须经过各种艰辛和磨难,正所谓"天将降大任于斯人也,必先苦其心志,饿其体肤,劳其筋骨,空乏其身,行拂乱其所为"②,经过这一番苦难之后,有所成

---

① 《鲁迅全集》第 1 卷,人民文学出版社 1981 年版,第 163—164 页。
② 《孟子·告子下》。

就，也就不枉费了那一番苦功；但是人世间的事务并非都有一个皆大欢喜的结局，人类绝大部分的劳作只是无果而终，人类的事业和命运具有浓重的悲剧色彩。

首先，悲剧隐含在人类的知识领域。每当理性主义确信自己无所不能的关头，总是伴随着深沉的怀疑主义；每当人类为自身取得的成就而欢呼的时候，虚无主义也就如影随形。总之，在任何时候，人类对于知识的探求都摆脱不了怀疑主义和虚无主义的幽灵。从西方哲学史来看，在希腊哲学的后期，与伊壁鸠鲁和斯多葛学派同时，作为其独断论的反动，出现了以皮浪为代表的怀疑主义；在中世纪经院哲学中始终充斥着一种浓重的神秘主义色彩；在近代哲学中，伴随着培根《新工具》的诞生，标志着以实验和归纳法为基础的自然科学研究方法的全面胜利，同期笛卡尔以"我思"为基地试图建设唯理性主义的理论大厦，由此对人类知识前景的乐观态度充斥着哲学研究，但是不久之后，作为对这种新独断论的反动，出现了以推理的实验方法为基础的休谟的怀疑主义，理论矛头直指科学的心脏——因果关系。康德是在严格区分本质与现象的基础上的半个怀疑主义者，在康德之后，黑格尔建立了以绝对精神为核心的绝对唯心主义体系，这个体系为他赢得了以思想和概念任意裁剪现实的美名。在黑格尔之后，怀疑主义和虚无主义始终充斥着现代哲学。尼采把以苏格拉底为代表的理论之人比喻为"想要挖一个洞一直穿透大地的人"：

> 知识信徒们心里的感受一定和那些想要挖一个洞一直穿透大地的人想的一样：他们当中每个人都认识到，即使尽毕生最大的努力，他也只能挖出巨大深度中极小的一部分，就这一小块地方会在他眼前被邻居所干的活儿重新覆盖起来，乃至于在第三个人看来，显然还是靠自己的力量选择一个新的地方来进行他打洞的尝试为好。①

克罗齐在《历史学的理论与实际》中以同样的方式指出：

> 我们对于文明的"原因"，所知的和希腊人一样少；我们对于控制人类命运的神或诸神，所知的也和他们一样少。但是，我们对于有

---

① ［德］尼采：《悲剧的诞生》，杨恒达译，译林出版社2007年版，第90页。

关文明的理论却比希腊人知道的多。①

另外，就像人类知识的积累和演进具有悲剧色彩一样，人类社会现实在一定程度上也是一种悲剧。马克思的理论正是揭示了资本主义现实社会所隐含的这种悲剧成分。他在《1844 年经济学哲学手稿》中揭示了"物的世界的增值同人的世界的贬值成正比"②的关系，分析了异化劳动的四种形式，即劳动者同自己的劳动产品相异化、劳动者同自己的劳动活动本身相异化、劳动者同自己的类本质相异化、人和人相异化。在《哲学的贫困》中，马克思分析了交换价值的三次方，在交换价值的一次方阶段，交换的只是剩余品，即生产超过消费的过剩品；在交换价值的二次方阶段，一切产品，整个工业活动都处在商业范围之内，当时一切生产完全取决于交换；最后过渡到交换的三次方阶段，"人们一向认为不能出让的一切东西，这时都成了交换和买卖的对象，都能出让了。这个时期，甚至像德行、爱情、信仰、知识和良心等最后也成了买卖的对象，而在以前，这些东西是只传授不交换，只赠送不出卖，只取得不收买的"③。在《共产党宣言》中，马克思、恩格斯指出："至今一切社会的历史都是阶级斗争的历史"，"压迫者和被压迫者，始终处于相互对立的地位，进行不断的、有时隐蔽有时公开的斗争，而每一次斗争的结局都是整个社会受到革命改造或者斗争的各阶级同归于尽"④。在《资本论》中，马克思揭示了商品世界的拜物教性质，商品世界就像宗教世界的幻境一样，人手的产物——也就是商品，它类似于宗教世界中的人脑的产物——表现为赋有生命的、彼此发生关系并同人发生关系的独立存在的神的世界，这就是马克思所说的拜物教。在商品拜物教中，"在生产者面前，他们的私人劳动的社会关系就表现为现在这个样子，就是说，不是表现为人们在自己劳动中的直接的社会关系，而是表现为人们之间的物的关系和物之间的社会关系"⑤。商品社会中的人与人的关系以一种变形的方式通过人们之间的物的关系和物之间

---

① [意大利] 克罗齐：《历史学的理论与实际》，傅任敢译，商务印书馆 1982 年版，第 58 页。
② [德] 马克思：《1844 年经济学哲学手稿》，人民出版社 2000 年第 3 版，第 51 页。
③《马克思恩格斯全集》第 4 卷，人民出版社 1958 年版，第 79—80 页。
④《马克思恩格斯选集》第 1 卷，人民出版社 1995 年第 2 版，第 272 页。
⑤《马克思恩格斯全集》第 44 卷，人民出版社 2001 年第 2 版，第 90 页。

的社会关系表现出来，物的关系统治了人的关系，人类本身的社会运动具有物的运动形式，"不是他们控制这一运动，而是他们受这一运动控制"①。马克思对于资本主义现实生活的基本态度自始至终都是一致的，他深刻地揭示了资本主义社会的实质，这个实质正像美国思想家海登·怀特所认为的那样，"他构想的范畴是分裂、区分和异化。因而，历史过程在他看来是'罪恶与苦难的全景'"②。

人类现实以及知识领域确实存在着悲剧，悲剧把一切美好的东西在你的面前毁灭，但是我们面对现实中的悲剧不应当灰心失望，我们还应该认识到，悲剧在人的生活中是一种积极的创造性力量，这种积极的创造性力量表现在两个方面，首先，悲剧是生活中的色彩，没有悲剧，生活将变得平淡无味。人的内心之中有一种原罪的感觉，我们在生活无忧，享受物质给我们带来的欢愉的时候，内心总是感觉到一种不平静，好像这种生活对不起什么人似的，同时还会预感到什么事终将发生。在朋友之间或者夫妻之间的关系过于融洽、和谐的时候，我们心中也会产生一种很不自然的甚至令自己厌恶的感觉，矛盾就在这种和谐之中得到孕育。与此不同，我们在处于悲剧或者说在逆境之中反而会有无限的向前冲的动力，我们才能发现人性之美和生活之美。其次，悲剧之中孕育着无限转化的可能。马克思分析了资本主义现实的罪恶和苦难，资本主义就是人类的悲剧，但是悲剧并不是终结，它终将会向一个美好的社会形态转换，在这个美好社会中，"每个人的自由发展是一切人的自由发展的条件"③。

（三）死亡的降临

梦和悲剧都是在人类社会中存在的现实因素，梦在很大程度上还是一种令人陶醉的幻象，即使在梦醒之后，依然能够再做一个梦；悲剧虽然使人遭受生活的苦难，但是只要意志坚强，人们还能够在悲剧中有意义地生活。但是，对于一个生命个体，死亡是一种彻底摧毁的力量。当死亡来临时，个人在其一生中所奋斗和争取到的东西对于一个即将死去的生命个体来说都丧失了一切意义和价值。于是，"荷马式的人的真正的痛苦在于和

①《马克思恩格斯全集》第44卷，人民出版社2001年第2版，第92页。
②［美］怀特：《元史学：十九世纪欧洲的历史想像》，陈新译，译林出版社2004年版，第382页。
③《马克思恩格斯选集》第1卷，人民出版社1995年第2版，第294页。

生存相分离，尤其是即将到来的分离，以致人们现在可以颠倒西勒诺斯的智慧，并如此议论荷马式的人：'对他们来说，最坏的东西是马上就死，次坏的东西是迟早要死。'……渴望活下去，甚至活一天算一天，这对于最伟大的英雄来说也不算有失体面"①。这种渴望活下去的愿望还表现在灵魂不死的学说，表现在关于天堂的美好幻想，人们甚至还会想，即使没有天堂，有一个地狱可以容纳死后的灵魂也好。总之，人们不愿意死去，不愿意面对死亡的降临。

但是，死亡的来临却不以人类意志为转移，海德格尔把此在的日常状态标画为"向死存在"。在海德格尔的理论中，整个生存论存在论的死亡概念是这样获得规定的："死作为此在的终结乃是此在最本己的、无所关联的、确知的，而作为其本身则不确定的、不可逾越的可能性。"② 此在是在世之在，也就是还没有死亡的存在，但是对于此在来说，死亡总有一天会来临，但暂且尚未。尚未来临，即悬临，也就是尚未转化为现实的东西，其本质上就是一种可能性，但是这种可能性并不是可能出现也可能不出现的可能性，而是不可避免地一定会出现的被"确知"的可能性。虽然此在确知在某一个时刻死亡终会来临，但是又不能"确定"其来临的具体时间，所以死是此在"确知的而作为其本身则不确定的、不可逾越的可能性"。死亡除了具有上述特征之外，它还是"最本己的"和"无所关联的"，也就是说此在的死亡只属于它自己，与其他任何人或事物都没有关系，别人有别人的死亡，自己有自己的死亡，不管一个人占有多少金钱或权势，他的死亡只能自己来承受，别的人或物是代替不了的。所以，"只要此在存在，它就始终已经是它的尚未，同样，它也总已经是它的终结。死所意指的结束意味着的不是此在的存在到头，而是这一存在着的一种向终结存在。死是一种此在刚一存在就承担起来的去存在的方式"③。此在

---

① ［德］尼采：《悲剧的诞生》，杨恒达译，译林出版社 2007 年版，第 27 页。在这句话中，西勒诺斯和荷马代表着两种不同的对待死亡的态度。在希腊神话中，森林之神西勒诺斯是酒神迪奥尼索斯的老师，他曾经对贪婪的米达斯国王说过这样一番话："可怜的蜉蝣族啊，无常与苦难所生的孩子，你逼我说出你最好不要听到的话吗？最好的东西对你来说是根本达不到的，即不出生、不存在、处于虚无状态。不过对你来说还有次好的东西——马上就死。"（《悲剧的诞生》第 26 页）

② ［德］海德格尔：《存在与时间》，陈嘉映、王庆节译，生活·读书·新知三联书店，2006年第 3 版，第 297 页。

③ 同上书，第 282 页。

"向死存在"也就是"向终结存在",也可以理解为此在"存在于死亡之中",海德格尔在存在与终结之间辩证地画上了等号,生就是死,此在每时每刻都在走向亡故,海德格尔把一次性的死亡事件无限分解为若干个小部分,分摊给日常生活的每分每秒。

人们不想死,但是死亡却是无可挽回、不可避免地终会来临。生死两重天,人类面对死亡展开了对人生终极意义的寻求,人终归会死,死了之后什么也就不存在了,因此有意义的只是现在,有的人沉迷于物质的享受,能吃就吃,能喝就喝,"如果让我花天酒地过一天,第二天死也值得了";有的人沉迷于精神的追求,废寝忘食,孜孜以求,"朝闻道,夕死可矣";有的人什么都不干,哪怕沦为乞丐,也自有其乐趣所在,看着街上来来往往的行人,对自己说:"众生蝇营狗苟,我独乐哉。"这些都是面对死亡而表现出来的享乐主义态度,但是不管怎么样,人们都不能使死后的世界充盈起来,严酷的科学以及对他人死亡的经验告诉我们,世界上没有天堂,也没有地狱,肉体在焚尸炉中烧成了灰烬之后,灵魂没有安身之所。

这时,我们会问:这个世界难道是终极悲观而无意义的吗?答案是否定的,因为在一个人死后终将留下一点什么,这就是在后人心灵中的记忆。后人为什么会在一个人死后而想起那个人呢?这可以归结为两种情感,一种是爱,因为这个人为后人造了福,所以后人爱他而记着他,威廉·冯·洪堡曾经这样评价自己:"若真要说我拥有什么别人没有的,那就是在柏林成立了新的大学",至今洪堡的雕像依然坐在洪堡大学的校园内;另一种是恨,因为这个人为后人贻了祸,所以后人恨他而记着他,与洪堡一样,秦桧也有雕像,在杭州西子湖畔的岳飞墓前,秦桧夫妇反剪双手,面墓而跪,遭受着万人的唾骂。两种不同的记忆具有完全相反的意义,也明示着人的一生应该怎么生活。这也说明世上存在这样两种人,一种人是高尚的,一种人是卑鄙的,但是两种不同的生活方式却具有完全相反的意义和价值。北岛的诗《回答》中有这样一句话:"卑鄙是卑鄙者的通行证,高尚是高尚者的墓志铭。"有的人对这句话作出了自己的诠释,认为在这个世界只要一个人足够卑鄙就会万事亨通,而高尚的人注定一生潦倒,最终只能在自己的墓碑上刻上"高尚"两个字。这正是这句话的本意,也是人类无法回避的残酷现实,面对这个现实,北岛作出了自己的回答:"我不相信天是蓝的,我不相信雷的回声,我不相信梦是假的,我不相信死无报应。如果海洋注定要决堤,就让所有的苦水注入我心中,如果陆地注定要上升,就让人类重新选择生存的峰顶。"我们这里可以说,只有高尚在面对死亡的时候是不死的,高尚是高尚者的品质,是对残酷现实的抗争,是为他人和后人造福的行动,人生的意义和生命的尊严就在于人性中的高尚。

综上所述,在历史本体层面上的真实性首先指的是现实世界的可靠性,有些人之所以认为现实世界不可靠,其原因主要在于现实世界不能满足在人的内心中不断产生的欲望;其次,在历史本体层面上的真实性更根本地是指人生的有效性,也就是人生是否具有稳固的意义和价值的问题。由于一些没有经过认真审视的意义和价值(主要是指追求个体利益和享受,从而缺乏整体性的一些意义和价值)在梦醒、悲剧和死亡面前表现出的脆弱和苍白,有的人就由此判定人类生活本身一团糟,没有任何的意义和价值。这是面对困境的悲观,这是一种消极的人生态度,这不是我们在面对世界时应有的态度。我们应该知道,梦虽然有破碎的可能,但梦是美好的,人生有梦才是幸福的,我们要像尼采那样大声地呼喊:"这是一个梦,我且做下去!"悲剧在人类现实以及知识领域真实地发生,但是因为有了悲剧,生活才有了色彩,我们才会有对于美好未来的追求。死亡终会来临,但是死亡并不能带走一切,人性中的高尚永远存留在人间。

三　在历史认识层面上的真实性

实在历史是在过去客观实在地发生过的历史事件和人物的总和,它除了在历史记忆中留下一些模糊的痕迹之外,大部分已经隐没在历史长河之中。这些已经成为过去的实在历史是用任何魔法都不能召唤回来的,人们也不可能发明一种时间机器使自己回到过去的某个时段去做亲身的体验,就像马克思所说的,我们对于实在历史不能用显微镜,也不能用化学试剂,[①] 一切试验的原理和方法对于实在历史都没有效果。我们无法直接面对实在的历史,我们只能通过过去的遗迹、遗物和历史文本来了解它,但

---

① 马克思在《资本论·第一卷》"第一版序言"中就经济形式的研究做出上述说明。就经济形式而言,需要借助人类的抽象力来开展研究,这个观点对于历史研究同样适用。参见《马克思恩格斯文集(第五卷)》(人民出版社 2009 年版)第 8 页。

是这些历史遗存提供给我们的只是一些片面且不完整的信息，对它的理解过程依赖于人们想象的重构，实在历史似乎完全隐没在人们对它的重构之中了。于是，一方面是历史上存在过的人、发生过的事以及在事件发生过程中人的思想，另一方面是对这些事情的记述和描写；一方面存在于认识者的思想之外，另一方面存在于认识者的思想之中；一方面是现实，另一方面是象征性的符号。前一方面属于历史事实的范畴，后一方面则属于历史认识的范畴。在上述两个方面之间存在一种隐秘的关系，即不同的两个方面是否存在一致，记述历史能否反映实在历史，符号能否反映现实。所谓在历史认识层面上的真实性问题，就是在记述历史和实在历史的关系中审查二者之间是否相一致的问题。自从兰克提出"如实直书"的历史学研究规范以来，历史认识层面上的真实性一直是历史学家开展历史研究的主要研究目标之一。在综合分析和总结各种文献的基础上，这一部分致力于解析历史认识真实性的基本类型。

（一）观念的真实性与现实的真实性

马克思在《哲学的贫困》中针对蒲鲁东提出的"适应观念顺序的历史"与"适应时间次序的历史"进行了批判性分析。蒲鲁东在《贫困的哲学》中认为他所叙述的理论不是适应时间次序的历史，而是适应观念顺序的历史，他自认为通过说明分工、信用、货币等经济范畴、原理、规律、观念、思想的形成情况和来历，发现了经济理论自身的逻辑顺序以及（纯粹的、永恒的、无人身的）理性自身演化的一定系列。马克思揭示了蒲鲁东与黑格尔之间的理论继承关系，黑格尔用概念的辩证法分析了宗教和法，蒲鲁东则试图把黑格尔的绝对方法运用于政治经济学。在分析蒲鲁东的经济范畴和理论的时候，实际上我们需要面临的是黑格尔的辩证法。这种辩证法是概念自身的演化规律，概念自身通过肯定与否定演化到第三个阶段——否定的否定，这也就是由正题与反题而演化出的合题的阶段。概念的辩证运动产生思想、思想的辩证运动产生思想群，从群的辩证运动中产生系列，从系列的辩证运动中又产生整个体系。因此，"黑格尔认为，世界上过去发生的一切和现在还在发生的一切，就是他自己的思维中发生的一切。……没有'适应时间次序的历史'，只有'观念在理性中的顺序'。他以为他是在通过思想的运动建设世界；其实，他只是根据绝对方法把所有人们头脑中的思想加以系统的改组和排列而已"①。

与黑格尔、蒲鲁东等人建立的"适应观念顺序的历史"相反，马克思针锋相对地论证了"适应时间次序的历史"的合理性。"适应时间次序的历史"就是按照事物的真实面目及其产生情况来理解事物，注重说明的是"范畴在其中出现的历史顺序"②。与蒲鲁东不同，马克思认为经济范畴只不过是生产方面社会关系的理论表现，是对现实生产的抽象。一定社会的生产关系并不是存在于"人类的无人身的理性"之中的永恒之物，它是人们生产出来的，生产关系与生产力密切相联，生产关系必须与生产力发展的一定状况相适应。关于范畴的来源，真实的情况应该是这样："人们按照自己的物质生产率建立相应的社会关系，正是这些人又按照自己的社会关系创造了相应的原理、观念和范畴。"③

"适应观念顺序的历史"追求的是"观念的真实性"，即按照原理、观念和范畴之间存在的逻辑关系的合理性来判断某种历史认识的真实性，其依据的是理性自身的辩证法。观念的真实性是我们评判某种历史认识是否真实的重要维度。在这种评判中范畴之间的逻辑关系具有重要的意义和价值。究其原因在于理性在人们认识过程中具有重要作用。首先，没有理性，我们就不可能展开认识。这里所谓的理性一方面指的是人所具有的理性认识能力，理性认识能力使人类区别于动物，没有理性认识能力，人类的认识仅仅能够达到动物的水平；另一方面指的是人在进行一项认识之前就具有的关于认识对象的知识框架，没有这个知识框架，认识主体虽然是面对认识对象，但是从中什么也不能发现，这正像一个人观看 X 光片时的体会一样，虽然尽力想从中看出一点什么，但因为他不具有相关的医学知识，最终什么也看不出来。其次，正如康德所发现的那样，人类对对象的认识就是带着自身的理性预设对自然进行的改造过程，在这个改造过程中，认识主体"只把从他自己按照自己的概念放进事物里去的东西中所必然得出的结果加给事物"④。新康德主义者李凯尔特也坚持康德的解释路径，他认为："认识不是反映，而是改造；不仅如此，我们还可以补充一

---

① 《马克思恩格斯文集》第 1 卷，人民出版社 2009 年版，第 602 页。

② 同上书，第 607 页。

③ 同上书，第 603 页。

④ ［德］康德：《纯粹理性批判》，邓晓芒译，人民出版社 2004 年版，第 13 页。

句：与现实本身相比，认识总是一种简化。"① 如果不经过改造和简化的环节，人们就不能在认识中把握连续的、异质的、杂多的现实之物。人的认识对象无疑是在自身之外的自然和社会客体，但人的认识并不是对于客体的镜像式反映，而是在认识过程中把人的理性要素加到了人类关于事物的认识结果之中。理性伴随着人类认识过程的始终，理性要素也渗透在人们的认识成果之中。我们根据观念、范畴之间的逻辑关系对于本身就是理性体现的某项历史认识成果的真实性进行判断，在一定程度上是切实可行的。

"适应时间次序的历史"追求的是"现实的真实性"，是按照现实的关系和现实的历史过程对某种历史认识的真实性进行判定，也就是说历史认识必须与历史事实相一致，它才具有真实的性质。现实的真实性是否可能？这在理论上是一个亟须解决的问题。而为了解决这个问题，我们需要解决下列关键问题，即我们如何能够确定已经成为过去的历史事实？历史事实首先存在于文本之中。对于文本，我们可以确定的是文本之中虽然包含着一定的理性建构，但它只可能是在一定现实经验基础上的理性建构，它必定从一个角度反映了现实经验；另外，关于同一事件的历史文本可能存在多个版本，在这多个版本的文本互证过程中，我们可以从多个角度对同一个历史事件加以认识，这样就有望通过文本的研究接近历史真实。除了文本之外，历史事实还可以通过遗留到现在的物品和痕迹体现，从这些遗留物中，我们也可以发现历史事件的蛛丝马迹，例如对于光绪帝死因的调查，就是通过检测在光绪遗留的头发和衣物中的砒霜含量确定了他死于谋杀的事实。对于历史事实加以确定的第三个途径，依赖于历史和现在的某种连续性，历史上的风俗、习惯或制度以放大或者是萎缩的形式保持到了现在，我们通过对现在的状况加以研究而深化对历史的认识，这就是所谓"人体解剖对于猴体解剖是一把钥匙"，"资产阶级经济为古代经济等等提供了钥匙"。②

马克思曾经指出："观念的东西不外是移入人的头脑并在人的头脑中改造过的物质的东西而已。"③ 人们的认识成果一方面是物质的东西"移

---

① ［德］李凯尔特：《文化科学和自然科学》，涂纪亮译，商务印书馆1986年版，第30页。
②《马克思恩格斯文集》第8卷，人民出版社2009年版，第29页。
③《马克思恩格斯文集》第5卷，人民出版社2009年版，第22页。

入"人的头脑的产物，另一方面是人的头脑对之进行"改造"的产物。历史认识是对于历史事件和历史过程的认识，它不可能完全是主观的，也不可能完全是客观的，而是"移入"和"改造"两个方面的产物。因而，对于历史认识真实性的分析，一方面要沿着现实的真实性分析路径展开，另一方面也要沿着观念的真实性分析路径展开，把"时间次序"和"观念顺序"两个方面结合起来我们才能不断地近距离接触问题的本质。

（二）符合的真实性与融贯的真实性

符合的真实性大致相当于我们上面所说的"现实的真实性"，这种观点认为一种认识之所以具有真实性，是因为它具有与事实、对象或感性相符合的特性；反之，如果一种认识不与事实、对象或感性相符合，那么它就不具有真实性。通常这种理论也被称为"真理的符合论"。亚里士多德所提出的蜡块说在一定程度上坚持了真理的符合论，他认为："'感官'是指这样一种东西，它能够撇开事物的质料而接纳其可感觉的形式。这正像一块蜡接纳图章的印迹而撇开它的铁或金子。"① 亚里士多德的蜡块说揭示了认识的来源，由此来源出发，真理的检验也必然依赖于这个来源，"每一事物之真理与各事物之实是必相符合"②。这应该是符合论真理观的发端。

融贯的真实性大致相当于我们上文所述的"观念的真实性"，这种观点认为"如果一个陈述被表明可以和我们所准备接受的其他一切陈述相融贯或者适合，那么它就是真的"③。一个观念的真实性来自其他观念与它保持逻辑上的一致性，也可以说一个观念的真实性来自它在一定的观念体系中所具有的合理性。通常这种理论也被称为"真理的融贯论"。真理的融贯论最早的源头可以追溯到柏拉图，他在《泰阿泰德篇》中借泰阿泰德之口说出了关于知识的一个定义，即："真实的信念加上解释（逻各斯）就是知识，不加解释的信念不属于知识的范围。"④ 这也就是传统的关于知识

---

① 北京大学哲学系外国哲学史教研室主编：《西方哲学原著选读》上卷，商务印书馆 1981 年版，第 149 页。

② ［古希腊］亚里士多德：《形而上学》，吴寿彭译，商务印书馆 1959 年版，第 33 页。

③ ［英］沃尔什：《历史哲学——导论》，何兆武、张文杰译，广西师范大学出版社 2001 年版，第 76 页。

④ 《柏拉图全集》第 2 卷，王晓朝译，人民出版社 2003 年版，第 737 页。

的界定，即"知识是得到辩护的真信念"这一观点的来源，也就是说某个信念如果要成为知识，它需要具备两个条件，首先，它必须是真的；其次，它是得到充分辩护的。一个信念来自于人的感觉，每个人从感觉获得的东西对他来说都是真的，一切经验都具有真实性，但是从感觉的角度出发观察事物，由于感觉在人与人之间具有相异性，我认为真实的东西和你认为真实的东西并不相同。因此，只具有这种真实属性的信念还不能被称为知识，知识还必须具备第二个条件，那就是这个真信念需要得到解释，需要得到逻各斯的辩护。这里所谓的"辩护"，是一个人持有某种信念的理由，为什么某种信念是正确的解释，或者是一个人如何知道他知道什么的说明。这种辩护主要是在观念或者信念之间进行，一个真信念能够成为知识依赖于它与其他观念之间相互融贯的关系。①

　　符合的真实性或者融贯的真实性在历史认识领域加以运用的过程中，总会不同程度地具有各自的困难和问题。符合的真实性的困难在于与之相符合的对象难以确定，过去的事实已经是不可观察、不可经验的对象，绝大部分历史已经消失无踪了，只有一部分历史保存在历史文本之中。如果在历史认识上要求符合的真实性的话，那就不可避免地以这样的前提为假设，即："某些事件是照它们所呈现的样子记录下来的，而我们必须做的一切就只是阅读这些记录。"② 而现在成问题的正是这些历史记录的确实可靠性，我们在这些历史记录中同样发现了解释的痕迹。融贯的真实性的困难在于只是在概念和范畴的范围内绕圈子，构成一个个的循环论证，概念 A 的真实性需要依赖于概念 B、C 和 D 与之相互融贯、相互支持、相互证明；同样，概念 B 的真实性也需要依赖概念 A、C 和 D 与之相互融贯、相互支持、相互证明，相关的概念 C 和 D 也遵循这一路线得以成立，最终我

---

　　① 这是整个《泰阿泰德篇》在临近结束的时候所论证的关于"知识"概念的全部结论，但是令人迷惑的是，在该对话录就要接近尾声的时候，苏格拉底莫明奇妙地推翻了上述的所有论证，他宣告："感觉、真实的信念、真实的信仰加上解释，都不是知识。"[《柏拉图全集》（第 2 卷）第 752 页]，苏格拉底的产婆技艺宣告了以上所有的关于知识的界定都是错误，在没有任何结论的状态下结束了对话，这表现出苏格拉底所代表的智者学派的本色。由此，我们已经很难说这种理论是由谁主张的，显然不是苏格拉底，不是柏拉图，也不是泰阿泰德，只能够说是在柏拉图的笔下以苏格拉底的名义对这种理论进行过论证。虽然如此，它仍然可以作为融贯论真理观的较早的系统表述。

　　② ［英］沃尔什：《历史哲学——导论》，何兆武、张文杰译，广西师范大学出版社 2001 年版，第 81 页。

们可以看到，任何概念的真实性都缺少确定的基础。有的学者试图对这两种理论加以综合，例如沃尔什就持有这种观点，但是他的综合不是有机的综合，只是在简单地指出两种真实性的利弊的基础上揭示两者之间相互克服相互利用的关系，他还没找到一个切实可行的途径来解决二者之间的矛盾。与沃尔什相类似，我们也持有一种综合的立场，这种综合只能在实践的基础上实现，这种实践包括历史当事人的生活实践和认知实践，同时也包括历史认识者的生活实践和认知实践，基于相同的实践和认知结构，认识者能够对于当事人的生活和实践进行理论建构，并且在这种理论建构的基础上进一步实现认识主体间的认同。这是在实践基础上的主体认同，我们相信以这种方法在一定程度上能够实现符合的真实性与融贯的真实性的相互结合、综合和生成。

（三）历史认知的真实性和历史评价的真实性

历史认识过程包含两个内在联系的方面，其中一个方面是历史认知过程，另一个方面是历史评价过程。认知和评价至今仍是处于混乱之中的两个概念。认知是我们需要加以认识的对象在陈述中获得表现的过程，或者用杜威的话来说，认知是"引起将直接情境置于陈述中（将……置于陈述中，而不是陈述）的中介"[①]。认知是将直接情境置于陈述中的手段和中介，认知是与我们置身其中的直接情境相关的，这种直接情境构成认知的对象，认知就是为了在陈述中反映那些直接情境。所以，认知的基本指向是事实，是为了揭示事实的本来面目以及一事实与他事实之间的关系。我们简单审视了认知的界定之后，我们再来看评价的界定。从词源上来看，评价是指评估价值或者是对人或事物评定的价值，"评价某人或某物"或"对某人或某物的评价"就是上述两个含义在日常语言中的运用。一般来说，评价是一个价值判断的过程，评价的对象是一个观念、方法或者事件。杜威认为评价有两种含义，"只要翻一下词典，我们就可发现通常所说的'评价'在口语中既表示珍视又表示鉴定、鉴赏。珍视是在珍藏、珍爱和其他诸如此类的行为，如尊重、敬重这些意义上使用的。而鉴定则是在'赋予……以某种价值'、'把价值归属于……'的意义上使用的。鉴

---

① ［美］杜威：《评价理论》，冯平、余泽娜等译，上海译文出版社 2007 年版，第 100 页。

定、鉴赏是一种评估活动，在鉴定、鉴赏中明显地包含了比较活动"①。评价通常包含着两种活动，即珍视和鉴定。前者是在情感的基础上展开的，而后者是在理性判断的基础上展开的，情感和理性都能够对评价产生重要的影响。

认知和评价的对象都是事实（在现实中存在的人或物），但是在事实的基础上展开的认知和评价的目标却存在差异，认知是为了揭示事实之本是，而评价则是为了揭示事实之价值。事实是什么样就是什么样，这是不以主体人的状况为转移的；与此不同，不同的主体对于同一事实的价值的认识往往存在明显的差异，某一事实的价值由于主体的不同而处于不断地变化之中。"知识和真理的普遍性与同一性表明，知识和认知的主体并不是特殊的、个别的主体，而是普遍的、统一的主体，即发展着的人类整体。而价值和评价则不然。价值和评价的主体总是具体的、特殊的、多元的，对于同一对象的评价，总会因为主体的不同而有不同的结果。"② 产生这种状况的主要原因在于知识和价值之间的区别，认知是为了获得知识，知识是对事实的普遍性和统一性的认识；评价是为了体验价值，价值是人们对于事物的实效性、经济性以及满意度等方面的评估，它表明的是客体的存在、属性和变化对于主体人的意义，它具有特殊性和多元性的特征。

当认知和评价的对象是历史对象（过去存在或出现的人和物）时，也就随之出现了对于历史人物、历史事件和历史事物的认知和评价，这就是我们所谓的历史认知和历史评价。历史认知和历史评价与一般的认知和评价的主要区别在于前者的对象是一种历史存在，它不具有当下的性质，我们不能以一种面对面的观察或实验的方式来对之进行研究，因此也就增加了我们认识其真实性的难度。但是这种难度并不在于基本事实的确定，而在于对基本事实之间的关系的研究，这种关系主要表现在两个方面，一个方面是因果关系，另一个方面是价值关系。因果关系属于历史认知的范畴，价值关系属于历史评价的范畴，它们都是历史认识的基本层面。这里所谓的基本事实包括历史事件发生的时间、地点、人物以及这些人物说过的话、做过的事，由这些话和事引起的其他人物的反应等。见证人或当事

---

① ［美］杜威：《评价理论》，冯平、余泽娜等译，上海译文出版社 2007 年版，第 7 页。
② 李德顺：《价值论》，中国人民大学出版社 2007 年第 2 版，第 227 页。

人通过观察和思考能够对这些历史事实加以陈述，后人在研究这段历史的过程中也可以通过这些见证人或当事人的陈述了解这些基本事实，因此基本事实的真实性并不存在疑问。如果存在疑问的话，那也仅仅是研究方法是否得当，研究者是否具有足够耐心，有没有文献记载以及这个事实值不值得研究等问题。在基本事实确定之后，各个事实之间的因果关系，一个事实对其他事实的影响和作用，也就可以在当事人的行为和陈述中发现其蛛丝马迹，从而得到确定。在基本事实以及事实之间的因果关系得以确定之后，历史认知也就处在通往真实性的途中。

历史认识过程不仅包括历史认知，而且包括历史评价。历史评价和历史认知一样都是把历史事实作为对象而开展的认识活动，但是进行历史评价的目的并不是发现历史事实之本是，而是发现历史事实所具有的意义和价值。在历史评价过程中隐含一个非常重要的理论问题，这就是事实和价值之间的关系到底是什么？通常的一种观点认为事实与价值之间并不存在必然的关联，休谟的那个古老的命题——从"是"中推不出"应当"——说的就是这个意思。休谟认为一个事实的好坏或善恶并不是理性分析的结果，而是受到情感驱动的结果，是由人们之间的同情所造成的，"这是一个事实，不过这个事实是感情的对象，不是理性的对象。它就在你心中，而不在对象之内"①。人们在试图对于某一事实的价值或善恶进行理性分析的过程中总是存在一个致命的错误：由命题中"是"与"不是"的关系转向"应该"与"不应该"的关系时缺乏必需的论述和说明，"是"与"应当"之间并不存在必然的联系。例如某人故意杀人是恶的，这种行为之所以是恶的，并不是因为残害同类这种行为。因为在动物界，动物之间的相互残杀司空见惯，但是我们并不认为那就是一种恶。杀人的行为和动物之间相互残杀的行为相同，动物之间的相互残杀不能被称为恶，那么人之间的残杀行为为什么就是恶的呢？可见，一种行为之所以为恶与理性分析没有任何关系，它只能是来自人的一种情感，这种情感就是同情，"那些德所以有价值，都一定是因为我们同情那些由它们而获得任何利益的人，正如那些有促进本人福利倾向的德，是由于我们对他的同情而获得它们的价

---

① ［英］休谟：《人性论》下册，关文运译，商务印书馆1980年版，第509页。

值一样"①。事物的价值完全来自与事物本身无关的主体人的情感，人对之施以同情的事物就具有价值，而不对之施以同情的事物就没有价值，价值完全来自于主体人的属性。这种把价值视为与事实完全脱节的观点是不正确的。我们对于被谋杀的人的同情使我们认为故意杀人是一种恶，这是问题的一方面；但问题的另一方面是并不是所有的故意杀人都是一种恶，在中国传统文化中除暴安良往往也被视为一种善，相同的行为因为具有不同的目的而得到完全不同的价值判断，目的构成事实的一部分，这只能够说明价值是与事实的属性密切相关的，不同的"是"产生不同的"应当"。我们承认，这个过程中存在着同情的因素，但是更多的是对于事件所具有的不同情节的理性分析。杜威坚决反对那种把事实和价值割裂开来的二元对立的观点，他认为："事实中存在着评价，而且评价可以接受经验观察，因此关于评价的命题可以被经验地证实。……认为评价并不存在于经验事实中，因而必须从经验之外的源泉中引入价值概念，这是人类心灵曾有的最稀奇古怪的信念之一。"②

　　相同的事实具有不同的价值证明了价值所具有的主体性，同时也证明了同一事实所具有的属性的多元性，正是这种主体性和多元性的结合构成了价值世界的丰富多彩。价值不能脱离事实而独立地存在于人们的心中或情感中。既然价值的形成离不开事实，对于价值的评价也就离不开事实。一般层面的评价过程是这样，历史评价过程也是这样，它绝对离不开基本的历史事实；基本的历史事实的确定是历史评价得以进行的基础，只有在历史事实的基础上进行的历史评价才具有真实性。确定历史事实是获得历史知识，进行历史认知的过程，历史认知是历史评价的基础；历史评价是揭示历史认知结果在当代的效用和价值的过程，它是历史认知在当代发挥其作用的有效途径，二者紧密结合，不可分离。

（四）学术历史的真实性与生活历史的真实性

　　这两种类型的真实性是以某种历史认识是否具有实用价值为标准来进行划分的。学术历史并不以实用为目标，而是以纯粹满足人类自身求知的本性来展开探索，这在亚里士多德看来是人类更高级的知识形态，是人类

---

① ［英］休谟：《人性论》下册，关文运译，商务印书馆1980年版，第662页。
② ［美］杜威：《评价理论》，冯平、余泽娜等译，上海译文出版社2007年版，第67页。

自身为了脱离愚蠢，追求自由学术的表现形态。而相同的东西在克罗齐看来却是没有价值的，他把语文文献学历史（也就是我们所谓的学术历史）归入了假历史的行列，他认为："语文学家天真地相信，他们把历史锁在他们的图书馆、博物馆和档案室里（有点像《天方夜谭》中的神怪缩成轻烟形式锁在一只小瓶中一样），这种信心不是不起作用的，它引起了一种用事物、传说、文献（空洞的传说和僵死的文献）去编写历史的想法，这就产生了那种可以称之为语文文献学历史。我说的是想法，不是实际，因为不管怎么努力，不管怎么不辞劳苦，要用外在的事物写一部历史干脆就是不可能的。"① 因为这样的历史写出来，也只能是编年史，是加以重新编排的文献，也就是文献的"汇编"。学术历史的真实性依赖于文献和档案，希望从中发现历史事件的真实面目。

生活历史与学术历史不同，它的侧重点在于解决思想和生活中出现的问题，"一旦生活与思想在历史中的不可分割的联系得到体现以后，对历史的确凿性和有用性的怀疑立刻就会烟消云散。一种我们的精神现在所产生的东西怎么能不确凿呢？解决从生活中发生的问题的知识怎么能没有用呢？"② 克罗齐主张历史与人类的思想和生活，尤其是当代人的思想和生活发生联系，主张"一切真历史都是当代史"，从而历史在当代面前丧失了自身的独立性，历史学家可以从当代的需要和利益出发重构过去的历史。这一点在很大程度上是不可取的，因而关于生活和历史的关系的更加合理的表述是马克思在《关于费尔巴哈的提纲》中的一句话："哲学家们只是用不同的方式解释世界，问题在于改变世界。"③ 研究过去历史的目的不在于仅仅满足于解释世界，而在于从历史中认清现实中的问题，在实践的基础上切实地改变世界。历史学解释世界是对历史世界的还原，尽可能地依据历史事件的本来面目去进行这种还原，达到这种还原之后，历史学并没有完成其任务，它还需要与当代思想和生活中的问题相结合，合理地解决当代思想和生活中所出现的困惑。这种做法既不会丧失历史事件的独立性，也不会与现实相脱节，而是以解决现实问题为基本向度的对历史事件的深入解析。

---

① ［意大利］克罗齐：《历史学的理论与实际》，傅任敢译，商务印书馆1982年版，第15页。
② 同上书，第4页。
③《马克思恩格斯文集》第1卷，人民出版社2009年版，第502页。

第二节 历史认识真实性概念与周边概念的比较

上一节我们论述了历史认识真实性概念的基本含义，本节我们将对历史认识真实性概念与周边概念的关系进行厘定，主要包含三个方面的内容，这三个方面分别为：真实与真理的关系、历史认识的真实性与客观性的区别、历史认识的真实性与美和善之间的关系。

一 真实与真理的关系

在现代社会"真理"一词几乎成为一种日常用语，人们一谈到真理，一些名言或习语都可以顺口拈来，例如"实践出真知""真理往往掌握在少数人手中""真理面前人人平等""吾爱吾师，吾更爱真理""实践是检验真理的唯一标准"等，这些名言或习语有的是关于真理的来源，有的是关于真理的特点，有的是关于人们对待真理的态度，有的是关于真理的检验标准。人们对待真理的态度是如此的严肃，但令人困惑的是，人们对于"什么是真理"这个问题的回答却是众说纷纭，莫衷一是，有的人认为真理非常的高明，好像谁要是占有了真理，谁就能控制人们面前的这个不可测的世界；反之，有的人认为真理非常之通俗，在一些探讨逻辑问题的书本上，经常加以列举的真理的例子是"雪是白的""天鹅有白的，也有黑的"等。面对这种状况，我们在这里要做的事情不是给真理拟定一个终极的定义，而是要探查可以加以言说的真理的一些基本属性，并在此基础上界划真实性与真理之间的关系。

真理是一种认识，这种认识是存在于人的头脑之中的。人的头脑中有许多种认识，有的来自于感觉，有的来自于思辨，有的来自于莫名其妙、不可言说的直觉，有的则是一种情感的体验。对于在人的头脑中存在的这些认识形式，我们把它们划分为三类，即感性、理性和非理性。在这三类之中，对于非理性因素，例如愤怒、快乐以及对于某人的喜爱或厌恶等，我们通常不把它们称为真理。但是，如果是对非理性因素出现的规律进行总结并加以陈述，例如"人的情绪具有周期性，一月之内总有几天会情绪低落"，那么我们也可以把这种针对非理性的认识称为真理。这里还必须要注意，这种真理反映的内容是关于非理性的，但是它的形式却是理性的。对于感性认识，我们通常的界定是指通过感觉器官对客观事物的个别属性的认识，感性认识是针对某个特定的感性对象的某一属性而展开的认识，他还没有达到综合的程度，通过感性认识，我们只能说"这朵花是红的"，而不能说"所有的这种花都是红的"。感性认识的结果具有片面性、偶然性和可变性。对于感性认识，我们也通常不把它称为真理。与非理性因素相类似，对于人类感觉规律的总结，例如"感觉对于周围环境具有适应性"，在一定程度上也可以被称为真理，这种真理的内容是关于感觉的，但其形式是理性的。

通过上面的分析，我们可以知道，在人类所具有的三种认识形式中，通过感性和非理性直接获得的认识成果不能被称为真理，真理必须是以理性的形式表现出来。理性认识并不直接面对客观对象，它分析的材料来自于感性和非理性，它是利用抽象思维能力对于感性材料或者非理性的体验进行分析和加工，从而获得的对于事物一般特征的认识。真理是通过理性形式表现出来的，但并不是所有的由理性产生出来的东西都能够被称为真理。理性认识也有真理和谬误的区别，真理是对事物的正确反映，谬误则是对事物的错误反映，正确的就是真的，错误的就是假的。由此我们获得了真理的第一属性，即"真"。对于"真"，我们知道它总是一个相对的概念，某一个人认为是真的东西，换一个人就未必认为它是真的，这是因为作为理性认识的来源的感性和非理性是因人而异的，一个人看来是红的东西，另一个人也许认为它是另一种颜色或者这种"红"表现得并不明显。由此，我们就会产生一个疑问，即难道所有为真的理性认识都是真理吗？显然不是。真理并不是只对个体有效的东西，真理除了具有真的属性之外，还应该具有更多的属性。人们对这个问题接下来的思考就产生了严重的分歧，但主要表现为两种形式：（1）除了具有真的属性之外，真理还需要具有必然性、内在性和稳定性。也就是对客观事物的真理性认识是对事物的本质和内在联系的揭示，它的表现形式不因为时间和地点的转换而发生变化，观察者在这一时间这一地点看到的现象在条件具备的情况下也会在另一时间另一地点以同样的方式表现出来。因此，真理是不以人的意志为转移的，不会因为这个人这样的观点而那个人不是这样的观点而发生表现形式上的变化，这也就是我们前边所涉及的符合论的真理说。（2）除了符合论的真理说，还有融贯论的真理说。这种观点在解决上述问题的过程中，不是寻求外部事物的支持，因为它们认为人类对外部事物的认识不可能达到客观地反映，人类认识的差异性是不可能消除的，某个人认为是真的东西是这个人经验的产物，另一个人对于同一对象认为是假的东西也是他的经验的产物，两个人对于同一对象的不同认识不具有通约性，换句话说，外部对象对于所有人都呈现同样的现象是不可能的事情。所以，在这里重要的不是求得所有人对同一事物的共同经验，而是在理性范围内使某个观念得到其他观念的支持或辩护，一个观念在与其他观念的相互关系中确定了自己的位置之后，它相对地也就获得了认识主体之间的认同，从而使之突破了认识个体的局限性。

　　至此，我们可以看到"真"和"真理"的关系，真理必定是真的（对于真理来说，首先必须有一个人对于它表示赞成或支持，并通过这个人得以表述，这是其基本条件），但是"真"的东西未必是真理。接下来的问题就是，本书主题中的"真实"是在"真"的意义上来加以使用的，还是在"真理"的意义上来加以使用的呢？正如我们上文论述到的，"真"具有对个体有效的属性，也就是说个体认为某项认识是"真"的，那么对他来说，这就是"真"的，而且在一定程度上具有无与伦比的确实性。如果我们所谓的"真实"等同于"真"的含义，那就是说，只要某一个体认为某项历史叙述是真实的，那么它就是真实的，只要有个体的经验就可以作出结论，那么历史认识的真实性就不再需要加以探讨，它在任何情况下都是已经解决了的问题。但事实并不是这样，历史认识的真实性由于各种复杂的原因并不是一个已经解决了的问题，这其中最重要的一个原因就在于，历史认识的真实性并不是仅仅追求个体认同，而是试图超出个体的范围之外，追求一种群体认同，或者是试图寻求历史客体的支持，在这样的情况下，历史认识的真实性才成为一个问题。从这种意义出发，"真实"的含义并不等同于"真"，而是更接近"真理"的含义。另外，在英文中"真实性"和"真理"是同一个单词 truth 的两个不同的释义，也可以说它们是在不同语境中对同一种属性的不同称谓，在历史认识论领域我们更偏向于使用"真实性"这个词语，在一般认识论领域我们更偏向于使用"真理"这个词语。

二 历史认识的真实性与客观性的区分

(一) 客观性概念的界定

纵观哲学史,客观性是一个"错综复杂、颇多争议、难以捉摸、负担沉重的概念",有的人总结出客观性所包含的三种意蕴①,有的人概括了西方传统哲学的四种客观性语境②,有的人列举了客观性概念的六种用法③,等等,不一而同。把上述文章中的观点加以总结,我们就可以轻易地得到关于客观性的十三种规定,如果我们还有更大的理论兴趣的话,我们还可以根据世界本体、人类认识成果以及工作方法和态度等方面的不同附加数十种不同的解释,尽管如此,任何列举都似乎是不完全的。我们在这里没有野心也没有必要去列举那么多关于客观性的释义,我们只希望在我们的课题范围之内合理地说明客观性所具有的含义。我们的课题是关于历史认识,我们需要说明的就是历史认识所具有的客观属性,也就是说在什么程度上我们才能够说历史认识具有客观性。从这一角度而言,客观性主要具有两种含义,这正像罗蒂对客观性含义的揭示那样:

> 这个词既指"对一种观点的刻画,这一观点由于作者未被非相关的考虑所歪曲的论证结果而被一致同意",又指"如其实际所是的那

---

① 参见李醒民《客观性含义的历史演变》,《哲学动态》2007 年第 7 期,第 66 页。客观性的三种意蕴分别为:本体论的客观性 (即客观实在,它是感觉和思想的源泉和依据)、认识论的客观性 (是指知识或理论所具有的与实在或经验相符合的属性)、价值论的客观性 (是指尽量排除和减少个人的主观因素,一切从事实出发的态度和立场)。

② 参见季国清《20 世纪哲学的阿基米德点——围剿客观性的世纪之战》,《学海》2001 年第 2 期,第 5—6 页。作者在该文中认为,为了"寻找变化之外的不变的世界",人们开始追寻客观性的或客观主义目标。在追寻这个目标过程中,形成了"四种客观性语境——理性的、机械论的、意志论的和目的论的语境。按照大写的'理性'来思索世界之外的世界的有许多大名鼎鼎的人物,如笛卡尔、莱布尼茨、黑格尔等。牛顿的著作给我们的启示则是世界的背后站着一个伟大的机械师。奥古斯丁、约翰·邓斯·斯各特、奥康的威廉等人则告诉我们超越个人意志的那种伟大意志对世界的秩序负责。亚里士多德为宇宙设计的最初的原动者是目的论语境的开篇之作,所有按乌托邦模式和末世论王国的思维范式解释世界的人都是其继承者"。

③ 参见袁吉富《历史认识的客观性问题研究》,北京大学出版社 2000 年版,第 19—20 页。作者总结的关于客观性概念的六种用法分别为:(1) 认识所达到的普遍性和必然性 (康德的主张);(2) 思想所具有的一种特性 (黑格尔的主张);(3) 知识的自主性品格 (波普尔的主张);(4) 不偏不倚,没有倾向性;(5) 知识所具有的对于认真开展调查研究的人的可接受性 (沃尔什的主张);(6) 认识的真理性 (作者本人的主张)。

样来再现事物"。①

其后，罗蒂在客观性和主观性相参照的意义上进一步对该词的含义加以规范：

> 第一种意义的客观性是理论的一种性质，经过充分讨论以后，它被合理的讨论者的共识所选中。反之，一种"主观的"考虑曾被、将被或应被合理的讨论者所摒弃，这种考虑被看作是或应被看作是与理论的主题无关联的。我们说某人把"主观的"考虑带入欠缺客观性的讨论中，大致就是说他所引入的考虑被其他人视为文不对题。……另一方面，在"主观的"一词的更为传统的意义上，"主观的"与"符合外界存在物"相对立，因此意味着某种像是"只是内部存在物之产物"的东西（在心中，或在心灵的"含混"部分，它不包含特殊表象，因此并不准确地反映外界存在物）。在此意义上，"主观的"与"情绪的"或"幻想的"有联系，因为我们的心和我们的想象是具有个人特质的，而我们的理智至多是自身同一的外界对象的同一性的镜子。②

关于上述客观性含义的第一方面的进一步的表述可以参照 T. 内格尔的著作，他认为："如果一种观点或一种思想方式更少依赖于个人构造的特性和个人在世界上的特殊位置，或者更少依赖于他所属生物种类的特性，那么它就比另外一种更客观。一种理解方式越容易为更多的主体所理解——越少依赖于特殊的主体能力，它就越客观。一种观点同一个人的个人看法相比，它是客观的，但是同一种更外在的理论观点相比，它就可能是主观的了。""这样，客观性就能够使我们超越我们的特殊观点，使我们发展出一种更广阔的意识，而这种意识能更充分地思考世界。"③ 可以看出，内格尔将客观性看作一个不断扩充的相对概念，人们在认识过程中不断剔除主观性的因素，他就不断地向客观性靠近；一种理论陈述中所包含

---

① ［美］罗蒂：《哲学与自然之镜》，李幼蒸译，商务印书馆2003年版，第313页。
② 同上书，第317页。
③ ［美］内格尔：《什么是客观性?》，姚大志译，《世界哲学》2003年第3期，第86页。

的客观性因素越多，它就越能够被更多的主体所接受。对于包含较多客观性的理论来说，包含较少客观性的理论就呈现出一种主观性。

关于客观性含义的第二方面的进一步陈述可以参照列宁，列宁认为："有没有客观真理？就是说，在人的表象中能否有不依赖于主体、不依赖于人、不依赖于人类的内容？"[1] 从这里可以看出，列宁所界定的客观性是指"不依赖于主体、不依赖于人、不依赖于人类"的性质，也就是我们通常所说的"不以人类的意志为转移"。在列宁看来，客观性首先是人类认识对象所具有的属性，作为人类认识对象的外部物质世界是先于人类并且不依赖于人类意志而存在的。外部物质世界具有客观实在性，进而依据这种客观实在性，把物质界定为客观实在。人类的一切知识来自于经验、感觉、知觉，客观实在是感觉的泉源，感觉对于客观实在的认识是以复写、摄影和反映的形式进行的，像摄影过程一样，人的感觉真实地反映了客观实在。由于人类认识对象具有客观性，人类认识是对对象的复写，对象的客观性赋予了人类认识，从而人类认识也具有了客观性。真理的客观性似乎是这样，它恰当地反映了客观事物的规律和进程，客观事物就像真理所揭示的那样运行。在真理面前，你最好是承认它，从认识和利用真理的过程中获益；反之，如果你不承认它，试图以自己的意志去改变它，那么你就必然受到真理的惩罚。列宁也把真理的客观性标示为一个相对的概念，但是列宁的客观性的相对性并不是像内格尔那样得以规定的，也就是说客观性并不是在"不同人的意见的相互验证和一致的基础上"[2]，表现为认识主体之间共识范围的扩大。列宁所谓的客观真理的相对性是指人类对于物质世界的认识并不是一次性彻底地完成的，任何真理都包含着客观性的因素和颗粒，这些客观性的因素和颗粒表现为一个不断扩张的过程，从而"不要以为我们的认识是一成不变的，而要去分析怎样从不知到知，怎样从不完全的不确切的知识到比较完全比较确切的知识"[3]。

列宁对于真理的客观性的分析自有其独到之处，他在认识论领域合理地坚持了唯物主义立场。但是他在论述真理的客观性的过程中没有对认识中的主观性因素给予充分的重视，在具体的认识过程中，我们可以发现人

---

[1] 《列宁选集》第2卷，人民出版社1972年第2版，第121页。
[2] 同上书，第123页。
[3] 同上书，第100页。

的主观性因素具有非常重要的作用，这种重要的作用首先表现在康德所揭示的人所具有的先验范畴对于认识对象的改造作用，从而康德把客观性赋予了这些先验范畴；其次表现在李凯尔特所揭示的理性对于现实之物的异质连续性的改造，"只有通过在概念上把差异性和连续性分开，现实才能成为'理性的'"①；我们还应该注意到后现代历史哲学中对历史叙事的隐喻结构的揭示以及对历史叙事的情节化结构与历史事实的关系的论述。类似的理论还有很多，从而在现代和后现代哲学中酝酿了"围剿客观性的世纪之战"。

我们是不能脱离主观性而对客观性加以认识的，真理的客观性总是在主观思维中表现出来的客观性。黑格尔告诉我们，思维的主体是"我"，"思想只是主观的，任意的，偶然的，而并不是实质本身，并不是真实的和现实的东西。另一方面，我们对于思想也可以有很高的估价，认为只有思想才能达到至高无上的存在、上帝的性质，而凭感官则对上帝毫无所知"②。"当我思维时，我放弃我的主观的特殊性，我深入于事情之中，让思维自为地作主，倘若我掺杂一些主观意思于其中，那我就思维得很坏。"③ 在黑格尔看来，思想一方面是主观的，是"我"在进行的思维，只有在"我"之中思维才能够展开；另一方面，在"我"进行思维的过程中，需要放弃我的主观的特殊性，杜绝主观的意思，从而围绕客观思想而展开思维。由此可见，我们所谓的真理的客观性，总是在主观之中的客观性。黑格尔在如此规定了主观和客观的关系之后，又认为"客观思想一词最能够表明真理，——真理不仅应是哲学所追求的目标，而且应是哲学研究的绝对对象"④。客观思想也就是黑格尔所谓的绝对精神，黑格尔从思维的主观性导出思维的客观性，又从思维的客观性导出客观思想，进而把客观思想与真理相等同，这可以说是黑格尔哲学的逻辑思路。对于他的这个逻辑思路，我们可以看到其前半段具有很大的合理性，但是到了后半段也就是他的结论部分却出现了问题，最终导致了客观唯心主义的产生，把客观思想或者绝对精神视为世界的本体，以客观思想的概念演化来裁剪丰富

---

① ［德］李凯尔特：《文化科学和自然科学》，涂纪亮译，商务印书馆1986年版，第32页。
② ［德］黑格尔：《小逻辑》，贺麟译，商务印书馆1980年版，第66页。
③ 同上书，第83页。
④ 同上书，第93页。

的、复杂的现实。

（二）历史认识的真实性不同于客观性

在黑格尔看来，真理等同于客观思想，也就是在"我"的思维过程中剔除主体结构和主观色彩所达到的思维成果，这也就揭示了客观性是真理的唯一属性。那么，客观性是不是真理具有的唯一属性呢？我们知道人类认识的对象主要可以分为两类，一类是自然对象，另一类是历史对象。

对于自然对象，首先我们可以确定自然对象本身之中没有类似于人类的思维；其次，自然对象本身虽然也在不断地变化，例如地壳的板块漂移、沧海变桑田、生物的进化等，但是这些变化是以规律性和重复性的形态得以表现的，一个自然现象一经形成，它可以保持几千年、几万年甚至上亿年的重复运动，一座山在一个人出生的时候就坐落在那里，到他去世依然坐落在那里，山上的大石头始终保持着它那原始的姿态，山上的树木伴随着季节花开花落、叶绿叶黄，山上的黄鼠狼依然在偷吃村子里的鸡，等等。自然对象自身没有类似于人类的思维，它的运动又是以规律性和重复性的形态得以表现，所以人们就可以通过观察现存的自然形态或现象来建构它的过去，例如地壳的板块漂移假说是根据现在各大陆海岸形状的某些相似性而提出的；沧海变桑田的证据存在于某块陆地的地层中存在着海洋生物的化石；而生物的进化是在不同地层中的生物化石与现存生物的特征相比较的基础上得出结论的。由此可见，自然对象是客观的，它的运动轨迹是不以人的意志为转移的。虽然自然对象本身没有主体思维的因素，但是对它的规律和变化的认识和总结却是在作为认识主体的人的思维中进行的，人的理性结构以及在观察过程中的想象和猜测不可避免地渗入认识结论之中，从而使认识结果具有一定的主观色彩，因此过去的对于自然对象的认识成果或者在当时或者在其后都不同程度地受到否定和质疑，例如上述的板块漂移说至今仍是假说、人类进化论自从其产生到现在不断伴随着争论和质疑，等等。任何一种对于自然对象的认识成果最终都逃脱不了被怀疑和否定的命运。由此可见，虽然自然对象是客观的，但是对它的认识却是在主观中进行的。反映自然对象的真理在不同程度上包含着一些客观性的因素，但是纯粹客观性的真理只能存在于人类的想象之中，现实中的真理像它自身包含着客观性因素一样，它也在一定程度上包含着主观性因素。对于自然对象来说，只有在想象中，我们才能够把真理与客观思想相等同；现实的认识过程中不可能存在等同于客观思想的真理，现实的真理之中必然包含着主体建构，具有一定程度的主观色彩。

历史对象与自然对象不同，历史对象是历史人物及历史人物参与其中的历史事件，它本身就是包含主观意志在内的自由运动的过程。人类的自由运动具有历史性，历史越发展，人类思想和行为与外在事物的关联度就越小，因此表现出的主观性就越大。随着物质手段的进步，人类的思想受到物质条件的制约就会越少，有什么想法得到实现的可能性也就越大，例如普通刀具只能切菜，特制刀具能够削金断玉、激光能够切割金刚石，等等。过去不能实现的想法现在能够实现了，过去不会产生的想法现在也随着物质手段的进步而可能出现了。在一种理想状态中，人类社会的终极目标就是把人类的目的从外界物质束缚中解放出来，这种社会是以人类实现高度自由为标志。人类的自由就是自在自为的、与外界无所关联的一种状态。在这种状态中，不是说人类主体处于一种与外界物质世界完全隔绝的境况，而是说在人与自然的关系中，人完全处于主动的地位，人可以根据自己的设想来改变物质的原初状态，使物质满足于人自身的需求。在这种状态中，重要的已经不是物质是什么的问题，而是人的目的是什么的问题。

认识主体在对历史对象进行认识的过程就是针对人与自然之间的关系、人与人之间的关系以及人类自身意识的发展水平加以认识的过程。在这三种历史对象中，始终包含着人的因素，由此历史对象本身之中必然包含着主观性，这种主观性表现为人的思想、情感、道德、宗教、艺术和经济利益等。内在地包含着主观性的历史对象对于历史认识主体来说，又是一种外在的因素，是一种外在的主观性。柯林武德提出"一切历史都是思想史"，这种说法虽然包含着很大的片面性，但是它却揭示了历史认识的一个不容忽视的具有重要地位的层面，那就是历史叙述不能仅仅局限于记述历史事件的外部进程，除此之外，还要深入历史事件的内部，去发掘历史事件背后隐藏着的历史思想，也就是历史当事人在进行一种行为的过程中他心里的设想以及他希望达到的目的。以此看来，历史学家对历史对象展开认识的过程是以一种主观性去认识另一种主观性的过程。具体的认识途径就是所谓的移情，也就是设身处地的从历史当事人的角度去考虑历史事件，在当时的历史环境中还原历史当事人所面对的问题，对于问题的解决开列各种可能性的清单，并且解释历史当事人为什么选择了其中的一种可能性，他采取了什么样的途径和方法把这种可能性付诸实施，最终又达到了什么样的效果。历史科学与自然科学的认识过程相比，历史科学是以主观性去认识主观性，自然科学是以主观性去认识客观性，从这一角度来说，历史科学的认识成果比自然科学的认识成果应该更具有准确性。

综上可见，不管是对自然对象还是对历史对象的认识都无法避免主观性，自然对象本身是客观的，但是我们对它的认识是在主观中进行的；历史对象本身中就包含着主观性，历史认识主体对历史对象的认识也是在主观中进行的。那么剩下的问题就是：人们在认识过程中能不能避免在认识成果中加入认识主体的想象以及其他主观因素呢？答案是否定的。因为在人类认识成果中的这些主观因素有一部分是认识主体有意识地加进去的，正像汤因比所认为的那样"历史是胜利者的宣传"，"有许多史学讨论会——它们不是真正的学术讨论会，而是背后藏着政治意图的讨论会——的争论都被伪装成学术上的争论"①。把这些主观因素加入历史认识之中，我们可以说是出自历史研究者的"坏心眼"，但是换个角度，如果把这些"坏心眼"理解为一种立场，理解为自身利益的一种表达的话，它似乎也具有一种合理的地位。当然，不管是立场，还是坏心眼，在历史写作过程中，如果想去掉的话，还是能够把它从历史叙述中清除掉的。但是，在清除掉这些立场或者坏心眼之后，我们也应该意识到，那种无立场的"老好人"的历史叙述是令人乏味的。历史写作中的立场或者是坏心眼是历史研究者在认识过程中有意加进去的，既然是有意加进去，那也就可以有意地加以清除。但是，除此之外，还有一部分主观因素并不是认识者有意加进去的，而是在无意识的状态下不可避免地渗入历史认识之中，这部分包括康德所揭示的人类思维的先验结构、李凯尔特所揭示的对于认识对象的理性改造、解释学中的前见以及后现代历史哲学所谓的情节化的结构安排等，没有这些就不可能进行历史认识，就不可能进行历史叙述，类似的主观性因素在历史认识过程中不可避免地加入历史认识成果之中，除非历史认识者不开展认识，否则这些因素就是不可清除的。

① ［英］汤因比、厄本：《汤因比论汤因比》，王少如、沈晓红译，上海三联书店1989年版，第8—10页。

我们在上文中揭示"真实性"和"真理"是在不同语境中对同一种属性的不同称谓,在历史认识论领域我们更偏向于使用"真实性"这个词语,在一般认识论领域我们更偏向于使用"真理"这个词语。客观性并不等同于真理,真理除了具有客观性因素之外,它还具有主观性因素,甚至我们可以说,没有主观性因素,真理是根本不可能成立的。我们所谓的历史认识的真实性等同于历史认识领域中的真理,在具有真实性的历史认识中,既包含着客观性,也包含着主观性,没有反映历史进程中的主观因素的历史认识从根本上来说它就不可能具有真实性。如果把客观性确立为历史认识的目标的话,那么它就不能容纳历史认识过程中不可避免的主观性因素;相对于此,真实性概念具有很大的优越性,它从本质上来说并不排斥历史认识过程中的主观性因素。

三 真实的东西并不必然是美好的

现实的生活在莎士比亚的著名悲剧《雅典的泰门》中被描写得淋漓尽致。泰门是雅典的贵族,在他富有的时候,他的土地一直连到了斯巴达。他为人慷慨,广交朋友,"谁替他做了一件事,他总是给他价值七倍的酬劳;谁送给他什么东西,他的答礼总是超过一般酬酢的极限"。这样的生活方式最终使他千金散尽,债主登门,在他极为困苦的时候他希望他的朋友们能够给予他帮助,但是他的那些酒肉朋友却弃之不顾。他遁入了森林,过着野人般的生活。某一日,他从居住的洞穴中走出,准备在荒郊野地挖一些树根充饥,结果在掘地的过程中挖出了金子,面对这些意外之财,他对现实进行了激烈的批判和控诉:

> 金子!黄黄的、发光的、宝贵的金子!……这东西,只这一点点儿,就可以使黑的变成白的,丑的变成美的,错的变成对的,卑贱变成尊贵,老人变成少年,懦夫变成勇士。……这东西会把你们的祭司和仆人从你们的身旁拉走,把壮士头颅底下的枕垫抽去;这黄色的奴隶可以使异教联盟,同宗分裂;它可以使受咒诅的人得福,使害着灰白色的癞病的人为众人所敬爱;它可以使窃贼得到高爵显位,和元老们分庭抗礼;它可以使鸡皮黄脸的寡妇重做新娘,即使她的尊容会使身染恶疮的人见了呕吐,有了这东西也会恢复三春的娇艳。来,该死的土块,你这

人尽可夫的娼妇，你惯会在乱七八糟的列国之间挑起纷争。①

泰门在说完这些话之后，在后面又说：

> 啊，你可爱的凶手，帝王逃不过你的掌握，亲生的父子会被你离间！你灿烂的奸夫，淫污了纯洁的婚床！你永远年轻韶秀、永远被人爱恋的娇美的情郎，你的羞颜可以融化了狄安娜女神膝上的冰雪！你有形的神明，你会使冰炭化为胶漆，仇敌互相亲吻！你会说任何的方言，使每一个人惟命是从！你动人心坎的宝物啊！你的奴隶，那些人类，要造反了，快快运用你的法力，让他们互相砍杀，留下这个世界来给兽类统治吧。②

马克思在 1865 年的问答式的《自白》中把莎士比亚列为自己喜爱的诗人之一③，在马克思的著作中随处可见莎士比亚的痕迹。莎士比亚笔下的泰门对人类现实的这两段批判性文字曾经先后四次出现于马克思的著作。

第一次引用出现于《1844 年经济学—哲学手稿》"笔记本 Ⅲ"的关于"货币"的分析。在这本青年马克思的代表著作中，马克思分析了货币能够购买一切东西的特性，并且因为它具有占有一切对象的特性，所以是人类社会最突出的对象。马克思认为，莎士比亚特别强调了货币的两个特性："（1）它是有形的神明，它使人的和自然的特性变成了它们的对立物，使事物普遍混淆和颠倒；它使冰炭化为胶漆。（2）它是人尽可夫的娼妇，是人们和各民族的普遍牵线人。"④ 人类社会和自然本来是具有差异和丰富个性的存在，但是货币把这些特性泯灭，使事物普遍混淆和颠倒。"凡是我作为人所不能做到的，也就是我个人的一切本质力量所不能做到的，我

---

① ［英］莎士比亚：《雅典的泰门》，载《莎士比亚全集》第 8 卷，朱生豪译，人民文学出版社 1978 年版，第 176 页。

② 同上书，第 187—188 页。

③ 马克思所填写的《自白》有两个版本，一种版本来自《马克思恩格斯全集》第 31 卷，人民出版社 1972 年版，第 588 页。另一版本来自［英］麦克莱伦《马克思传（插图本）》，中国人民大学出版社 2006 年版，第 479 页。关于莎士比亚，这两个版本的不同之处在于，前者在"您喜爱的诗人"这一栏中把莎士比亚列在第二位，后者则在相同的一栏中，把莎士比亚列在第一位。

④ ［德］马克思：《1844 年经济学—哲学手稿》，人民出版社 2000 年版，第 144 页。

凭借货币都能做到。因此，货币把这些本质力量的每一种都变成它本来不是的那个东西，即变成它的对立物。"① 一个人具有研究的本领，但是他却没有进行研究所需的货币，那么他就不具有研究的本领，也就是说没有进行研究的有效的、真正的本领。相反，如果一个人实际上没有进行研究的本领，但是他拥有进行研究的愿望和货币，那么他就有了进行研究的有效的本领。正常的人与人之间的关系应该是用爱来交换爱，用信任来交换信任，但是货币打破了这种正常的关系，用货币可以收买爱，使用货币可以换取信任。货币可以使一个人的污点变成优点，使短处变成长处，使他本来不能做的事情变成可能。货币是一个万能的魔术师，使人类本来应该加以珍视的众多意义和价值变得苍白无力。

第二次引用出现于《德意志意识形态》。针对施蒂纳把资产阶级的私有财产和个性等同起来的观点，马克思引用了莎士比亚的这两段话对自己的观点进行说明。施蒂纳脱离现实的社会关系，从词源学上为私有财产的永恒存在寻找根据。他首先把私有财产变为财产的概念，利用 Eigentum［财产］和 eigen［自己特有的］这两个词的词源学上的联系，认为财产的本意是"自己特有的"，财产本是就是私有财产，消灭了私有财产也就消灭了财产。自称消灭了私有财产的共产主义社会，它却不能消灭财产，因此也就不能消灭私有财产。马克思针对施蒂纳的这种缺乏现实依据的观点展开批判，他认为只有没有个人特性的东西才能称为私有财产，反之，那些具有自身特性的东西不能成为私有财产。这些保留着个人特性的东西之所以不能成为私有财产，是因为"它不能使我支配任何甚至是最少量的他人劳动"②。马克思举了一个例子，例如我的大礼服只有当它还可以出卖时，才是我的私有财产；当这件礼服成为破衣服之后，它还是具有我的特性，把我变成衣衫褴褛的个人，但是没有一个经济学家会把它列为我的私有财产，因为它不能使我支配任何他人的劳动。在此基础上，马克思指出私有财产非但不能使自身的个性得以彰显，它还进一步泯灭人和物所具有的个性，它不仅使人的个性异化，而且也使物的个性异化。"金钱是财产的最一般的形式，它与个人的独特性毫无关系，甚至直接对立"③，马克思

① ［德］马克思：《1844 年经济学—哲学手稿》，人民出版社 2000 年第 3 版，第 144 页。
② ［德］马克思、恩格斯：《德意志意识形态》（节选本），人民出版社 2003 年版，第 93 页。
③ ［德］马克思、恩格斯：《德意志意识形态》（节选本），人民出版社 2003 年版，第 93 页。

在这里引用莎士比亚的这两段话正是为了说明这个问题。

第三次引用出现于《1857－1858 年经济学手稿》的"《政治经济学批判。第一分册》第二章初稿片段和第三章开头部分"中，第四次引用出现于《资本论》第一卷·第一篇·第三章关于货币职能的说明当中。《1857－1858 年经济学手稿》可以视为《资本论》的初稿，因而这两次引用都是为了说明相似的问题。在《手稿》中，马克思认为："那种可以献身于一切并且一切皆可为之献身的东西，表现为普遍的收买手段和普遍的卖淫手段。"① 这里揭示了这样一个矛盾，拥有货币就拥有了支配其他人和商品的普遍权力，从而使人和他的个性之间发生完全异己的和外在的关系，也就是说货币的普遍性消灭了人的个性，人被货币所支配，人是地地道道的拜金客。在《资本论》中，马克思揭示了这样一个问题，即："一切东西，不论是不是商品，都可以转化成货币。一切东西都可以买卖。流通成了巨大的社会蒸馏器，一切东西抛到里面去，再出来时都成为货币的结晶。……正如商品的一切质的差别在货币上消灭了一样，货币作为激进的平均主义者把一切差别都消灭了。"② 人的血液、器官甚至整个生命都可以转化为货币，人的爱情、道德、信仰、知识和良心等都成为买卖的对象，货币支配了一切、消灭了一切事物本身所应有的特性，它们都转化成了货币，货币成为名副其实的世界之王。

莎士比亚用文学语言所描绘的，马克思用理论所论证的，无非是这样的一个人类现实，即"天下熙熙，皆为利来；天下攘攘，皆为利往"③。文化不再仅仅是一种相对独立的公共领域，它更成为一种消费的对象。这就促使建立了在学术分工基础上的文化工业生产机制，在文化消费领域造成没有货币你就不能占有文化的奇怪的现象。文化可以转化为货币并且其价值最终以货币来进行衡量，这就使本来具有开放和共享性质的文化成为一个封闭的世界，谁都不愿意把自己的思想拿出来与别人分享，而是留给自己把它转化成产品，在文化市场上叫卖。教育也发展出了一种经济学，一个国家和民族按照经济规律来运营教育产业，把教育加上一个 LOGO，加上理念，加上对于未来前景的美好许诺，然后把这种经过包装的教育推销

---

① 《马克思恩格斯全集》第 31 卷，人民出版社 1998 年第 2 版，第 339—340 页。

② 《马克思恩格斯全集》第 44 卷，人民出版社 2001 年第 2 版，第 155 页。

③ 司马迁：《史记·货殖列传》。

给需要接受教育的人。之后，接受教育的人就成了一笔期货，在教育生产线上经过三四年的组装，期待能够卖出一个良好的价格。更有甚者，教育可以根据客户的需求实行定制，商家提出需求人才的标准，教育部门按照这个标准生产人才，然后把它卖给需要特种规格人才的商家，教育学完完全全地转化成为一门经济学。医疗卫生行业也要追求经济效率，生命不再具有生命的尊严，进我门来，你就成为我生财的工具，为了完成手术的指标，把不该做手术的病人推上了手术台；为了获取丰富的回扣，假药、伪药甚至毒药统统给你加到处方之中。经济部门更加经济，能不花钱的地方就不花，能少花钱的地方就少花钱，需要两个螺丝钉的地方尝试着用一个螺丝钉，需要真货的地方尝试着用假货代替……这些都是生活中的现实，也就是生活的真实和历史的真实，真实的东西并不都是美好的，它们非但不美好，在许多地方甚至是流脓泛黄的丑恶。

李嘉图把人变成了帽子，用帽子的生产费用来说明人的生产费用，有的人指出他说话太刻薄。马克思却不这样认为，他说："刻薄在于事实本身，而不在于表明事实的字句！"① 这也就是说，刻薄的字句是刻薄的现实的反映，理论的工作就是揭示这些存在于事实之中的刻薄，"应当让受现实压迫的人意识到压迫，从而使现实的压迫更加沉重；应当公开耻辱，从而使耻辱更加耻辱。应该把德国社会的每个领域作为德国社会的耻辱部分加以描述，应当对这些僵化了的关系唱一唱它们自己的曲调，迫使它们跳起舞来！"② 可见，在历史和现实中真实的东西并不必然是美好的，但我们并不能因为它可能是不美好的，我们就放弃它，我们就不对它开展认识，或者说虽然开展认识但只是对其中那些美好的东西加以描述，这些做法都是不合适的。科学的求真精神应该像马克思所做的那样，现实之中虽然包含着刻薄和耻辱，但是我们不对它进行回避，而是勇敢地面对，还历史一个真实的面目：

> 这里是罗陀斯，
> 就在这里跳跃吧！③

---

① 《马克思恩格斯全集》第 4 卷，人民出版社 1958 年版，第 94 页。
② 《马克思恩格斯全集》第 3 卷，人民出版社 2002 年第 2 版，第 203 页。
③ 这句话出自《伊索寓言》中的寓言故事《吹牛的运动员》，马克思在《资本论》中引用了这句话，该著作的文后注释对这句话的解释是：一个吹牛的运动员，"自吹在罗陀斯岛跳得很远很远。别人就用这句话反驳他，其转义就是：就在这里证明你的本领吧！"（《马克思恩格斯全集》第 44 卷，人民出版社，2001 年第 914 页。）

第三节　历史认识真实性问题的症候

历史学是整个社会科学面对的问题的集中反映，这是因为历史学具有这样几方面的特征：首先，它的研究对象是已经发生的历史事件；其次，它的研究途径主要是查阅文献档案；再次，它试图通过对文献档案的研究重建过去的人类社会。其他社会科学，一方面在本身内部就包含着对自身历史的研究，例如哲学，它本身就是哲学史，哲学家对于哲学观点的论证深深地植根于哲学的历史逻辑；社会学、政治学、经济学、艺术理论、文学理论等学科也存在类似的状况，一种新观点的提出必然和此前的理论形成对照，在相互比较和论证中确定这一新观点的理论地位。另一方面某些社会科学是以一种简化的历史学模式呈现出来的，它并不回溯历史，而是直接面对现实，它所描绘的现实是一个人曾经亲身经历的，或者只要产生研究意愿，都是可以亲身经历的，社会实践、社会调查以及艺术实践、文学创作等都是这种类型的社会科学研究模式。历史学与这种社会科学研究模式的区别就在于，前者的研究对象是已经成为过去的人类社会，后者的研究对象是正在发生或者虽然已经发生但并未成为过去的人类社会。它们的共同点在于——不管是过去还是尚未过去的——它们都是在研究人类社会。我们可以设想，如果对过去社会的研究能够确立真实性的话，针对尚在眼前的社会的研究结果产生的疑问就会迎刃而解。反过来也可以说，针对尚在眼前的社会的研究能够获得真实性的依据，现在总会转化为过去，当它成为过去之后，针对那些本来具有真实基础的社会研究成果而开展的历史研究的真实性问题也就迎刃而解了。所以，历史学的真实性问题不仅仅是一个学科本身的问题，它还是所有社会科学所面临的问题的集中反映。由此可见，解决历史认识的真实性问题十分重要，对这个问题加以研究也非常必要。在对这点进行简要的说明之后，我们将进一步确定历史认识的真实性问题的症候。

一　"如实直书"的内在困境

兰克（Leopold Von Ranke，1795 – 1886），他是 19 世纪的德国客观主

义史学的代表人物，他的史学思想奠定了其后大多数历史学家写作的基调。他主张在文献档案的基础上努力克服包括想象在内的各种主观因素的影响，以不偏不倚的态度开展历史研究，也就是"如其本来所是"进行历史写作。他不仅对历史学提出了"如实直书"的要求，而且制定了完整的行动策略，并且依照这一策略进行了大量的历史著述，产生了重要影响。可以说，兰克的史学思想较为完整地、比较集中地反映了历史学家的理想和实践，因此他被称为"科学的历史学之父"。

兰克在他的第一本著作《拉丁和条顿民族史，1494—1514》中引证了大量的原始资料，这是同时代的历史学家难以企及的，这些原始资料包括：论文集、日记、私人的和正式的信件、政府档案、外交通告以及目击证人的第一手的口述记录等。在这本书的序言中，他写下来他最著名的一句话，他说："历史指定给本书的任务是：评判过去，教导现在，以利于未来。可是本书并不敢奢望完成这样崇高的任务，它的目的只不过是说明事情的真实情况而已。"[①] "to show what actually happened" 这句话最终被总结为关于历史写作的重要原则——"如实直书"。"如实直书"的历史写作原则在兰克的《论历史科学的特征》一文中得到了较为系统的论述，他在该文中涉及了历史学的性质、历史学的原则、范围以及世界历史的统一性等问题。关于历史学的原则，他提出了历史学的根本原则以及该原则在历史学实践中的具体要求。历史学的根本原则是"在全部存在之中，即在每一种环境中，在每一种存在、源自上帝的永恒之物中，识别出永恒的事物"[②]。可见，他希望通过神学树立历史学的崇高目标，他认为在每一种环境中的每一种存在都是源自于上帝的永恒之物，永恒存在于个体之中，而不是存在于普遍之中，历史学正是通过以"同情之心"关注个体而获得对

---

①　转引自张广智《西方史学史》，复旦大学出版社 2006 年第 2 版，第 232 页。兰克在现代西方史学中发生了重要的影响，但可惜的是他的著作中文译本很少，因此在研究上造成一定的困难。这段引语转引自张广智先生的著作，同时笔者在维基百科上找到了这段文字的英译，摘录如下："History has had assigned to it the office of judging the past and of instructing the account for the benefit of future ages. To show high offices the present work does not presume: it seeks only to show what actually happened."（资料来源：http://en. wikipedia. org/wiki/Ranke，2009 年 5 月 6 日）

②　［德］兰克：《论历史科学的特征》，载刘北成、陈新《史学理论读本》，北京大学出版社 2006 年版，第 7 页。这一部分兰克的引文，除特别注明出处的引文外，都出自兰克的这一篇文章，下文将不再一一注明其具体出处。

于永恒之物的认识。在具体的历史学实践中该如何"识别出永恒的事物"呢？他认为应该满足六个方面的具体要求。

（1）对于真实的纯粹热爱。在这里他提出了达到历史真实的第一个条件，即以某种崇敬的态度对待所发生的、过去的或呈现的事物，研究者在对历史事件的认识过程中要清除自己的包括想象在内的各种主观因素。在这里，兰克自己就意识到一个问题，那就是如果研究者的精神因素不发生作用的话，那就只能掌握事物的外表，也就是它发生的时间、地点和过程。历史事件除了这些外在的现象之外，更加重要的是事物内在的东西，内在的东西主要是精神性的存在。对于精神性的存在只能通过精神来把握。如果研究者的主观精神不发挥作用的话，历史认识就会停滞在单纯地对于事物外表的把握，而不能深入认识事物内在的东西。为了把握事物内在的东西，兰克提出了第二种要求。

（2）一种以文献为基础的、深入、深刻的研究是必要的。这种"深入、深刻的研究"指的是首先要致力于研究"现象本身、它的条件和环境"，然后深入研究"现象的本质、它的内容"，简言之，就是透过现象看本质。历史事件的现象是在特定时间和地点中活动的个体，这些个体都是精神上的个体，透过个体的现象把握它的本质和内容，就需要把握个体事件中所体现出来的精神要素，对于精神上的个体的把握，只能通过精神上的领悟来加以把握。因此，兰克在第一种要求中加以驱除的研究者的主观偏见，在第二种要求中又高唱着凯歌回到研究者的视线。为了把这个再次回来的偏见清除掉，兰克继续提出了第三种要求。

（3）一种普遍的兴趣。兰克认识到市民制度、宪法章程、科学发展、艺术创作和政治纠纷等方面从来不是分别呈现的，它们总是一同出现，实际上还彼此决定，因此他要求对这些方面给予同等的关注。兰克在这里反对的是这样一种倾向，即不对其他方面予以关注，只对自己感兴趣的一方面加以深入研究。所谓的"没有偏见"就是保持一种普遍的兴趣，对于所有的方面都予以同等的关注。兰克在第一种要求中驱除的是包括想象在内的一切主观因素，但是这些主观因素在第二种要求中以精神的面貌回归。当大家期待他在第三种要求中继续驱除回归后的精神因素之时，他的第三种要求却转变了方向，开始探讨人的兴趣，教导大家不能只对自己感兴趣的方面开展研究，进而需要保持对所有方面的同等的普遍的兴趣。有了普遍的兴趣容易导致把整个领域切割成许多单独的互不连属的部分的危险，从而使研究成果呈现为一连串的碎片。为了避免研究成果的碎片化，他提出了第四种要求。

（4）对于因果联系的理解。兰克对于因果关系的基本观点是："因果关系存在，并且因为其存在，我们必须努力去认识它。"他对于因果关系的论述是针对"功效性的历史研究"而展开，功效派思想认为自私和对权力的欲望是一切事物的主要原因。兰克否定了这种观点，认为它们能够成为一种非常强有力的动机，并且有着很大的影响，但是否认它们是唯一的要素。兰克虽然否认了自私和对权力的欲望是历史发展的唯一的内在关联，并且确认在以文献为基础的研究中，从鲜活的观察中能够得出的真实的动机是多样而深刻的。但是，他并没有指出这些"多样而深刻的"动机到底是什么？在对这些"多样而深刻的"动机加以研究的过程中，兰克的观点表现出两个方面的局限性：其一，当历史学家专注于研究真实的动机时不免会出现山穷水尽的局面，当这种局面出现时，兰克允许历史学家作出推测，"只有当我们在这条路上不能再多走一步时，我们才被允许做些推测"。这里的"推测"难道不是他在第一种要求中断然决然地加以摒弃的"想象"吗？我们可以这样认为，兰克在适当的时候，给人类的想象留了一个可以自由出入的后门，只是要求"想象"在从这个后门出入的时候需要乔装打扮而已。其二，他对于原因的观察也仅仅局限在人的动机的层次，对于人类从事活动的环境以及自然因素的作用机制的认识相对匮乏。

（5）不偏不倚。兰克在这里主张在两种相对立的派别之间保持一种执中的等距离的立场，在根据期望永远保持现状的派别和热衷于不断向前进的派别之间保持一种客观的中立的立场，以历史学研究的眼光"到它们存在的根基处探究它们，并且完全客观地描绘它们"。不偏不倚的态度代表着在评判相互对立的两种派别时，不偏向于其中任何一方，以一种历史学家的完全中立的立场对他们进行客观的评价。我们看看兰克是如何把他的这个信念贯彻到他的史学实践之中的，他本身的宗教信仰属于马丁·路德的宗教改革派，但他却替反宗教改革时期的教皇们编写了一部历史（即《四个世纪以来的罗马教皇史》）；此外，他还作为一个德国人以不得罪法国人的方式书写了一部法国史（即《16—17 世纪的法国内战和君主政体史》)。由此可见，他在各种相冲突的观念和倾向之间试图担当居中调停的角色，在进行各种批评和议论时，尽量克服自己的观念和倾向，质言之，就是要求一个历史学家在书写历史时把自己隐藏起来，不使自己的观念和倾向在历史著作中表现出来。历史学家在这里就变成了一个透明的隐形人，是一种典型的二重化的人格分裂。有的人主张"文如其人"，兰克则主张"文不见其人"。

（6）总体的概念。兰克承认存在着特殊之物，同时也存在着特殊之物之间的联系，因而最终存在总体。但是他并没有说明这种总体到底是什么，说来说去，最终还是导致了神秘主义的结论。他认为，历史学家仅仅把握特殊已经是困难之至，他们不可能理解每一处的因果关系，更不可能探究总体之精髓的根基。人们不能了解世界历史，"只有上帝才了解世界历史"。对于世界历史的本来面目与总体性，人类不可能加以认识，所以留给历史学家的空间就是："我们只能猜想，只能从远处研究。"由此，在第一种要求中明确加以驱除的人类自身的"想象"，现在又换了一个面目，在面对总体性时，以"猜想"的形态再次表现出来。

综合兰克在这里提出的这六种具体要求，我们可以看到兰克对于历史学研究有两个基本的信念，第一是历史事实就隐藏于文献档案之中，如果我们对于文献档案进行精细的研究和加工，我们就可以接近历史真实；第二是在历史写作过程中要驱除一切可能影响历史研究的客观性的主观因素，以不偏不倚的态度对历史加以研究。但是这两种基本信念在实现过程中都遇到了重重的障碍，都是不能在历史写作实践中加以实现的空洞的理想。

首先我们来分析兰克的第一信念为什么会落空。文献档案从其来源来看，它是原始性的，来自历史当事人的第一手的记录，是历史当事人对于当时的历史事件和历史形势的分析。正像上文提到的，这些原始文献包括：论文集、日记、私人的和正式的信件、政府档案、外交通告以及目击证人的口述记录等。通过对这些原始文献进行整理和分析能够真正接近历史真实吗？对此，我们知道：

（1）文献档案本身就是当事人以自我为中心对事件的主观建构，是自我感受和主体利益的反映。我们在具体处理各种冲突的时候，经常坚持的一个原则就是不要偏听偏信，要全面听取矛盾双方对事件的分析，以折中的方式就能接近事实的真相。这是我们对待矛盾冲突的一般的做法，同时也是兰克所坚持的"不偏不倚"原则的真谛所在。这种做法相对于只听取一方的证词的有失公正的做法要优越得多，但是我们也知道兰克所主张的这种不偏不倚、不多不少、刚刚好地与真实相符合的原则很难在现实之中贯彻实施。之所以这么说，是因为我们在看待历史事件时并不是总能听到两种声音，有的时候只有一种声音，有的时候是多声合唱，在构成这种合唱的每一种声音背后都隐藏着一种主体利益。利益关系在很大程度上是不能调和的，调和各种利益的新意见也只不过是第三方利益甚或是第四方利益的表达而已。

（2）仅仅对第一手的文献档案的认识是不够的，第二手的著述也是在第一手资料的基础上建构起来的，如果我们每次都是绕过后人对前人的解释，直接回到原始状态重新开始对历史事件的建构工作，把旁人的建构置于视野之外，这显然不是一种明智的选择。历史研究在很大程度上类似于在同一地点建造新房子的过程，如果你不满意旧房子，那么你首先必须把旧房子推倒，把它所产生的废物彻底清除，然后才能在同一地点打造地基，建造自己的理论大厦。由此可见，原始资料固然重要，他人对于这些原始资料的解释也同样重要，任何人对于同样的原始资料的解释都不能忽视他人所作出的同样的工作。这正像安克斯密特所说："由于各式各样的解释，文本本身变得模糊不清，成了一幅边线交错的水彩画。……这一切荒谬结果的产生是因为文本本身在一种解释中不再具有任何权威性……他们最好是尝试着先从解释的丛林中开辟出一条路来。"①

兰克所坚持的第二信念也没有扎实的根基。这种信念内在的矛盾首先就出现于兰克自己对于历史学家的六种具体要求之中。从兰克提出的六种基本要求，我们知道他认为那些应该加以驱除的主观因素包括：在第一种要求中想要加以驱除的想象、在第三种要求中想要加以驱除的片面的单方面的兴趣以及在第四种要求中想要加以驱除的人们的自私和对权力的欲望。其中最重要的因素就是历史学家的想象，对于想象的态度，兰克的论述存在着明显的冲突。我们看到，兰克在第一种要求中告诫历史学家对于

---

①［荷］安克斯密特：《历史编撰与后现代主义》，陈新译，《东南学术》2005年第3期，第67—68页。

包括想象在内的各种主观因素保持高度的警惕，但是到了第二种要求，他又说脱离历史学家的精神就不可能对历史现象的本质加以认识，在这里想象化身为精神；在第四种要求之中，在因果链条难以为继的情况下，兰克授予"推测"一种合法的地位，在这里想象化身为推测；在第六种要求中，兰克在上帝面前放弃了历史学家认识总体性的权力，人类不能正确地认识这种总体性，人们只能猜想，在这里想象化身为猜想。因此，历史学家的想象在乔装改扮之后以各种的形态到处呈现，本来应该加以杜绝的因素现在却更加彰显。其次，从兰克本人的历史著作中，人们发现的并不是一个政治中立和杜绝主观色彩的不偏不倚的历史学家。兰克本人的保守主义的政治立场在他的历史著述中充分表现出来，伊格尔斯通过分析兰克在担任《历史—政治杂志》编辑期间所撰写的文章，认为："在这一时期《历史—政治杂志》上的文章，以及他的讲座笔记和就职讲演'论历史与政治的相似性和差异'中，兰克提出了 19 世纪历史研究中最为系统和一致的历史主义原则。其中绝大部分是直接维护复辟时期普鲁士的制度和他自己的喜好。"① 另外，海登·怀特通过分析兰克的历史著述发现了他把一种外在的叙述结构强加在历史事件之上，他是作为喜剧的历史实在论的典型代表，"提喻的神话乃是戏剧的梦想，也就是要了解一个世界，在其中所有的奋斗、竞争和冲突在一种实现了的完美和谐之中，在所成就的那种环境中都被消解了；在那里一切罪行、邪恶和愚蠢最终都被呈现为建构戏剧的终局所最终成就的社会秩序之手段。但是，喜剧式结局可能采用两种方式，其一是主人公超越阻碍他朝着自己的目标前进的社会而获得胜利，其二是重申集体权利要胜过挑战它作为社会权威形式的个人权利。第一种喜剧式情节化或许可称之为愿望式喜剧，第二种则可称为责任和义务式喜剧。米什莱以第一种模式将他的法国史一直写到大革命；兰克是按第二种模式来写作他的欧洲各国史"②。喜剧式情节化模式纯粹是一种历史学家个人的主观构造，这个历史学家可以用喜剧模式表现的同一个历史过程，那个历史学家就可以用悲剧或者讽刺剧的模式加以表现，其中存在着历史发生和历史叙述之间的断裂。

---

① [美] 伊格尔斯：《德国的历史观》，彭刚、顾杭译，译林出版社 2006 年版，第 88—89 页。
② [美] 怀特：《元史学：十九世纪欧洲的历史想像》，陈新译，译林出版社 2004 年版，第 258—259 页。

由上面的分析可以看出，兰克希望构建的清除主观因素的客观主义是没有充分保障并且存在内部矛盾的史学方法，"如实直书"面临自身无法加以解决的理论困境，历史学不可能通过兰克模式加以建构。

二　人类从过去走来，但无法与其照面

在社会之中，每个人、每个家庭、每个家族以及每个国家和民族都有其过去，每个过去的瞬间对于每个个体来说只能经历一次，经历了这一次之后人们就永远不可能再回到过去。历史学的研究对象就是这些曾经一次性地发生过的，但是人类不能直接与其照面的东西。因而，人们面对这种状况不禁会问：历史学家不能直接与过去照面，不能指着他的研究对象对大家解释说"你看，就是这么回事"，那么我们凭什么要相信历史学家所说的是真实的呢？这里，历史学家面临着一种研究方法的困境，历史学家面对过去不能确立有效的、可靠的和确定的研究方法。历史学是否可以从其他学科借鉴一些比较成熟的研究方法呢？这些研究方法包括在自然科学中行之有效的实验方法、在心理学、社会学等领域中实行的问卷调查法、在人类学研究中应用的田野考察法，等等。

在现代历史研究的各专门领域中，我们时常会发现实验方法的应用，例如利用碳十四同位素检测法测定一件历史遗物的具体年代、通过生物学解剖断定一位历史人物的死亡原因、通过分析古钱币所包含的元素来确定使用这种钱币的历史时期的铸币水平以及当时的冶金技术发展水平，等等。这些实例很多，实验方法应用于历史研究，确实解决了人类面对历史时产生的一些疑惑，但是并不能解决一些根本性问题，实验方法只是在历史学研究的外围发生其作用。我们之所以这样认为，一方面是因为实验方法本身具有的局限性，它只能针对实物展开研究，但是过去的历史时代遗留下来的实物却是相当有限的，有的历史时代甚至没有任何实物遗存下来；另外，经过一次实验方法的检验，历史遗物就会被损毁。历史遗物并不像一些没有历史意义的自然物那样经过破坏之后，还可以找到同样的实验品。历史遗物一经损毁，它就不复存在了。这些特点制约着实验方法，使它不可能大范围地在历史研究领域中展开。另一方面，实验方法只能解决一些浅层次的历史问题，对于历史的深层次结构没有任何帮助。它只能用来确定时间，并不能说明在那个时间之内到底发生了些什么；它只能说

明一个历史人物的死因，并不能说明他是被谁谋害、为什么被谋害、怎样被谋害等关于历史事件具体发生过程的问题；它也许能够说明一个时代的冶金技术水平，但并不能说明这种冶金技术是由谁发明以及这项技术在当时的应用情况如何等问题。由此可见，实验方法在非常特殊的情况下能够应用于历史研究，进一步而言，即使在历史研究中应用了实验方法，它也只能够解决一些浅层次的外围的问题，对于历史的本来面目，尤其是充斥着人性的历史，没有任何帮助。我们也会注意到，兰克曾经把自己的研究室比喻为实验室，但是这种实验室的功能和自然科学的实验室的功能完全不同，进行历史研究的工具不是显微镜，也不是化学试纸，更不是其他的机械工具，在历史实验室中推行最多的也就是休谟所认为的"推理的实验方法"，这种推理的实验方法作用于每一份摆在眼前的文献档案，通过推理识别其真假，这类似于自然科学家对实验品的逐一检测的工作程序。但这只是类似而已，其精神实质是完全不同的，历史学研究的对象是人类社会，而自然科学研究的对象是自然界；历史学面对的是现实在文本中的折射，自然科学面对的是实物；历史学主要是定性分析，而自然科学主要是定量分析；历史学发现的是个体的价值，而自然科学发现的是普遍的规律；历史学研究的是现实，而自然科学研究的是理想状态下的虚构……总之，不管是休谟的"推理实验方法"，还是兰克的"实验室"，它们仅仅具有比喻意义上的不真实的含义，它们不能与自然科学的实验室和实验方法相等同，这是显而易见的。

有的人认为检验历史认识的真实性标准是历史学家的学术共同体的一致认同，如果这个学术共同体不承认某项认识成果的真实性，那么它就不具有真实性；如果这个学术共同体承认某项认识成果的真实性，那么它就具有真实性。如果事实真是这样的话，那么历史学家的工作就简单多了，他只需要拟定一份问卷，然后把它分发给各个历史学家，在这份问卷之中可以出现判断是非题，如果一个历史学家对某项结论赞成，那他就在该项后面的括号中画√，不赞成画×；也可以出选择题，例如"是谁杀死了光绪帝？A. 慈禧；B. 袁世凯；C. 李莲英；D. 上述选项都不正确，是其他人所为"，在答题过程中附加说明："此题为不定项选择，可以任选其中一项或者多项"；当然也可以拟定事件分析题，让历史学家对某项历史事件进行分析，说明他所认为的这个历史事件的大致经过，等等。这些题目都没有标准答案，每题的结论最终依赖于历史学家们对于某项结论赞成的比例，赞成票明显多于反对票，那么这项结论就成立，其他题型确定答案的方式与此类似。这样一来，历史学领域中的疑难好像都能通过这个一揽子计划得到解决。事实真是这样的吗？显然不是。我们知道，在竞选总统或者通过某项法律议案的过程中，多数人的意志具有决定性的作用，这是不可否认的。但是具体到某项历史认识的真实性检验，我们却不能如此草率武断，众人的意见并不能决定某项历史结论的真实性，对它的真实性的认同还需要证据的支持，没有证据的信口雌黄是没有任何可信度的，历史认识的真实性不能脱离证据而片面追求众人意见的一致。由此可见，在心理学、社会学等领域实行的问卷调查法并不适用于历史研究，通说并不能决定某项历史结论的真假。

傅斯年在主持民国时期的"中央"研究院历史语言研究所的工作期间倡言："我们不是读书的人，我们只是上穷碧落下黄泉，动手动脚找东西！"[1] 他认为近代的历史学就是史料学，而史料学的第一要义就是自己动手动脚去发现新史料，历史学研究的有效途径就是开展实地调查和考古研究。历史学的问题难道能够在田野和死人的棺材中得到解决吗？历史的答案难道单纯地隐藏在众多的史料之中吗？如果真是这样的话，历史研究工作就简便得多了，历史学家只要相信那些发掘出来的历史材料的权威性，认为这些材料就是历史，把发现的材料整理一下，出版一个资料汇编，所有的历史问题都能够在这个汇编中找到答案，那么历史学家的工作就是多余的，把历史学家的所有工作交给语言学家或者文字学家或者考古学家就万事大吉、风平浪静了，这样就不会再有历史学领域中的那些看似永无定论的、令人心烦的问题了。但是，事实并不是这样。史料具有一系列的局限性，首先是它自己不会说话，从中得出的任何结论都要依赖于研究者的解释；其次，如果过去的文献器物是海洋的话，发掘出来的史料只是其中的一滴水，而且可能还是很无用的那一滴水，大多是一些王公贵族的玩物、小姐丫鬟的首饰，人们很难相信这些东西能够在历史研究中发挥什么样的作用。偶尔会发掘出一些有用的东西，例如敦煌莫高窟藏经洞中的那些经卷、马王堆汉墓中出土的帛书《老

---

[1] 《傅斯年全集》第3卷，湖南教育出版社2003年版，第11页。

子》、在耶路撒冷附近发现的《死海古卷》等。但是，这些有用的史料非但没有减少原本存在的各种历史问题，反而暴露出许多新的更加复杂的历史问题。老问题照旧，新问题层出不穷，人们从新史料中难以找到历史问题的确定的答案。

对于历史研究对象，实验方法应用于历史研究具有严重的局限性，问卷调查法根本不是解决现存历史问题的可靠途径，田野考察法虽然增加了新的史料，但是史料没有解决任何实际的问题，总之人类现有的行之有效的各种手段和方法都不能使我们与过去照面。历史已经过去，人们知道在历史之中确实发生了许多事情，但是具体到这些事情是如何发生的，人们却疑窦丛生。不错，就像兰克依靠文献档案开展历史研究那样，我们或许可以从文献档案中发现过去的历史事件的蛛丝马迹。我们知道人是会说谎的，因此我们就不能假定那些文献档案中所说的都是真话。历史学家最重要的品质就是应该具有一种怀疑一切的批判精神，不能把任何没有证据的证言作为真实的东西加以接受。历史已经过去了，实物腐烂了，当事人也死掉了，证据从何而来？对于这些死无对证的东西，人们岂不是想说什么就说什么，想怎样编排就怎样编排吗？正如叔本华所说："克里奥，历史女神，就像一个得了梅毒的普通妓女一样，彻底感染了谎言和谬论。"① 由此，历史认识的真实性问题就成为困扰历史学家头脑的一个梦魇，成为历史学以及历史哲学领域中一个亟待解决又很难解决的重大的理论问题。

三 在历史认识过程中不可避免的主观因素

造成历史学的真实性问题的最关键的因素就是在历史认识过程中存在的主观因素，这包括认识主体的想象、情感、社会背景、知识结构、意识形态、伦理道德观和价值观等方面。在历史写作过程中是不是可以清除这些主观因素的影响？在清除了这些主观因素之后，我们能够获得的是一个什么样的历史？如果不能清除的话，历史学研究应该采取什么样的路径？取得什么样的效果？包含主观因素的历史叙述能不能舍弃对于历史认识的真实性的追求？这一系列的关于历史认识中存在的主观因

---

① ［美］希梅尔法布：《新旧历史学》，余伟译，新星出版社2007年版，第243页。

素的问题同围绕历史研究对象产生的一系列问题一样纠缠着历史认识的真实性。

第一，在材料的选择过程中，对于材料的取舍和剪裁是由历史研究主体来完成的，选择什么、放弃什么都会有一定的主观因素渗透其中。爱德华·卡尔在《历史是什么》一书中认为，历史学家所依赖的文献档案是主体选择的结果，他分析了德国政治家斯特雷泽曼身后留下的300箱官方、半官方以及私人文件的性质，他认为："这些档案并没有告诉我们发生了什么，只是告诉我们斯特雷泽曼心里所想的已经发生的事情，或者是他想要别人想象，甚至他自己想象已经发生的事情。"① 历史事实类似于文献档案的命运，卡尔认为在主体之外并不存在客观的历史事实，历史事实都是主体选择的结果，历史学家总是把那些对自己有用的材料作为历史事实，把那些没有用的或者反面的与之对立的材料归入非历史事实的行列，卡尔将历史事实比喻为海洋中游泳的鱼，他认为："事实的确不像鱼贩子案板上的鱼，事实就像在浩瀚的，有时也是深不可测的海洋中游泳的鱼；历史学家钓到什么样的事实，部分取决于运气，但主要还是取决于历史学家喜欢在海岸的什么位置钓鱼，取决于他喜欢用什么样的钓鱼用具钓鱼——当然，这两个要素是由历史学家想捕捉什么样的鱼来决定的。总体上来看，历史学家可以得到他想得到的事实。历史意味着解释。"②

第二，在历史叙述中不可避免地会包含着一定的情节化结构。海登·怀特把这些包含在历史叙事中的情节化模式归结为四类，即：以米什莱为代表的浪漫剧模式、以兰克为代表的喜剧模式、以托克维尔为代表的悲剧模式和以布克哈特为代表的讽刺剧模式。各种情节化结构如果是历史本身的真实反映的话，那倒也无可非议。但问题就在于此，历史发生并不具有历史叙述中所呈现出来的那些结构，情节化模式作为历史学家头脑中的原型结构，各种历史事实被统合在这个结构之中，"从而在一个全面的或原型的故事形式中构成了他的叙事"③。此外，马克思在《路易·波拿巴的雾

---

① ［英］卡尔：《历史是什么》，陈恒译，商务印书馆2007年版，第102页。

② 同上书，第108页。

③ ［美］海登·怀特：《元史学：十九世纪欧洲的历史想像》，陈新译，译林出版社2004年版，第9页。

月十八日》中涉及了不同作者对同一事件表现出不同的叙述模式的问题，他指出："维克多·雨果只是对政变的负责发动人作了一些尖刻的和机智的痛骂。事变本身在他笔下被描绘成了晴天的霹雳。他认为这个事件是一个人的暴力行为。蒲鲁东呢，他想把政变描述成以往历史发展的结果。但是，在他那里关于政变的历史构想不知不觉地变成了对政变主人公所作的历史的辩护。这样，他就陷入了我们的那些所谓客观历史编纂学家所犯的错误。相反，我则是证明，法国阶级斗争怎样造成了一种局势和条件，使得一个平庸而可笑的人物有可能扮演了英雄的角色。"① 按照海登·怀特提供的分析模式，我们似乎可以认为海涅对于波拿巴的分析属于浪漫剧模式，蒲鲁东对之的分析遵循兰克的喜剧模式，而马克思自己对于波拿巴的分析则呈现出一种讽刺剧模式。对于同一个历史过程，一个历史学家可以通过浪漫剧模式加以表现，另一个历史学家则可以通过喜剧或讽刺剧模式加以表现。他们所表现的内容相同，但是分析的路线以及所得出的结论却各异。面对这样的局面，我们不禁要问：对于同一内容的不同的情节化呈现到底有没有历史认识的真实性可言呢？

第三，柯林武德把历史事件区分为事件的外部和事件的内部。"所谓事件的外部，我是指属于可以用身体和它们的运动来加以描述的一切事物。""所谓事件的内部，我是指其中只能用思想来加以描绘的东西"。② 历史叙述不能仅仅局限于记述历史事件的外部，即对于历史事件的时间、地点、人物和发生过程的简单描述，还应该深入剖析历史事件当事人的心理活动及其思想状况，也就是深入细致地揭示历史事件的内部，这是历史叙述包含的不可忽视的部分，甚至是最为主要的部分。对于历史人物的思想和心理通过外部观察捕捉不到，只能依靠移情的作用，通过自己的知识、思想和心理去加以揣摩，从而在作者的思想中构建起观念的合理性，这就不可避免地在历史著作中渗入主体性因素。

第四，对历史人物和历史事件是否应该依据伦理和政治标准来加以判断呢？伦理和政治标准的相对性已经成为理论界的共识，一个人、集团、文化或者民族的伦理和政治标准与其他人、集团、文化或民族的伦理和政

① 《马克思恩格斯选集》第1卷，人民出版社1995年第2版，第580页。
② [英] 柯林武德：《历史的观念》，何兆武、张文杰译，商务印书馆1997年版，第300页。

治标准存在着明显的差异。西方人一谈到自由和平等就情绪激动；中国人与西方人不同，我们听到自由、平等这些词汇时表现的就比较平淡，但是，当我们听到国家强盛、民族振兴这些词汇时相对来说要激动得多。这反映出中国人和西方人在政治标准方面的差异。另外，中国人非常重视子女对父母的孝，认为"万事善为本，百善孝为先"；西方人这种孝的观念并不明显，他们更加强调个体的意义和价值，更重视人格的独立，父母不依靠子女，子女也不依靠父母。这从一个角度反映出中国人和西方人在伦理标准方面的差异。以不同的伦理和政治标准评价同一件事情，其评价的结果也必然存在着差异。于是以兰克为代表的历史学家要求在历史叙述中实现不偏不倚的客观陈述，但是这种清除研究主体的伦理和政治标准的客观叙述能够实现吗？我们知道，现实中的人本身必然具有一定的伦理和政治标准，他依照这个标准或者是在这个标准的约束下进行人际交往和社会实践，伦理和政治标准内在于人类历史之中；另外，历史学家本身也具有一定的伦理和政治标准，例如，兰克本人的政治观点趋向于一种反对自由主义的保守主义，其他的历史学家也类似于兰克，他们并不是不具有任何伦理和政治诉求的真空的人。由此，历史研究就呈现为这样一个过程，一位本身具有伦理和政治标准的研究者对那些内在地包含伦理和政治诉求的人的思想和行为开展研究。对于这个过程，客观主义史学要求研究者放弃或封锁自身的伦理和政治标准，以不偏不倚的态度去研究历史剧中人的伦理和政治诉求。这个过程怎么可能实现呢？一个不具有伦理和政治体验的人怎么可能理解其他人的丰富的伦理和政治实践呢？这是不可能完成的任务。历史著述的实践所证明的东西与上述主张正好相反，对此，安克斯密特认为："恰恰是因为伦理的、政治的（另外，甚至更明显的是认知的）价值如此死死地与历史著述缠绕在一起，它们在这门学科以往既促成了最优秀的成果，也导致了最糟糕的情况。"[①]

第五，历史学家的前见影响历史著述。前见在启蒙运动中一向具有否定性意义，其含义大致相当于偏见，启蒙运动关于前见存在一种基本的划分，即把前见区分为由于人的威望而来的前见和由于过分轻率而来的前

---

① ［荷］安克斯密特：《为历史主观性而辩（下）》，陈新译，《学术研究》2003 年第 4 期，第 81 页。

见，也就是权威的前见和轻率的前见。在启蒙运动看来，"轻率是我们在使用自己理性时导致错误的真正源泉。反之，权威的过失在于根本不让我们使用自己的理性。……对于古老的东西，对于权威东西的错误的先入之见，乃是本身必须要打破的东西"①。伽达默尔反对启蒙运动的这种对待前见的态度，他认为人们在理解过程中同时具有合理的前见，他的工作就是为作为前见来源的权威和传统正名，他认为："人的权威最终不是基于某种服从或抛弃理性的行动，而是基于某种承认和认可的行动——承认和认可他人在判断和见解方面超出自己，因而他的判断领先，即他的判断与我们自己的判断相比具有优先性。"② 权威可以是人，也可以是一种传统，传统是一种"无名称的权威"。因此，权威和传统都是建立在每个人的自由和理性基础之上的，对权威和传统不是一种被动的服从过程，而是建立在自由基础上的理性判断。来源于权威和传统的前见在解释过程中必然发挥着作用，"一切理解都必然包含某种前见"③。这种前见是在主体进行理解和解释之前从权威或者是传统那里获得的一种知识结构，这种知识结构在理解过程中与他人的和文本的见解保持一种开放的态度，"但是，这种开放性总是包含着我们要把他人的见解放入与我们自己整个见解的关系中，或者把我们自己的见解放入他人整个见解的关系中"④。这样在理解主体和对象之间必然包含着一种改造的关系，在前见的作用下与事实相疏离的关系。

① [德] 伽达默尔：《诠释学 I：真理与方法——哲学诠释学的基本特征》，洪汉鼎译，商务印书馆 2007 年版，第 377 页。

② 同上书，第 380 页。

③ 同上书，第 368 页。

④ 同上书，第 366 页。

第二章　历史解释及其中存在的真实与虚构的冲突

历史解释是历史研究过程中存在的一个重要的现象，开展历史认识的工作在很大程度上就是进行历史解释。在历史解释过程中，必然包含着解释的主体，也就是"谁在解释"；有了解释的主体，还要有需要加以解释的对象，这些对象在现代诠释学的背景中一般被称为文本或本文（这个概念可以泛指文献资料、语言、器物、口头传说或风俗习惯等因素），这一部分涉及"解释什么"；除此之外，解释还内在地包含着"向谁解释"的问题，主体对于文本进行解释是为了向他者说明相关的问题。这三个方面可以构成解释的三个主要环节，这三个方面的特征，比如解释主体的前见，文本的真实性和完整性，以及作为听众或读者而出现的他者的理解力和知识状况等方面，都有可能使解释偏离文本的本真面目，从而使解释过程中存在着真实与虚构的冲突。我们在这一部分将主要围绕历史解释的相关问题，探讨历史解释过程中如何处理真实与虚构的关系。

第一节　历史解释的含义与目标

历史解释看似一个普通的问题，但是在其内部却颇多牵涉，什么是解释？与解释相关的环节是什么？解释的目标是什么？这些问题是我们首先需要加以解释的东西。

一　反思、理解、解释与应用

哲学诠释学的出现是现代哲学理论中的一个重大进展，哲学诠释学是在圣经诠释学、语文学诠释学、法学诠释学和普通诠释学的基础上发展起来的对于人类行为中的理解和解释现象进行一般的哲学论证的理论成果。哲学诠释学的主要代表人物是德国哲学家汉斯－格奥尔格·伽达默尔（Hans-Georg Gadamer，1900—2002），他的代表作《真理与方法》是哲学诠释学的开山之作。我们在这里关于理解和解释的说明，主要是以伽达默尔在《真理与方法》一书中所表达的思想和观点为理论基础。在伽达默尔看来，反思、理解、解释和应用是相互关联的四个环节，我们将在这里对这四个环节做一个整体的说明。

（一）反思与解释学循环

反思是理解和解释得以实现的途径。关于反思我们先从黑格尔谈起，我们知道，黑格尔非常推崇反思的方法，他在《小逻辑》的"导言"中明确区分了一般的思想与哲学上的反思。"反思以思想的本身为内容，力求思想自觉其为思想。"① 一般的思想的对象是某物，以情感、直觉或表象等形式出现；哲学上的反思的对象是思想，这种思维活动的产物"包含有事物的价值，亦即本质、内在实质、真理"②。孙正聿对于"构成思想"与"反思思想"的区分来自于黑格尔，并且是对黑格尔上述区分的比较深刻的理解。孙正聿认为，构成思想是以"世界"为对象，历史地（发展地）构筑"属人的世界"；反思思想则是以"思想"为对象，揭露这些思想的内在矛盾以及这些思想之间的矛盾，从而使人类思想敞开了自我批判的空间，推动人类思想的变革，推动人类社会的进步与发展。③

反思是以思想为对象的，而思想是在对事物加以认识的过程中形成的，当反思发生时，思想的对象（即事物）已经消失或处于完成状态之中了，因此反思也就是一种后思，是在事物结束其发展过程之后而开展的思索。反思也是一种反复思索，是经过第一次思索形成思想之后，对于思想的再次思索。我国学者贺麟在《小逻辑》中译本 §21 的一个脚注中认为"反思""后思"以及"反复思索"是在等同的意义上来加以使用的，"反思德文作 nachdenken，英文作 reflection，直译应作'后思'，实即反复思

---

① ［德］黑格尔：《小逻辑》，贺麟译，商务印书馆 1980 年第 2 版，第 39 页。
② 同上书，第 74 页。
③ 参见孙正聿《简明哲学通论》，高等教育出版社 2000 年版，第 45 页。

索，作反省回溯的思维之意。人对感觉所得的表象材料，加以反思而得概念，犹如反刍动物将初步吃进胃里的食物，加以反刍，使可消化"①。哲学为什么要在第一次思维结束之后还要进行第二次思维，进行反复思索呢？因为现象总是包含两面，即内面和外面，力量和表现、原因与结果。"在这里，内面、力量，也仍然是普遍的、有永久性的，非这一电闪或那一电闪，非这一植物或那一植物，而是在一切特殊现象中持存着的普遍。感性的东西是个别的，是变灭的；而对于其中的永久性东西，我们必须通过反思才能认识。"② 所谓永久性的东西，就是那些"固定的、长住的、自身规定的、统摄特殊的普遍原则"，普遍作为普遍并不是存在于外面的，类作为类是不能够知觉的，所以普遍的东西是人看不到听不到摸不到的，只能依靠人的精神去加以把握。同时，对规律和普遍的认识不可能通过一次思考来达到，因此需要反思、后思，需要反复思索。反思是为了通向具有普遍性的东西，是为了把自己向普遍性的东西敞开。

在黑格尔看来，反思是从事物的特殊性上升到普遍性的途径，面向思想的反复思索确保了普遍性的获得。但是这种反思没有提供其可以实现的道路，同时这种普遍性的要求带有非常浓厚的绝对精神的色彩，给人一种主观任意虚构的感觉。与此不同，在诠释学的语境中反思的具体内容得到了具体的规定，解释学循环实质上是反思的具体化。解释学循环的内容曾经先后出现三种不同的规定，解释学循环的第一种含义体现在古代修辞学和近代诠释学之中。诠释学首先注意到这样一种现象，部分和整体处于普遍的联系之中，只有把个别词放在整个句子中才能理解其含义，与此相类似，个别句子处于与整个文本的联系之中，个别文本处于与一个作家全部著作的联系之中，而作家的作品又处于有关的文字类以及文学整体之中。"理解的运动就这样不断地从整体到部分又从部分到整体。理解的任务就在于从同心圆中扩展被理解的意义统一体。所有个体和整体的一致就是当时理解正确性的标准，缺乏这种一致则意味着理解的失败"③。理解是在文本的局部和整体之间的循环，这种方式的解释学循环局限于个体与整体的

---

① ［德］黑格尔：《小逻辑》，贺麟译，商务印书馆1980年第2版，第74页。
② 同上书，第75页。
③ ［德］伽达默尔：《诠释学Ⅱ：真理与方法——补充和索引》，洪汉鼎译，商务印书馆2007年版，第67页。

形式关系范围内，循环运动仅围绕文本进行并在对文本完成了的理解中被扬弃，这种循环运动的适用范围过于狭窄，并且没有认识到理解的真正本质。

后来，解释学循环在海德格尔的分析中获得一种全新的含义。海德格尔在其代表著作《存在与时间》中曾经认为："把这个循环降低为一种恶性循环是不行的，即使降低为一种可以容忍的恶性循环也不行。在这一循环中包藏着最源始的认识的一种积极的可能性。当然，这种可能性只有在如下情况下才能得到真实的掌握，那就是：解释领会到它的首要的、不断的和最终的任务始终是不让向来就有的先行具有、先行视见与先行掌握以偶发奇想和流俗之见的方式出现，它的任务始终是从事情本身出来清理先行具有、先行视见与先行掌握，从而保障课题的科学性。"① 海德格尔在这段话中表达的思想非常明确，首先他说明了解释学循环绝不是恶性循环，而是一种良性循环；其次人们在开展认识之前总是具有一定的前见、前有和前把握；再次解释的首要的、不断的和最终的任务是避免前见、前有和前把握以偶发奇想和流俗之见的方式呈现出来，使我们的思想直接面对事情本身，在这里海德格尔表现出非常强烈的现象学倾向。海德格尔界定的解释学循环与上述的第一种循环方式相比具有明显的差别，海德格尔不是在单纯文本的范围内来界定解释学循环，他在这种循环中还加入了前见和事情本身两个要素，解释的首要任务不再是文本作者的原意，而是通过文本的阅读在前见的作用下面向事情本身，解释在文本、前见和事情本身之间形成循环。这正像伽达默尔所指出的那样："理解主要是指：对事物的理解，然后才是指：突出和理解他人的意见本身。所有诠释学条件中首要的一条就是事物理解，即和同样的事物打交道。"② 前见并不是一种固定不

---

① ［德］海德格尔：《存在与时间》，陈嘉映、王庆节译，生活·读书·新知三联书店2006年第3版，第179页。从伽达默尔的《真理和方法》中可以看出海德格尔上述这一段话对于他发生了重要的影响，在笔者目力所及的范围内，《真理与方法》一书中曾经先后两次对之加以引用，第一次引用出现于《诠释学Ⅰ》（洪汉鼎所译中文版）第363页；第二次引用出现于《诠释学Ⅱ》第69～70页。洪汉鼎对于这段引文的翻译与陈嘉映等人的翻译有所不同，其中主要的差别在于他把"先行具有""先行视见"与"先行掌握"分别译为"前有""前见"和"前把握"，笔者认为洪汉鼎的译文比较简洁，而且充分地表达了原文的意思。

② ［德］伽达默尔：《诠释学Ⅱ：真理与方法——补充和索引》，洪汉鼎译，商务印书馆2007年版，第74页。

变的、不断改变认识对象性质的思维结构，它总是处于不断地改变和适应过程之中，从而不断地接近事物本身，因而理解就在前见和事情本身之间呈现出一种良性的循环结构。可见，这种诠释学循环是理解者和他人针对事物本身而展开的对话过程，他人的意见在文本中体现出来，在理解过程中，文本的含义得以澄清，理解者本身的前见得到修正，从而不断地接近事情本身。

伽达默尔在传统诠释学和海德格尔诠释学的基础上对于理解的循环结构进行了进一步的说明，他的进一步的理论发展具有一个明显的特征，这就是他对于已经包含在海德格尔思想中的历史意识作出了更加深入的说明。他认为历史主义的天真主要表现在两个方面，首先他们认为我们可以置身过去的时代精神当中，以该时代的概念和观念而不是以自己的概念和观念来思考，并以此达到历史客观性。历史主义者没有认识到时间距离的存在，而这种时间距离是不可克服的，我们永远不可能抛弃自身的概念和观念而置身过去的时代精神之中，我们总是在自己的前见、前有和前把握之中去理解过去的历史事件。但是这并不说明时间距离在认识论上具有消极的意义，正相反，时间距离的存在具有完全积极的意义：

　　实际上应该把时间距离当作理解的积极的和建设性的可能性来认识。时间距离被习俗和传统的持续性填满，正是在习俗和传统的光照中所有传承物向我们显示。……只有当所有这些实际关系都已逐渐消退，这些作品本身的结构才会显露出来，我们才能对作品中所说的进行那种可以要求普遍性有效性的理解。把文本或艺术创作品中存在的真实的意义析取出来，本身乃一个无尽的过程。引导这种析取的时间距离是在经常的运动和扩展中得到理解的，这就是它对于理解具有的创造性方面。时间距离可以让具有特定性质的前见消退，并使对真正的理解有帮助的前见浮现出来。①

历史主义的天真还表现在下述第二方面，即它忘记了自己的历史性。"真正的历史思考必须同时想到它自己的历史性。只有这样，它才不会去

───────────────

①［德］伽达默尔：《诠释学Ⅱ：真理与方法——补充和索引》，洪汉鼎译，商务印书馆2007年版，第75页。

追逐某个历史对象（历史对象是我们不断研究的对象）的幽灵，而是学会在对象中认出自身的他在性并因而认识自己和他者。"① 历史主义忽略了时间距离的积极作用，也忽略了自身的历史性，因而历史主义本身实质上是一种缺乏历史意识的思维模式。伽达默尔通过分析历史主义的天真，揭示了理解者的前见与传承物之间在时间距离作用下的循环结构，从而在这种循环结构中发现理解和解释的本真意境。

（二）理解与解释

理解和解释曾经被视为两种具有明显区别和冲突的研究方式，这正像德国哲学家 K. -O. 阿佩尔在其著作中指出的那样："为了给历史科学的或者更一般地讲，'精神科学'的方法论的自由性主张提供一个认识论基础，J. G. 德罗伊森的《历史概论》（1858）和狄尔泰的《精神科学引论》（1883）首先把'解释'和'理解'作为专门的术语进行了区分。与被认为是以因果解释和定律论解释为基础的自然科学相反，历史学和精神科学被认为是以作为'理解的艺术学'的解释学为基础的（施赖伊马赫，A. 伯克）。"② 这种在理解和解释之间作出区分的观点影响深远，除了上面提到的那些人物外，持有相似或相近的观点的人还包括孔德、H. T. 布克尔、J. S. 穆勒、文德尔班、李凯尔特以及马克斯·韦伯等人。下面我们以德罗伊森的相关主张为例来简要说明这种理论主张。德罗伊森非常强调历史方法对于确定历史学范围的作用，他强调指出："历史方法用得上的地方及范围，就是历史学的范围。历史方法与历史学及历史思考是同一范围而不同层次的问题。"③ 历史方法是科学方法的一种，它与玄思方法、物理方法相区别。（哲学、宗教的）玄思方法是运用逻辑工具对事物开展认识，物理方法是用物理工具对事物进行说明。但是，与上述两种方法不同，"历史研究不是说明的工作，不是解说前事如何决定后事；不是把现象放在定律中，解说它的必然性；也就是说，不把后来发生的事仅仅视为是前事的结果及发展"。由此可见，历史研究不以发现因果定律为基本指针，历史方法

---

① ［德］伽达默尔：《诠释学Ⅱ：真理与方法——补充和索引》，洪汉鼎译，商务印书馆2007年版，第76页。

② ［德］阿佩尔：《解释 – 理解争论的历史回顾》，王龙译，《哲学译丛》1987年第6期，第56页。

③ ［德］德罗伊森：《历史知识理论》，胡昌智译，北京大学出版社2006年版，第2页。

的特色是以研究（主要是伦理方面）的方式进行理解的工作。所谓理解，就是指把个体放在历史整体之中进行归类、定位，从而进一步比较和检查个体之间存在的细微的差别和矛盾。例如，对于一个新艺术品的理解过程：首先需要把古典的艺术观在心中重温一遍并掌握它们的整体性，其后，新的艺术品就会在这个整体的脉络中具有其一定的地位，这样他就理解了那些新的创作。"人，只有在道德团体中（家庭、民族、国家、教会）理解别人以及被人理解之后，才具有自己的整体性。"① 在德罗伊森看来，对人的理解实质上是使之融入整体并在整体中为之定位的过程，这就是历史方法的独特之处。这种观点认为理解和解释是两个相互区别的认识过程，历史科学以理解的方式开展研究，而自然科学以解释（或说明）的方式开展研究，从而使两个不同的学科领域在研究方法上存在着泾渭分明的界限。

历史科学进行理解，自然科学进行解释，理解和解释之间的区别主要在于是否对因果规律加以研究，这种把理解和解释进行割裂的看法是一种没有任何根据的混乱的划分，理解和解释之间并不存在上述的区分。这种混乱在德罗伊森那里就明显地表现出来，德罗伊森用德语中的 erklären（说明，解释）来标识物理的方法，用 verstehen（理解）来标识历史的方法，实质上 verstehen 在德语中的词义也可以理解为"解释"；另外，德罗伊森在《历史知识理论》第一章中用理解和解释区分了历史方法和物理方法（§14）之后，又在第二章中着重论述了历史解释的四种形式（§37－§42），这一部分的德文标题是 Die Interpretation，interpretation 译为中文就是"注释"或"解释"，这就说明历史方法也是一种解释，第二章的论述与他在第一章中的区分明显冲突。此外，德语中的三个词，即 erklären、verstehen 和 interpretation，它们都有英语 interpret（解释）的含义。从词语的意义角度来看，以什么样的方式（规律或个体描述）进行理解和解释并不是 erklären 与 verstehen 这两个词的本义。可见，从是否研究规律的角度划分理解和解释之间的界限是不能成立的，以理解和解释划分历史方法和物理方法也必然会造成认识上的混乱。

理解和解释并不是相互冲突的两个过程，而是存在内在统一的一个过程的两个方面。理解和解释的内在统一首先在浪漫主义诠释学中揭示出

---

① ［德］德罗伊森：《历史知识理论》，胡昌智译，北京大学出版社 2006 年版，第 12 页。

来，理解可以被视为理解者的一个内在的领会过程，解释则可以被视为一种说出或表达。"解释不是一种在理解之后的偶尔附加的行为，正相反，理解总是解释，因而解释是理解的表现形式"。① 解释以理解为前提，理解者只有自身对于文本加以理解之后才能向他人进行解释；解释是理解的表现形式，解释是以语言和概念表达自己理解之后的内容。可见，理解和解释并不是相互割裂的两个过程，而是同一个过程的处于内在统一关系之中的两个要素。

理解和解释不是分离的，而是统一的。明白了这样一个关系之后，我们就会知道，什么是理解与什么是解释这两个问题实质上是一个问题，解答了其中之一，另一个问题的答案就会自行呈现。关于这个问题，在下一个部分中我们还会从"历史解释的标准和任务"的角度涉及，所以我们在这里不会涉及过多的因素，主要是在伽达默尔的哲学诠释学语境中来看待这个问题。

伽达默尔认为："真正的历史对象根本就不是对象，而是自己和他者的统一体，或一种关系，在这种关系中同时存在着历史的实在以及历史理解的实在。一种名副其实的诠释学必须在理解本身中显示历史的实在性。因此我就把所需要的这样一种东西称之为'效果历史'。理解按其本性乃是一种效果历史事件。"② 效果是在多种因素混合作用下所呈现出来的结果。在伽达默尔看来我们所谓的历史并不是纯粹的历史实在，也不是纯粹的偏离历史实在的历史理解的实在，而是二者混合的产物，在这两种因素混合作用下产生的历史就是所谓的"效果历史"。而理解从本质上来说就是一种效果历史事件，对于理解的这一界定包含着以下四个方面的内容：
（1）作为理解对象的文本本身是历史实在和历史理解的实在混合的产物，换言之，文本之中包含着事件本身，同时也包含着他者对于事件的理解。
（2）理解首先意味着对某种事情的理解，其次才意味着分辨并理解他人的见解。这就说明理解者在进行理解之前已经对于某件事情具有前见、前有和前把握，并且是为了进一步了解这个事情而去理解他人的见解。理解得以开展的前提是承认他人对于该事情的理解比自己完满或完备，为了加深

---

① ［德］伽达默尔：《诠释学 I：真理与方法——哲学诠释学的基本特征》，洪汉鼎译，商务印书馆 2007 年版，第 418 页。
② 同上书，第 407—408 页。

对于该事情的理解必须去理解他人的意见。由此，理解就在三个因素的作用下得以开展，这三个因素分别是理解者的前见、事情本身以及他人的见解，这就使理解成为这三个因素综合作用下的效果。（3）理解的过程同时是视域融合的过程。每个人都是在一定的处境中从事理解的，而这个处境就是所谓的视域，"视域就是看视的区域，这个区域囊括和包容了从某个立足点出发所能看到的一切"①。每个人由于其立场、观点和方法的不同总是具有一定的视域，但视域并不是固定不变的，而是处于不断的变动之中，我们可以讲到视域的狭窄、视域的可能扩展以及新视域的开辟等。引起理解者的视域变化的主要因素就是视域融合，"旧的东西和新的东西在这里总是不断地结合成某种更富有生气的有效的东西"②。（4）"与历史意识一起进行的每一种与传承物的照面，本身都经验着文本与现在之间的紧张关系。诠释学的任务就在于不以一种朴素的同化去掩盖这种紧张关系，而是有意识地去暴露这种紧张关系。正是由于这种理由，诠释学的活动就是筹划一种不同于现在视域的历史视域。历史意识是意识到它自己的他在性，并因此把传统的视域与自己的视域区别开来。但另一方面，正如我们试图表明的，历史意识本身只是类似于某种对某个持续发生作用的传统进行叠加的过程，因此它把彼此相区别的东西同时又结合起来，以便在它如此取得的历史视域的统一体中与自己本身再度相统一。"③ 由此可见，理解就是在前见和时间距离的作用下针对某个事情本身而进行的视域融合的过程，理解从本质上来说就是一种效果历史事件。在理解过程之中，前见是经过认真思考的理性选择的结果，时间距离起着积极地筛选各种前见的作用，视域融合趋向于"更富生气的有效的东西"，这些结论充分显示了伽达默尔所具有的对于人类知识和前途的乐观主义态度。

（三）诠释学中的应用问题

在古老的诠释学传统里（尤其是在德国 18 世纪虔信派神学家 J. J. 兰巴赫那里），理解的行动是由三个要素所构成的，这三个要素分别是理解、解释和应用。后来，浪漫主义诠释学片面强调了理解和解释两个要素的内

①［德］伽达默尔：《诠释学Ⅰ：真理与方法——哲学诠释学的基本特征》，洪汉鼎译，商务印书馆 2007 年版，第 411 页。

② 同上书，第 416 页。

③ 同上书，第 416—417 页。

在统一，理解总是解释，解释是理解的表现形式，解释的过程实质上已经是理解的应用的过程。浪漫主义诠释学关于理解和解释内在结合的观点造成了诠释学问题里的第三个要素即应用与诠释学不发生任何关系。我们在这里应该注意区分，解释是理解的表现形式，也就是把理解到的东西用语言和概念表现出来，但是解释并不等于应用，应用是理解过程中包含的另一个要素。在伽达默尔看来，"在理解中总是有某种这样的事情出现，即把要理解的文本应用于解释者的目前境况"①。他一方面反对18世纪虔信派把理解、解释和应用视为三个分离的"技巧"，另一方面反对浪漫主义诠释学排斥应用而把理解和解释视为内在结合的两因素说。他认为："应用，正如理解和解释一样，同样是诠释学过程的一个不可或缺的组成部分。"② 在这里我们可以看出伽达默尔所具有的实用主义倾向，他不是把理解和解释局限于纯粹知识领域的探讨和言说，而是使之突破知识和思维的界域，具有了实践的向度，即文本的意义总是要适应其正在对之讲述的具体境况。法学诠释学和神学诠释学是注重应用的典范，伽达默尔通过对它们的分析得出这样的结果：

> 语文学诠释学同法学的和神学的诠释学原先形成的紧密联系依赖于这样一种承认，即承认应用是一切理解的一个不可或缺的组成要素。不仅对于法学诠释学，而且对于神学诠释学，在所提出的文本（不管是法律文本，还是福音布道文本）这一方和该文本被应用于某个具体解释时刻（不管是在判决里，还是在布道里）所取得的意义这另一方之间，都存在一种根本的对立关系。一条法律将不能历史地被理解，而应当通过解释使自身具体化于法律有效性中。同样，一份宗教布道文也不能只被看成是一份历史文件，而应当这样被理解，以致它能发挥其拯救作用。在这两种情况里，都包含这样的事实，即文本——不管是法律还是布道文——如果要正确地被理解，即按照文本所提出的要求被理解，那么它一定要在任何时候，即在任何具体境况

---

① ［德］伽达默尔：《诠释学Ⅰ：真理与方法——哲学诠释学的基本特征》，洪汉鼎译，商务印书馆2007年版，第418页。

② 同上书，第419页。

里，以不同的方式重新被理解。理解在这里总已经是一种应用。①

理解总是解释，理解在这里总已经是一种应用，于是理解、解释和应用就成为理解过程中存在的不可分离的内在结合的三个要素。理解和解释总是包含着一个应用的维度，我们在教学实践中也经常会遇到这样的情况，学生总是具有一定的接受性，他对某些东西由于熟悉而容易接受，对另一些东西因为疏离而不容易接受，专科、本科和研究生具有不同的知识和情感背景，我们对于这些不同的学生讲授相同的内容总是要采用不同的方式进行，"备学生"是教师备课过程中的一个基本的内容，这也就是伽达默尔所说的理解和解释总是要应用于具体境况在教学领域中的表现。

综上可见，理解在本质上是一种效果历史事件；反思是理解的途径，反复思考，经过理解的循环我们才能不断地逼近事情本身；理解总是解释，解释是理解的表现形式，是把理解到的东西运用语言和概念表述出来；理解和解释总是包含着一种应用的维度，也就是把我们理解到的东西应用于当下的具体境况。理解、解释和应用是理解过程中存在的内在结合着的三个要素。

二　历史解释的标准与任务

历史研究对象的特殊性——它已经过去，研究者无法直接面对——决定了经验和实证方法应用于历史研究具有很大的局限性，除非历史研究者本人就是历史事件的当事人或参与者，否则在历史研究过程中很难说经验和实证方法能够发挥自身的效力。这种状况决定了研究者对于历史人物和事件进行理解和解释的重要性。

黑格尔曾经把观察历史的方法分为三类，这三类分别是原始的历史、反省的历史和哲学的历史。反省的、哲学的历史与经验和实证方法有着很大的距离，与经验和实证方法存在密切关系的只能是历史学发展的第一阶段，即原始的历史。这一阶段主要和两位著名的历史学家有关，即希罗多德和修昔底德。"他们的叙述大部分是他们亲眼所看见的行动、事变和情

① ［德］伽达默尔：《诠释学Ⅰ：真理与方法——哲学诠释学的基本特征》，洪汉鼎译，商务印书馆 2007 年版，第 419—420 页。

况，而且他们跟这些行动、事变和情况的精神，有着休戚与共的关系。"①
这两位历史学家虽然亲身经历的那些历史行动、事变和情况，但是在他们
的历史记述中依然有大量的理解和解释的痕迹。对此我们以被称为"政治
史学之父"的修昔底德为例来加以说明。修昔底德在《伯罗奔尼撒战争
史》一书中大量使用了历史人物的演讲词，这些演说词是如何得以表述的
呢？修昔底德在自己的著作中讲道："在这部历史著作中，我利用了一些
现成的演说词，有些是在战争开始之前发表的；有些是在战争时期中发表
的。我亲自听到的演说词中的确实词句，我很难记得了，从各种来源告诉
我的人也觉得有同样的困难；所以我的方法是这样的：一方面尽量保持实
际上所讲的话的大意；同时使演说者说出我认为每个场合所要求他们说出
的话语来。"② 可见，出现在修昔底德著作中的演说词是混合的产物，一方
面是演说者所说的话的大意，另一方面是作者的理解和补充。即使是第一
方面也是在作者理解的基础上形成的，也就是那些演说词的大意是在作者
听清楚和理解了之后的产物；另外，也不排除修昔底德为了历史叙事情节
的需要，虚构一些演说词添加在历史著作之中。在说明了修昔底德著作中
的演说词的情况之后，我们再进一步看一看他关于亲身经历的历史事件的
记述是如何形成的。他说："关于战争事件的叙述，我确定了一个原则：
不要偶然听到一个故事就写下来，甚至也不单凭我自己的一般印象作为根
据；我所描述的事件，不是我亲自看见的，就是我从那些亲自看见这些事
情的人那里听到后，经过我仔细考核过了的。就是这样，真理还是不容易
发现的：不同的目击者对于同一个事件，有不同的说法，由于他们或者偏
袒这一边，或者偏袒那一边，或者由于记忆的不完全。我这部历史著作很
可能读起来不引人入胜，因为书中缺少虚构的故事。"③ 可见，修昔底德在
自己史书中的记述主要有两个来源，一个是自己看见的，另一个是别人看
见然后讲给他听的。他为了尽量去除这些叙述中的虚构因素，也作出了自
身的努力，也就是他所谓的"仔细考核"。那些他亲眼所见和道听途说的
东西都经过了他的"考核"，他没有说明自己"考核"的具体程序和步骤
是什么，但是我们可以知道，他这里所谓的"考核"无疑是他对历史人物

---

① ［德］黑格尔：《历史哲学》，王造时译，上海书店出版社 2006 年版，第 1 页。
② ［古希腊］修昔底德：《伯罗奔尼撒战争史》，谢德风译，商务印书馆 1960 年版，第 19—20 页。
③ 同上书，第 20 页。

和事件的理解和解释的过程。从修昔底德的历史研究著作中，我们可以发现，历史学家离开自身对于历史人物和事件的理解和解释就不可能产生任何历史著述，理解和解释是历史学家进行历史研究的重要的方法和途径。①修昔底德虽然处于史学发展的原始阶段，他的历史学研究模式以一种极为简化的方式呈现出来，但是他的研究模式在当代历史学研究领域依然有效，千百年来历史学家就是依靠对于历史人物和事件的理解和解释来书写历史的。

历史研究在很大程度上是为了对于某一历史人物或事件提供一种合理的理解和解释。"历史方法的特色就是以研究的方式进行理解的工作。"②理解首先有一个主体，也就是谁在理解，这个理解的主体显然是"我"，但理解绝不是在自我的范围内而展开的，它必然有一个外部的指涉，这种外在的指涉可以是他人的语言、行为或者是曾经发生过的事件。理解有两种不同的模式，第一种模式是以我为中心去理解他；第二种模式是我从他的立场出发去理解他。第一种模式往往造成误解，第二种模式就是我们通常所谓的换位思考或移情。移情就好像一个心灵潜入另外一个心灵一样，这是实现历史理解的主要渠道。理解与解释稍有差别，我们通常不会说"你理解一下你刚才说的话"，而是说"你解释一下你刚才说的话"。解释同样具有一个外部的指涉，但与理解所不同的地方在于解释是把自己已经掌握的东西向他人进行阐述，也就是向另一个人进行述说。解释以理解为前提，理解以解释为旨归。理解和解释是一而二、二而一的关系。一般性地谈论理解和解释不可能有任何的实质性内容，在谈及解释时必然涉及解释什么以及怎么解释，也就是说我们说明和解释了什么对象才能说我们达到了历史解释的目的和任务，这就进一步涉及历史解释的标准问题。

有许多理论家曾经围绕历史解释的可靠性标准和任务这些问题进行过阐述和论证，其中较有代表性的是德罗伊森、柯林武德和亨普尔等人。柯林武德认为历史解释的目的就在于还原作者以及历史行为人头脑中的问题，他相信答案就隐藏在问题之中，我们如果要对柏拉图进行理解和解

---

① 我们在这里并不是强调理解和解释是历史研究的唯一的方法和途径；我们认为除了理解和解释之外，经验和实证也能在历史研究中发挥一定的功效，关于经验和实证在历史研究中发挥自身功效的方法和途径的论述，我们将在下文"对从后思索法的质疑的质疑"一节中涉及。

② ［德］德罗伊森：《历史知识理论》，胡昌智译，北京大学出版社 2006 年版，第 10 页。

释，那么我们只需要做到还原柏拉图在写作时心中产生的问题，就达到了理解和解释的目的；对于历史人物的理解也是这样，我们知道他在一定时间一定地点做了什么事，但是这并不能说就完成了解释的任务，我们还需要还原历史人物在当时的历史情景中在他的心中产生的问题。只有还原了当时当地的人们心中的问题，我们才能说对于历史人物或事件进行了有效的解释。亨普尔与柯林武德的观点有所不同，他认为："与经验科学的其他任何领域一样，在历史学中，对一个现象的解释在于把现象纳入普遍经验规律之下；解释的可靠性标准不在于它是否诉诸于我们的想象，并不在于它是它根据有启发的类比提出来的，或是使它显得似乎真实的其他方法——这一切在假解释中也可以存在——而唯一地在于它是否依赖于有关初始条件和普遍规律的被经验完全证实的假设。"① 在亨普尔看来，历史解释的可靠性标准在于是否能够把一种历史现象纳入一种普遍规律之下，并且对于这一历史现象得以发生和发展的初始条件进行合理地设定；只有做到了这些，我们才能说对于一种历史现象进行了可靠的解释。作为德国专业的历史学家和历史理论家，德罗伊森在他的《历史知识理论》一书中曾经就历史解释的问题做出过较为系统的阐述和论证，下面我们将主要针对德罗伊森的相关观点展开分析，他的观点（除个别细节需要修正之外）在很大程度上代表了本人的看法。

德罗伊森曾经细致地研究过历史解释的标准和任务。他认为："解释不是以前事来说明后事，更不是用历史条件下必然的结果来说明一件演变出来的事。解释是将呈现在眼前的事赋予意义；是把呈现在眼前的资料，将它所蕴含的丰富的因素，无限的、打成了结的线索，松开、拆清。经过解释的工作，这些交杂在一起的资料、因素，会重新变得活生生，而且能向我们倾诉。"② 就像兰克和库朗日等人那样，德罗伊森也在信奉"历史资料自己会说话"的神话，我们知道历史资料自己不会说话，它怎么说以及按什么顺序说都是作者理解和解释的结果。虽然德罗伊森的上述主张是错误的，但是他的思想还是具有很大的优势，他向我们展开了这样一个领域，把我们的思维带向了历史解释的标准问题，也就是说做到了什么才算

---

① ［德］亨普尔：《普遍规律在历史中的作用》，黄爱华译，《哲学译丛》1987 年第 4 期，第52 页。

② ［德］德罗伊森：《历史知识理论》，胡昌智译，北京大学出版社 2006 年版，第 33 页。

把一件事情解释清楚了。"以前事来说明后事"必然引起对于事件源头的不断追溯,这必然是一个无限追溯、没有终结的过程,世界上的任何事件都不可能存在一个绝对的源头,所以这种解释方法不能算作一种合理的解释。"用历史条件下必然的结果来说明一件演变出来的事"这种解释方式容易造成把现在的状态固定化、模式化,好像过去已经包含了现在状态的一切条件,现在只是过去的简单延续而已,"这样的看法是根本否定了历史活动中的人的自由道德的行为;否定了别人的权力;否定了新的开始的可能性;以及否定了历史的一贯性;否定了道德世界及历史世界的本质"①。可见,这种解释方式也不是一种行之有效的合理的解释。正确的解释应该是"将呈现在眼前的事赋予意义","解释的本质是:把过去发生的各类事情,一方面视为是促使某个意念展开及其实现的原因,另一方面视之为其限制。"② 过去与现在虽然不是一种前者必然造成后者的关系,但是二者之间存在千丝万缕的联系,这种联系一方面表现为现在是从过去之中生发的,过去是现在发生发展的基础和条件;另一方面表现为过去的状况制约着现在的状况,过去限制着现在的发展程度。

在德罗伊森看来,历史解释就像人行进一样,解释工作可以分成四个步骤的综合。人在行走中需要经历四个环节:(1)肢体机械性的前展;(2)因地形的平坦、光滑及硬度不同而有的肌肉之松弛紧张;(3)有支配躯体的意志;(4)有想借行进达到的目的。③ 与行进的第一步骤相类似的是实用性的解释,它是"借着事件本身所含的自然因果来掌握考证过的历史事件,并且试着把它们的发展过程重新组织起来"④。这是历史解释的第一阶段,即说明历史事件的发生和发展过程。

与行进的第二步骤相类似的是条件的解释,也就是针对过去事件形成和发展的条件作出解释。这些条件主要包括三个方面,即:空间的条件、时间的条件和(物质的及精神的)媒介物,用中国古代战争中的术语进行概括就是天时、地利、人和。这两种说法稍有出入之处就在于"人和",除了人的因素之外,媒介物同时还蕴含着对于物质条件的满足,也就是事

---

① [德] 德罗伊森:《历史知识理论》,胡昌智译,北京大学出版社 2006 年版,第 32 页。
② 同上书,第 29 页。
③ 同上书,第 33 页。
④ 同上书,第 35 页。

件的发生发展具备了必要的工具和材料等。

与行进的第三步骤相类似的是心理学的解释，它是"要在历史事实中找寻推动此历史事实的意志力"①。历史事件总是人的行为过程，而人总是在自身的意志的支配下采取行动，因此对于历史行为人的意志的研究和揭示是历史解释的微观层面。心理学的解释是历史解释的重要内容之一，但是这种解释自身却具有很大的局限性，这种局限性一方面表现为某人的意志力并不是完全灌注在一件事情上，另一方面表现为某一事件绝非只受到人的意愿的影响。德罗伊森注意到了历史发展方向与个人意志相违背的现象，但是并没有揭示历史运动与个人意志相互作用的机制，后来恩格斯曾经就此作出过详细的说明，恩格斯曾经提出历史运动的平行四边形原理，每个意志都对合力有所贡献，但是每个意志力的方向都与合力的方向不相吻合，"因为任何一个人的愿望都会受到任何另一个人的妨碍，而最后出现的结果就是谁都没有希望过的事物"②。可见，历史发展方向与个人意志之间并不存在稳定的可靠的联系，历史解释仅仅局限于说明历史行为背后的个人意志显然是不够的。

历史解释的第四个步骤，即理念的解释，正是弥补了上一步骤的不足，由微观的个人心理学方面的解释转向较为宏观的团体的理念方面的解释。如果要对理念下一个定义的话，理念是指超出个体范围而为两个或两个以上的人共同信奉的思想和观念。德罗伊森认为，每个婚姻都是婚姻理念或多或少成功性的表现，夫妻双方必定对共同实现的理想及生活方式多少有所自觉。③ 夫妻是这样，一个团体、一个单位、一座城市、一个国家等无不如此，这些或大或小的团体的理念通过各种形式表现出来，例如年度计划、总结报告、短期或中长期规划、包括宪法在内的各种法律法规等。一个团体中每个成员的行为并不都是这个团体理念的表现，"事实上，这些理念只表现于接近理念的各个行为所构成的一连串、延续的活动中。理念本身迫使有不断表达它的行为出现。也只有在不断的外露、形成现象之过程中，才有理念的存在。它需要历史，它的展现就是历史的形成及生

① ［德］德罗伊森：《历史知识理论》，胡昌智译，北京大学出版社 2006 年版，第 36—37 页。
② 《马克思恩格斯选集》第 4 卷，人民出版社 1995 年第 2 版，第 697 页。
③ ［德］德罗伊森：《历史知识理论》，胡昌智译，北京大学出版社 2006 年版，第 39 页。

长。历史是理念的不断向前展现及生长"①。德罗伊森在这里论述了理念与人的行为之间以及理念与历史之间的关系，我们可以从他对于这种关系的表述中嗅出黑格尔的味道，肯定理念的存在，肯定理念对行为的要求，肯定理念与历史之间的协同性，这些当然都是不错的，历史的发展过程当然就是一种理念的发生发展的过程或多种理念相互交织、相互斗争的过程，种种历史事实都能够说明历史之中确实存在着理念。一种理念在某一特定的历史时期确实能够支配人的思想和行为，在农民战争中平均、平等、均田免粮等口号往往能够号召大批的农民投身革命，在资产阶级革命中自由、平等、博爱的思想鼓舞着人心，等等；但是这种理念的支配作用并不能绝对化而成为世界的本体，理念总是人的理念，总是通过人类社会的各种现象而表现出来的，任何理念都没有强制性地压制人性的道理，任何理念的实现必须基于人们的主观意愿的表达，否则它将丧失任何得以实现的现实途径。另外，理念并不是一成不变的，它在历史过程中不断地经历着变动和发展，一种理念产生出来，不断地发挥自身的作用，在发生作用的过程中，理念自身的缺陷与不足也不断表现出来，在旧理念的基础上不断形成新理念，新理念最终会取代旧理念而取得支配地位；在一般情况下，各种理念就这样往复运动，不断演化，从而以一种虚假的形式构成了貌似真实的理念自身的历史运动，这种理念运动的本质无非就是人群的思想和行为而已。基于上述分析，我们知道，在历史之中，超出个体范围之外的理念确实存在，而且真实地发生着作用，一种理念可以鼓舞人的情绪、支配人的行为，一种理念可以引起一场革命，可以推动社会的根本变革。可见，历史解释的最为重要的一环就是理念的解释。

德罗伊森较为全面、系统地论述了历史解释的标准和任务，从他的论述中，我们可以总结出历史解释的标准就是看它能否"将呈现在眼前的事赋予意义"，而什么样的解释才能够说为呈现在眼前的事赋予了意义呢？我们在历史解释中解释了哪些因素才能说达到了解释的目的、符合解释的标准呢？答案就是我们在上面论述的四种解释，即实用性的解释（说明历史事件的大致经过）、条件的解释（说明历史事件得以形成和发展的空间、时间以及媒介物等三个方面的条件）、心理学的解释（说明历史行为人的

---

① ［德］德罗伊森：《历史知识理论》，胡昌智译，北京大学出版社 2006 年版，第 39 页。

情绪、意志等心理因素对于历史事件的影响）以及理念的解释（说明那些支配着历史行为人的超出个体范围的包括伦理道德观念和政治、哲学思想等在内的理念）。

第二节 历史解释性质的科学与艺术之争

关于历史学性质的争论是一个历久弥新的问题，关于这个问题的探讨可以一直追溯到古希腊时期，但是在现时代围绕这个问题的争论依然很热烈，各种观点之间的歧义也很明显。同时，进行历史研究的知识领域并不仅仅限于历史学，其他的社会科学都在不同程度上涉及历史问题，例如哲学史、政治制度史、经济史等，因而关于历史学性质的争论具有非常普遍的意义，广泛地牵扯到一切社会科学的性质问题。由此凸显这个问题的重要性。我们在这一节并不局限于谈论历史学的性质问题，而是从一种更加具体但具有广泛意义的角度来谈论关于历史解释性质的科学与艺术之争。

一 游走于科学与艺术之间的历史解释

关于历史解释的性质历来争讼不休，有的人主张它是一种科学，有的人则主张它是一种艺术，还有的人主张它既是科学又是艺术。主张历史解释是科学的人们，强调历史解释的真实性，而忽视历史解释的虚构性；强调把发现历史规律或法则作为历史解释的目标，致力于克服历史事件的特殊性和个别性。主张历史解释是艺术的人们恰恰相反，而主张既是科学又是艺术的人们则是这两种观点的综合。可见，真实与虚构的关系以及普遍和个别的关系是围绕历史解释性质而展开的各种争论的焦点。

（一）历史解释的科学性

正像罗素在1954年的一次演讲中讲到的那样，科学派的主张主要包括两个方面，"当人们把历史作为科学来谈论时，也许有两种很不相同的意思。从一种比较平凡的意义上说，科学只是指弄清历史事实。……史学企图成为符合科学的东西，还有一层意思……在这种意义上说，自然科学已成功地发现了各种事实之间的相互联系，历史学也力求用同一种方法去发现联结各种事实的因果律"①。科学派认为历史解释能够达到自然科学的标准，罗素正确地揭示了他们所坚持的两个主要观点。他们首先相信我们通过历史解释能够弄清历史事实，历史事实自身会说话。法国著名历史学家库朗日相信历史也是和数学一样纯的科学，只要把数学论证形式和逻辑原理运用到史料的解释上就行。严格地说，库朗日认为解释不是他的事，他只是揭示。如果正确运用的话，历史文献将会为自己说话。有一次，他向学生讲述早期法国的制度，学生突然鼓起掌来，于是他向学生们说："这不是我在讲话，而是历史通过我在讲话。"兰克本人虽然不属于科学派，但是他的理论主张在一定程度上也反映了科学派的要求，这就是他相信能够通过对于原始文献的研究达到"如实直书"。

　　科学派除了相信能够弄清历史事实之外，他们还认为历史解释的目标在于发现历史因果法则。实证主义哲学家孔德就曾经提出建设"社会物理学"的方案，他希望通过观察去发现制约人类社会的"坚定不移的法则"，"实证哲学的目的是把社会现象从神学和形而上学强加在它身上的约束中解放出来，并把物理学、化学和生物学中比比皆是的法则的科学理论照原样引进社会研究中"②。通过比附于自然科学，实证哲学希望发现一般社会演化的法则。实证哲学对于历史学的研究产生了非常重要的影响，英国历史学家亨利·托马斯·巴克尔（Buckle）和法国历史学家希坡利特·A. 泰恩（Taine）是把孔德思想应用于历史解释的两位重要的学者。"巴克尔认为历史学家的崇高任务就在于寻找文明发展的规律，他的著作开卷的标题便是：'叙述历史研究的方法和人类活动之规律性的证明。这些活动受精神和自然规律的支配，因此必须对此两组规律进行研究，而且不借助于自然科学，历史学便不能建立。'"③ 泰恩希望遵循生物学和地质学的模式来建设历史学，他认为历史是"心理解剖学"，心理学本身主要是一种机械的表现。他认为："我这个体系——假如这也可算一种体系的话——只是一种法则，即在好几个世纪里，好几个国家和许多个人经过无数次观察到的一个一般事实。按照科学归纳的一切法则，它可以应用于尚未观察到的

---

　　① ［英］罗素：《历史作为一种艺术》，载张文杰《现代西方历史哲学译文集》，上海译文出版社 1984 年版，第 131—132 页。

　　② ［美］汤普森：《历史著作史》下卷，孙秉莹、谢德风译，商务印书馆 1992 年版，第 609 页。

　　③ 张广智：《西方史学史》，复旦大学出版社 2006 年第 2 版，第 243—244 页。

其他事例。它并不是一种假设、杜撰或毫无根据的臆说。我的全部志愿就是为这种方法在阳光中取得一个位置。……我只不过是个搞解剖的人，我只不过是主张：一把解剖刀能够被宽宏大量地允许放在画笔一旁而已。"①

（二）科学内容的艺术再现

认为历史解释是科学的人们坚信历史解释的真实性以及历史因果法则的存在，但是在现实的历史研究中却有很多因素（其中包括研究者的立场、风格和意识形态，历史写作过程中的修辞以及情节化编排等）致使历史解释偏离历史的本来面目；另外，作为研究结果出现的历史因果法则总是出现否证和例外，任何一项法则似乎都不是周全的。历史研究的科学地位普遍受到质疑，像自然科学规律那样的历史规律的存在似乎是一种不切实际的幻想。面对这种情况，人们采取了一种费边主义的迁延战略，历史研究似乎既是科学又是艺术。兰克既强调历史学是一种科学，又强调它是一种艺术。他认为："历史学区别于其他所有科学的地方在于它同时又是一门艺术。历史学是有关收集、查询、洞悉的一门科学。它作为一门艺术，则是因为历史学要重现和描绘那些已经找到和认识了的东西。""到了现代时期，在各种疑惑之下，人们仅仅考虑真实这个要素，或是坚持将科学作为历史唯一的准则。人们竟然使得历史学不再是哲学的一部分了。然而，正如刚才所说的，历史学必须同时是科学又是艺术。历史学永远不会是二者之一。但同时，让这两者当中的某一个更显著却有可能。就像在演讲中，历史学当然可以仅仅以科学的面目呈现。"② 在其后，兰克进而指出："历史学在全部存在之中，即在每一种环境中，在每一种存在、源自上帝的永恒之物中，识别出永恒的事物；而这就是历史学的根本法则。"③可见，在兰克看来，历史研究具有科学性，这种科学性来自于它对于真实的追求，来自于它对于"永恒的事物"的探究；历史研究除了具有科学性之外，它还具有艺术性，这种艺术性体现在历史学要把找到和认识了的东西通过语言再现出来，在再现和描绘事物的过程中必然应用到艺术手法和

---

① 转引自汤普森《历史著作史》下卷，孙秉莹、谢德风译，商务印书馆1992年版，第614—615页。

② ［德］兰克：《论历史科学的特征》，载刘北成、陈新《史学理论读本》，北京大学出版社2006年版，第4页。

③ 同上书，第7页。

艺术结构。兰克的观点可以进一步归结为历史作品的内容具有科学性，但是历史作品的形式具有艺术性，历史学研究要谋求科学内容的艺术再现。

（三）历史研究等同于文学艺术

兰克只承认历史作品的形式具有艺术性，而否定其内容方面的艺术性，也就是内容方面的虚构性，从而维护历史学的尊严。但是致命的问题在于历史解释的内容很难达到纯粹真实的诉求，其内部必然包含着虚构的成分。由于这种状况的存在，历史研究的科学地位受到更进一步的怀疑，有的学者就不再主张历史研究是一种科学，而是旗帜鲜明地认为它是一种艺术。追溯这种观点的渊源，我们可以在亚里士多德那里找到历史学不如艺术的论证。亚里士多德曾经在《诗学》中认为："历史学家和诗人的区别不在于是否用格律文写作（希罗多德的作品可以被改写成格律文，但仍然是一种历史，用不用格律不会改变这一点），而在于前者记述已经发生的事，后者描述可能发生的事。所以，诗是一种比历史更富哲学性、更严肃的艺术，因为诗倾向于表现带普遍性的事，而历史却倾向于记载具体事件。所谓'带普遍性的事'，指根据可然或必然的原则某一类人可能会说的话或会做的事——诗要表现的就是这种普遍性，虽然其中的人物都有名字。所谓'具体事件'，指阿尔基比阿得斯做过或遭遇过的事。"① 柯林武德曾经对于亚里士多德的观点进行过解释，"这就是为什么亚里士多德说诗歌要比历史学更科学的原因，因为历史学只不过是收集经验的事实，而诗歌则从这些事实中抽出一套普遍的判断。历史学告诉我们说，克罗苏斯倒台了，波吕克里特倒台了；而按照亚里士多德的观念，诗歌并不作出这类单独的判断，而是做出像这类极富的人都要倒台的普遍判断"②。可见，诗歌使用具有名字的人物表现带有普遍性的事物，它所描述的事物具有可然或必然性，也就是说它揭示了事物发展的规律或趋势，因而具有指导未来的功能；但是历史学仅仅描述具体的事物，它是已经发生的事件，只能说明它过去是这样发生的，却不能说明将来它可能或必然也会这样的发生。历史作品的表现形式并不重要，历史作品可以用格律文表现出来，但是用格律文表现出来的历史作品依然是历史，而不是诗歌。区别历史与诗

---

① ［古希腊］亚里士多德：《诗学》，陈中梅译，商务印书馆 1996 年版，第 81 页。
② ［英］柯林武德：《历史的观念》，何兆武、张文杰译，商务印书馆 1997 年版，第 56—57 页。

歌的标志并不在于它的表现形式，而在于它的内容，历史仅仅记述过去发生的具体的事物。正是因为历史只记述具体的事物，而不说明具有普遍性的事物，所以它不如诗歌"严肃"，不比诗歌具有更多的"哲学性"，使用柯林武德的阐述就是它不具有"科学性"。

亚里士多德对于历史学研究内容的看法奠定了若干后续意见的基本格式，即认为历史的研究对象是已经发生的具体事件，也就是已经发生的一次性事件。一次性事件这个概念说明了这样一种情景，那就是它只发生一次，以后就不再重复，因而在历史解释领域就不存在任何形式的因果规律或法则，也就是不存在过去曾经发生，将来也或然或必然会发生的普遍性。而自然科学的解释则是以规律和法则为基础的普遍性陈述，过去是这样，现在是这样，将来还会是这样。对当下实践的认识保证了它对于将来实践的有效性、可靠性和指导性。可见，历史研究状况和自然科学研究状况相去甚远，历史解释根本区别于自然科学对于自然事物的解释，由此历史解释的科学地位受到普遍的质疑，从而认定它对于规律和法则的追求是一种历史性错误，这种错误来自于对于自然科学研究状况的羡慕，来自于用自然科学模式来建设历史科学的幻想。于是就有人大声疾呼，那些认为历史解释既是科学又是艺术的观点是根本错误的，对于历史解释性质的这种费边主义的迁延战略造成了历史研究的两难处境，一方面它被科学阵营所排挤，另一方面却被艺术阵营视为自己人中的异见分子，最终造成历史学递交给科学阵营的申请被驳回，艺术阵营也对之采取漠视和远离的策略。所以，历史研究要放弃自身的科学诉求，主动地与艺术融合在一起，也就是把自身仅仅视为一种艺术形式。这就是海登·怀特在 1966 年发表于《历史与理论》杂志上的一篇文章所表达的主旨所在，在这篇标题为《历史的重负》（The Burden of History）的文章中，怀特指出把历史学视为艺术与科学之间理想的中介者的观点引起了普遍的不满，造成这种不满的主要原因有两个：其一是与历史专业本身的性质有关，历史学家在方法上的幼稚以及对于当代科学研究状况的无知造成了他们持有上述的观点。他们没有认识到在当代的一个基本理论事实是艺术与科学之间已经发生了根本的断裂，历史学试图在其中谋求一种中介的地位是根本不可能的。其二，历史学家在艺术与科学之间所谋求的那块中立之地已经消失，人们在艺术和科学解释中发现了它们共有的构成主义性质，科学本身的客观性已经受到普遍的质疑，历史学依附科学追求历史解释的客观性就更加是一种幻想。海登·怀特得出的最后的结论似乎是艺术统一了知识各领域，自然科学的结论是人为构造而成的，历史研究也要实现隐喻结构的艺术再现，他认为："我们不应该再幼稚地期望关于过去的某一特定时代或复杂事件与某些预先存在的'原始事实'相'符合'。我们应该认识到，历史学家解决'什么构成事实本身'这个问题的方法与艺术家相似，他们都是通过隐喻对世界、过去、现在和未来加以梳理。"①

海登·怀特认为历史解释并不以真实性为其追求目标，原始事实或者历史的本来面目并不存在，历史学家从不同的情感和知识视角出发所提供的对于同一事物的不同意见都是正确的，他们之间仅仅存在再现风格的差异而已，而再现风格的差异的关键之处在于他们采用了不同的隐喻结构。怀特后来在 1973 年出版的《元史学》中对于这种理论进行了深入阐发，他认为 19 世纪的历史作品按照情节化解释模式的不同可以分为四种类型，即：以米什莱为代表的浪漫剧、以兰克为代表的喜剧、以托克维尔为代表的悲剧以及以布克哈特为代表的讽刺剧；除此之外，按照以隐喻结构为基础的作品风格的不同，又可以把 19 世纪的历史作品分为三种类型，即：以马克思为代表的转喻模式、以尼采为代表的隐喻模式和以克罗齐为代表的反讽模式。这些不同的写作类型并不存在正确和错误之分，它们都是正确的，只是它们采用了不同的再现风格而已。在海登·怀特那里，真实性不再是历史解释所追求的目标，从而使历史研究像文学那样允许进行虚构，这种虚构的带有研究者主体色彩的成分被合理地允许进入历史研究的内容，此后历史学将和文学艺术融为一体，我们可以像撰写小说那样撰写历史。

（四）历史学是一种特殊的科学

把历史视为一种艺术的观点实质上是把历史研究与文学艺术等同起来，希望人们像小说那样书写历史著作，同时，也希望人们像读小说那样来读历史著作。这种观点赋予历史著作中存在的虚构成分以合法合理的地位，从而把人们从历史认识论关于如何祛除历史写作过程中的虚构成分的争论的泥淖中解救出来，这有一定的合理性，但问题在于它走向了极

---

① White H., "The Burden of History", *History and Theory*, 1966, 5（2）, pp. 130—131.

端。我们知道，排除了真实性因素的历史写作也就丧失了它作为独立研究领域的地位，完全被文学艺术所吞噬。历史研究归根到底与文学艺术还是存在明显的差异，历史研究对象是过去曾经发生的事件，在历史研究中对于这些事件不允许进行虚构；而文学艺术所描写的对象或者是过去发生的事件或者是并未发生的事件，不管哪类事件都允许虚构因素的存在。历史以真实性为基础，但是我们同时也可以看到在对历史事件的叙述中也存在着虚构的成分，例如历史学家以一定的情节来呈现历史事件，也就是说以突转、发现和苦难或开端、发展、高潮和结局的模式来表现历史人物或历史事件，这其中必然包含着对于原始事实的重构的成分，在重构过程中历史认识与历史的本来面目相偏离，重构必然包含着一定的虚构。因此，历史研究者在历史认知和评价过程中必然是自我指涉和自我相关的，自我渗透于对他者的认知和评价之中。因而，作为历史解释的结果既包含着真实成分又包含着虚构成分，这种状况使历史解释处于"是"与"不是"之间。从"是"的角度来说，它是一种科学；从"不是"的角度来说，它是一种艺术。这似乎再次回到了前边我们已经论述过的费边战略，也就是历史解释既是科学又是艺术的观点。通过我们上边的分析，我们已经看到这种观点内部包含着不可克服的矛盾性和不彻底性，这种观点显然是不足取的。

超越费边战略、合理地建构历史解释的独特性与合法地位，我们或许能够从德罗伊森与柯林武德的观点中获得教益。伯里曾经说过："历史学是一门科学；不多也不少。"柯林武德对于这个观点进行了修正，他认为历史学作为一门科学并不少。在习俗的意见看来，科学就是指自然科学，但是事实并不是如此，从科学这个词的来源来看，拉丁文的 scientia［科学］来自于希腊语 ἐπιστήμη［知识］，意指任何有组织的知识总体，从这个意义上来说，历史学无疑是一种科学，一点也不少。虽然它不少，却更多。因为任何一门特殊的科学所包含的内容总要比单纯的科学要多。"知识的总体不单单是有组织的，它还总是以某种特殊的方式而组织的。"① 由此，柯林武德得出了这样的结论，他认为："历史学就是一种科学，但却是一种特殊的科学。它是一种科学，其任务乃是要研究为我们的观察所达

---

① ［英］柯林武德：《历史的观念》，何兆武、张文杰译，商务印书馆1997年版，第347页。

不到的那些事件，而且是要从推理来研究这些事件；它根据的是另外某种为我们的观察所及的事物来论证它们，而这某种事物，历史学家就称之为他所感兴趣的那些事件的'证据'。"① 柯林武德的观点是科学派观点的变种，但是它们之间却存在着明显的差异，科学派主张以自然科学模式来建设历史科学，柯林武德则主张科学不仅仅指的是自然科学，任何有组织的知识总体都可以被称为科学，历史学是一种科学，但它是根本区别于自然科学的一种特殊的科学。从人类历史的发展来看，在历史学有资格被称为科学的时候，自然科学只是处在萌芽状态而已。其他理论家，例如狄尔泰、文德尔班、李凯尔特等人，在不同程度上都把历史学归结为一种特殊科学②，在这一点上他们与柯林武德殊途同归。

（五）历史学的学科独立性

柯林武德从科学概念的词源学上进行考察，认为科学概念并不仅仅限于表述自然科学，任何有组织的知识总体都可以被称为科学，于是科学成

---

① ［英］柯林武德：《历史的观念》，何兆武、张文杰译，商务印书馆1997年版，第350页。

② 狄尔泰毕生的工作就是为精神科学提供一个哲学认识论的基础，试图以康德回答形而上学何以可能的方式来回答精神科学何以可能的问题。狄尔泰认识到了历史经验的特殊性，但是在他在关于历史意识的分析中依然存在着科学和生命哲学的冲突，这正如伽达默尔在对狄尔泰的分析中指出的那样："我们必须承认，精神科学的知识并不是归纳科学的知识，而是具有一种完全不同种类的客观性，并且以完全不同的方式被获得。狄尔泰为精神科学所建立的生命哲学基础以及他对一切独断论的批判，甚至包括对经验主义的批判，曾经试图证明这一点。但是，支配他的认识论的笛卡尔主义却表现得如此强烈，以致在狄尔泰这里，历史经验的历史性并不起真正决定性的作用。"（伽达默尔：《诠释学Ⅰ：真理与方法——哲学诠释学的基本特征》，商务印书馆2007年版，第331—332页）可见，狄尔泰认识到了精神科学的特殊性，也注意到了历史经验的历史性，但是他依然从精神史的角度进行阐发，坚持历史研究的客观性，从而使精神科学具有明显的自然科学模式的痕迹。文德尔班和李凯尔特都是德国新康德主义的主要代表人物。文德尔班论证了历史科学与自然科学的不同特征，它们具有共同的研究对象，即：经验材料；它们之间的主要区别在于研究方法和目的，自然科学采取从特殊到一般的普遍化的方法，它的目的在于寻找自然界中的"规律""齐一性"和"共相"，它是一种"制定规律的"科学。历史科学采用的是对特殊的、具体的事件进行描述的方法，或者说个别化的方法，它的目的在于把某一过去的事件再现于当前的观念中，因而它是一种"描述特征的"科学。（关于文德尔班的论述参见刘放桐《新编现代西方哲学》，人民出版社2000年版，第87页）文德尔班仅仅从研究方法和目的的角度区别了历史科学与自然科学，李凯尔特在此基础上更进一步，从质料和形式两个方面对于历史的文化科学与自然科学进行了区分，首先在研究质料，也就是研究内容方面，二者不同，文化科学以文化作为研究对象，而自然科学则以自然作为研究对象；另外，二者在研究形式，主要是研究方法上相区别，自然科学以同质的连续性研究自然对象，从而得出规律性认识，而历史科学以异质的间断性研究人类文化，从而它只能就具有特殊性和单一性的一次性事件进行描述，采取个别记述的方法。（参见李凯尔特《文化科学和自然科学》，商务印书馆1986年版，第14—36页）

为对于所有知识部门的一个总的称谓，这可以说是在科学概念上玩了一个花招，改变了科学的含义，从而使能否反映事物的真实情况以及是否反映了事物发展的规律或法则不再成为判断一门学科是否属于科学的依据，柯林武德把是否能够依照自然科学研究模式来进行历史解释的问题转化为简单的名称之争，这是一种治标不治本的策略，历史解释依然难以摆脱自然科学研究模式。在这里德罗伊森曾经意识到的问题依然严重，他认为："如果我们的学科随意采用其他学科建立的观念，那么我们就必须站在他们的角度，用他们的观点看我们学科里的事情，我们会无法掌握及解释自己学科独立的问题。我们的学科会变成我们根本不想见的科学模样。"① 德罗伊森在这里只是指出了问题的一个方面，那就是比附于科学而把历史学建设成为科学模样；这个问题还有另一个方面，那就是比附于艺术，从而把历史学建设成为谁都不想见到的艺术模样。历史解释不能总是在两个相互冲突的领域之间进行摇摆，这样会造成历史学丧失自身的独立地位，从而依附于与自身根本不同的另一个学科领域。由这样一个角度出发，关于历史解释性质的科学与艺术之争使历史学处于丧失自身独立地位的边缘，总是从另一个学科领域出发来论证历史学自身的学科性质是一种很成问题的路线，所有的那些围绕历史解释性质的科学与艺术之争似乎都成为一种毫无意义的争论，我们到此就应该完全意识到历史学就是历史学，它有自身独特的研究领域和研究方法，它既不属于科学也不属于艺术，它就是它自身。

那么德罗伊森是如何论述历史解释的独特性的呢？他认为自然界中的事物不具有历史，历史是人类社会所具有的专属名词。"只要是我们所能想到的永恒的东西，或无时间性的东西，都不是历史，能够让我们称之为历史的东西，是那些踏入时间之流的东西。"② 自然中的事物，包括花草树木、飞禽走兽等，自身也存在着一定的变化，但是这种变化是以重复又重复的形态出现的，"我们的精神视此类事物为恒常的，为变的不变的（dasim Wechsel Gleiche），视之为规律性的、材料性的或空间性的；因为形态（Formen）在这种情形下重复出现。也正因为这样单调地定期重复，使

---

① ［德］德罗伊森：《历史知识理论》，胡昌智译，北京大学出版社 2006 年版，第 119 页。
② 同上书，第 120 页。

时间在这种活动中降为次要的因素；时间对这些事物的存在并不重要"①。人类的存在与自然物不同，它"似同而有变"，我们人的精神在不断的活动过程中，不断有新的形态出现，这些新形态出现之后并不是趋向于消亡，而是通过文字记载或反思的形式，在历史上保持一种延续性，从而不断地扩大人类的知识和活动范围，在这一点上历史现象根本区别于自然现象。

德罗伊森（1808—1884）是德国历史主义学派的重要代表，他与马克思（1818—1883）基本上是同时代人，马克思在《德意志意识形态》等著作中曾经批评过历史主义学派突出强调政治的倾向，但是在对历史概念的解释上，马克思和德罗伊森的观点基本一致。马克思曾经认为"印度社会根本没有历史，至少是没有为人所知的历史。我们通常所说的它的历史，不过是一个接着一个的入侵者的历史，他们就在这个一无抵抗、二无变化的社会的消极基础上建立了他们的帝国"②。由此可见，马克思之所以认为印度没有历史，是因为印度自身没有发生变化，除非发生民族入侵的事件，它才会引起人们的关注。③ 历史是和变化联系在一起的，没有变化就没有历史。另外，马克思还特别看重历史的继承性，他曾经指出："历史不外是各个世代的依次交替。每一代都利用以前各代遗留下来的材料、资金和生产力；由于这个缘故，每一代一方面在完全改变了的环境下继续从事所继承的活动，另一方面又通过完全改变了的活动来变更旧的环境。"④马克思还在《路易·波拿巴的雾月十八日》中指出："一切已死的先辈们的传统，像梦魇一样纠缠着活人的头脑。"⑤ 这体现出人类社会的变化性，以及在变化性基础上保持的对于变化的继承性，这就是历史；而自然界中的事物（包括无机物、植物和动物）并不具有这方面的特性，它们的继承

---

① ［德］德罗伊森：《历史知识理论》，胡昌智译，北京大学出版社 2006 年版，第 124 页。

②《马克思恩格斯选集》第 1 卷，人民出版社 1995 年第 2 版，第 767 页。

③ 黑格尔对于中国的态度也是这样，他曾经认为："在个别的国家里，确乎有这样的情形，即：它的文化、艺术、科学，简言之，它的整个理智的活动是停滞不前的；譬如中国人也许就是这样，他们两千年以前在各方面就已达到和现在一样的水平。"（黑格尔：《哲学史讲演录》，商务印书馆 1959 年版，第 8 页）黑格尔的这种观念是基于文化差异的一种偏见，中国是有变化的，就拿孔子为例，中国历代都在读经、注经、尊孔，但是人们所尊之孔是发生着变化的。我们可以说，黑格尔只是看到行进的队伍打着同一个旗号，而没有看到在不同朝代扛旗的人已经发生了变化。

④ ［德］马克思、恩格斯：《德意志意识形态》（节选本），人民出版社 2003 年版，第 32 页。

⑤《马克思恩格斯选集》第 1 卷，人民出版社 1995 年第 2 版，第 585 页。

性仅仅表现为生物遗传，表现为对环境的被动适应。

综上可见，关于历史解释性质的科学与艺术之争持续时间长，影响面广，是历史哲学研究领域中的一个重要的问题。但是这个问题有其致命的缺陷，那就是以一种隐喻的模式，或者是从科学角度对历史解释的性质进行阐发，或者是从艺术角度对之进行阐发，在这种分析过程中恰恰忽略的是历史解释自身的独特性。我们不应该片面强调历史解释是科学或是艺术，而应该强调历史解释既不是科学，也不是艺术，它就是它自身，它由于它自身具有的独特性而区别于其他的学科领域。

二 一次性事件的三重证伪

我们上边已经提到过，亚里士多德曾经把历史研究对象界定为"具体事件"，所谓具体事件，就是指那些过去曾经发生过的某个人做过或遭遇过的事件。这种"具体事件"具有三个主要特征，首先，它是过去确实发生过的事件；其次，它是一位具有名字的人物做过或遭遇过的事件；再次，由于上述两个方面的原因，这些事件在未来并不可然或必然地会发生。① 电影《阿甘正传》的主角也曾经这样说过："我妈妈曾经告诉我，人生就像是一盒巧克力，你无法预知会吃到什么口味。"人生是由一系列不可预测的偶然事件所构成的，这在日常生活中很流行。这种观点反映在历史研究领域，就会把历史事件发生和发展的原因概括为一系列不可预测的偶然事件，这类事件可以统称为"克利奥帕特拉的鼻子"。克利奥帕特拉是埃及女王，她的美貌曾经先后征服凯撒和安东尼，从而使埃及避免了亡国之痛。帕斯卡尔在《思想录》中论述爱情的原因和效果时曾经认为："克利奥帕特拉的鼻子；如果它生得短一些，那么整个大地的面貌都会改观。"②

在历史中，类似于"克利奥帕特拉的鼻子"的事件很多③，这些偶然的不可重复的一次性事件充斥着历史进程，于是人们认为历史就是由这些

---

① ［古希腊］亚里士多德：《诗学》，陈中梅译注，商务印书馆1996年版，第81页。

② ［法］帕斯卡尔：《思想录》，何兆武译，世纪出版集团2007年版，第74页。

③ ［英］爱德华·卡尔曾经在《历史是什么》（商务印书馆2007年版）一书中列举了几个这样的事例，例如土耳其苏丹巴济扎得的痛风、希腊国王亚历山大被宠物猴咬了一口、托洛茨基在打猎时得了热病、列宁的早死等，都对历史进程产生过重要的影响。卡尔的相关论述可以参见该书的第197—198页。

偶然的不可重复的一次性事件所构成的，历史研究也就是要围绕这些事件而展开，历史从此与因果规律绝缘。例如，尼采曾经认为："思想是一事，行为是一事，行为的意像又是一事。因果律的轮子不在其间转旋。"① 李凯尔特在分析自然科学和历史科学的区别时也曾经谈道："我相信，这就是就最广泛的形式意义而言的历史概念，亦即就其特殊性和单一性而言的一次发生事件这个概念；而这个概念和普遍规律概念处于形式的对立之中，因此我们在划分专门科学时必须谈到自然科学方法和历史方法的区别。"② 中国学者梁启超曾经在《中国历史研究法》（1921 年）中论述历史的概念时主张："史者何？记述人类社会赓续活动之体相，校其总成绩，求得其因果关系，以为现代一般人活动之资鉴者也。"③ 但是在一年之后，大约在1922 年 12 月，梁启超由于受到李凯尔特的影响而对于上述结论作出重大修正，他在《研究文化史的几个重要问题——对于旧著〈中国历史研究法〉之修补及修正》一文中认为："我去年著的《中国历史研究法》内中所下历史定义便有'求得其因果关系'一语，我近来细读立卡儿特著作，加以自己深入反复研究，已经发觉这句话完全错了！""归纳法最大的工作是求'共相'，把许多事物相异的属性剔去，相同的属性抽出，各归其类，以规定该事物之内容及行历如何。这种方法应用于史学，却是绝对不可能。为什么呢？因为历史现象只是'一躺过'，自古及今从没有同铸一型的史迹。这又为什么呢？因为史迹是人类自由意志的反影，而个人自由意志之内容绝对不会从同，所以史家的工作与自然科学家正相反，专务求'不共相'。"④ 另外，胡适在《不朽》一文中也举例说明了偶然因素在历史中的作用，他说一个得肺病的人偶然在路上吐了一口痰，那口痰被太阳晒干了，化为微尘，被风吹起空中，东西飘散，渐吹渐远，影响及于一人一家一村一族，乃"至于无穷时间，至于无穷空间"⑤。后来他又在《介绍我自己的思想》一文中讲道："他吐一口痰在地上，也许可以毁灭一村一族。他起一个念头，也许可以引起几十年的血战。他也许'一言可以兴

---

① ［德］尼采：《苏鲁支语录》，徐梵澄译，商务印书馆 1992 年版，第 32 页。
② ［德］李凯尔特：《文化科学和自然科学》，涂纪亮译，商务印书馆 1986 年版，第 17 页。
③ 梁启超：《中国历史研究法》，上海古籍出版社 2006 年版，第 5 页。
④ 同上书，第 123—124 页。
⑤ 胡适：《不朽——我的宗教》，载《胡适论社会》，安徽教育出版社 2007 年版，第 30—31 页。

邦，一言可以丧邦'。"① 通过上面的胪列，可以看到许多著名的思想家、理论家以及历史学家都共同指认历史研究对象为偶然的不可重复的一次性事件。历史果真如此吗？我们试图通过对于一次性事件的理论依据的三重证伪来认识历史的本真面相——在历史的偶然中隐藏着必然，必然通过偶然为自己开辟道路。

（一）差异、变化与一次性事件

莱布尼茨曾经有一个著名的论断，那就是："世界上没有两片完全相同的树叶。"自然界中的事物尚且如此，那么人类社会中的生命存在就更是这样一种状况了。某甲和某乙之间在体貌特征、思想情感、知识状况和社会地位等方面都会存在明显的差异，甲就是甲，而不是乙，每个人都有自己的名字，每个人都有自己在社会中的位置，历史上只有一个孔子，也只有一个拿破仑，他们都是在特定的时间和空间中活动的特定的人物。当那个孔子和那个拿破仑消失之后，世界上再不会出现第二个与他们一模一样的人物，他们具有不可重复和不可复制的特征，也就是说他们的出现都是特定的具体的不可重复的一次性事件。

一切都是互不相同的，李凯尔特把这称为"一切现象之物的异质性原理"。除了异质性原理之外，李凯尔特还提出了"一切现象之物的连续性原理"。他认为自然和社会中的现象都处于流动之中，在这种流动中没有飞跃，到处都是渐进的转化，在一切现象之物的发展和变化之中，我们找不到截然的和绝对的界限。由于"一切现象之物的异质性"和"一切现象之物的连续性"状态的共存，一切现象之物都处于"异质的连续性"状态之中。人类所具有的语言和概念是不能对处于"异质的连续性"状态之中的事物加以把握的，因为"异质的连续性"本身就处于矛盾之中，异质性代表着原有发展状态的中断，连续性则说明的是同质事物的延续，在异质事物之间不可能存在连续性。所以，如果要用概念对现实之物进行反映，那么就必须对现实之物进行改造，从而使之能够在人类的概念系统中得到反映。自然界中的物质虽然也存在着差异，但是这些差异是可以忽略不计的，树叶之间的形状和茎脉存在差别，但是它们都是树叶，具有相同的物质属性，其中一个的作用完全可以用另一

① 胡适：《介绍我自己的思想》，载《胡适论哲学》，安徽教育出版社 2006 年版，第 50 页。

个加以替代，所以可以把它们的异质的连续性改造为同质的连续性，用规律性认识对之加以反映。而人类历史中的差异就很难被忽略，人类的文化财富在不断地积累过程中越来越庞大，不同的人具有完全不同的知识状况和价值观念，一个人是不能用另一个人加以替代的，所以在对人类历史进行研究的过程中只能把异质的连续性改造为异质的间断性，也就是说只有把它视为特殊的和具体的一次性事件，我们才能在概念中对之加以把握。①

李凯尔特运用同质的连续性和异质的间断性对于自然科学和历史科学在研究方法上的区别进行了说明，虽然对作为历史研究对象的一次性事件做了精巧的论证，但是这种论证过程中依然存在着重大的漏洞。这种理论漏洞主要表现在三个方面。

首先，"一切现象之物的连续性原理"否定了现象之物在发展和变化过程中的飞跃是不合理的，在事物发展的过程中渐进性随处可见，"不积跬步，无以至千里；不积小流，无以成江河"②，这说明积累和渐进过程在事物发展过程中的重要性。但是积累和渐进过程不会无限地持续下去，在渐进的基础上能够实现飞跃，飞跃是一切渐进过程的最终结果，实现飞跃之后，事物的状态和性质会有根本的改变，"积土成山，风雨兴焉；积水成渊，蛟龙生焉；积善成德，而神明自得，圣心备焉"③。在事物的发展过程中飞跃是存在的，否定它是没有道理的。

其次，"一切现象之物的异质性原理"否定了各种现象之物的同质性的存在，这也是不合理的。同类事物之中总是存在某些相同的方面和特征，就拿人来说就是这样，虽然没有完全相同的两个人，但是每个人之所以成为人而不是动物总是因为他具有某些人类所共有的特征，身体、语言、思想和活动方式都使他区别于其他动物。除了人是人之外，人总是某种人，他们是工人、农民、知识分子、解放军战士等，属于某种的人总是具有共同的生活结构和生活方式，马克思曾经认为："一小块土地，一个农民和一个家庭；旁边是另一小块土地，另一个农民和另一个家庭。一批这样的单位就形成一个村子；一批这样的村子就形成一个省。这样，法国

_____

① 参见李凯尔特《文化科学和自然科学》，涂纪亮译，商务印书馆1986年版，第28—36页。
② 王先谦：《荀子集解》，中华书局1988年版，第8页。
③ 同上书，第7页。

国民的广大群众，便是由一些同名数简单相加形成的，好像一袋马铃薯是由袋中一个个马铃薯所集成的那样。"① 所以，我们在强调没有完全相同的两个人的时候，我们还应该注意到不同的个体之间所具有的某些共同的特征。

再次，认为历史科学以异质间断性对对象加以把握，这种观点否定了人类社会中连续性的存在，这显然也是片面的。相反，人和人之间以及上一代人和下一代人之间的物质与思想的继承性正是人区别于其他存在物的根本特征，这正如马克思曾经指出的那样："人们自己创造自己的历史，但是他们并不是随心所欲地创造，并不是在他们自己选定的条件下创造，而是在直接碰到的、既定的、从过去承继下来的条件下创造。"②

（二）自由意志与一次性事件

赞成历史研究对象是一次性事件的学者们往往重视人类的自由意志，他们认为人类享有绝对的不受限制的自由，"自由就是一个人随心所欲地塑造个人生活的权利，去创造他们尽可能丰富多样地（如果有必要的话，尽可能离奇古怪地）发展他们天性的环境"③。"人类的行为不是最为捉摸不定的么？还有什么比人类的欲望更为变化无常的呢？还有什么动物比人类不但更为违背正常理性，而且更为违背自己的性格和性情的呢？一个小时，一个刹那，就足以使他从一个极端变到另一个极端，就足以推翻他费了很大的辛苦和劳动才确定下来的事情。必然性是有规则的、确定的。人类的行为是不规则的、不确定的。因此人类行为并不是由必然发生的。"④于是，人们从自由意志的角度出发论证了历史必然性的不合理性，把历史领域确定为偶然的一次性事件现身的场所。

自由意志还经常和"责任"纠缠在一起。他们认为，如果一个人的行为受到一种外在必然性的制约，他的行为被一种外在的力量所控制，这种外在的力量就要为他的行为负责，那么他自身就可以不承担相应的责任。但是事实并不是这样，一个人必须为自己的行为负责，之所以应该负责，

---

① 《马克思恩格斯选集》第 1 卷，人民出版社 1995 年第 2 版，第 677 页。
② 同上书，第 585 页。
③ ［英］以赛亚·伯林：《自由及其背叛》，赵国新译，译林出版社 2005 年版，第 5 页。
④ ［英］休谟：《人性论》下册，关文运译，商务印书馆 1980 年版，第 441 页。

就是因为这种行为是基于自由意志基础上的自主自愿的行为。以赛亚·伯林奠定了这种论证逻辑的基本格式，"以赛亚·柏林爵士于 1954 年发表了《历史必然性》一文。……他增加了对这种观点的指控……黑格尔和马克思的'历史主义'之所以应遭反对，是因为通过用因果关系术语来解释人类行为就暗示着对人类自由意志的否定，这就鼓励历史学家逃避当然的义务，就是我在上一讲所说的对历史上查理曼们、拿破仑们、斯大林们进行道德的谴责"①。

关于人类意志绝对自由的观点否定了自由与必然之间的辩证关系，是对人类现实的片面的理解。与绝对的意志自由相对立的还有其他的观点，其中一种观点认为，人类社会中的一切事物都是被事先决定的，受到必然性的制约。例如，《圣经·传道书》中曾说："已有的事，后必再有；已行的事，后必再行；日光之下，并无新事。"另一种观点认为，自由与必然二者并存，自由是对必然的认识，必然通过自由为自己开辟道路，这种观点以黑格尔和马克思为代表。这种观点辩证地反映了自由与必然之间的关系，较为正确地反映了历史的本来面目。

从自由意志和责任的角度去否定历史必然性的论证思路早已经在 18 世纪被休谟证明是错误的。首先，否定历史必然性的人们认为在自由意志的支配下，人类行为缺乏恒常性和稳定性，这是不对的。休谟曾经举了一个例子对这个问题加以说明，疯人们一般被认为是没有自由的，但是如果我们根据他们的行为加以判断，这些行为比正常人的行为有较小的规则性和恒常性，因而是较为远离于必然性的。不自由反而造成了人类行为的规则性和恒常性的破坏，反而远离必然性，这是与否定历史必然性的人们的论证绝对矛盾的。人类意志必然受到道德和法律的约束，从而反映出一定的规则性和恒常性，对于这种规则性和恒常性的破坏，或者受到人们的谴责，或者受到法律的严惩。道德和法律规定了人类自由活动的框架，脱离这个框架的绝对自由是不存在的。其次，休谟相信人类的行为是可以预测的。他说："我们可以想象自己感觉到自己内心有一种自由；但是一个旁观者通常能够从我们的动机和性格推断我们的行动；即使在他推断不出来的时候，他也一般地断言说，假如他完全熟悉了我们的处境和性情的每个

①　［英］卡尔：《历史是什么》，陈恒译，商务印书馆 2007 年版，第 191 页。

情节，以及我们的天性和心情的最秘密的动力，他就可以作出这样的推断。而依照前面的学说来说，这正是必然的本质。"① 再次，自由意志和人们对自己的行为负有责任之间并没有必然的关联。休谟对于人们判定罪恶的三种情形进行了说明：人们由于无知或偶然而作出的那些恶行，无论有什么样的结果，他们都不因此而受到责备；人们由于仓促地、未经预谋而做出的恶行，比起由于通过深思熟虑而做出的恶行，受到较少的责备；悔改也消除各种罪行，尤其是在悔改以后，生活和举动方面有了明显的改善。② 一切迹象都表明一个人对自己行为所负担的责任的大小是与自由或偶然因素呈现一种反比的关系，自由或偶然因素越多，行为人对自己行为所负担的责任越小。基于上述原因，休谟得出了这样的结论："依照我的定义来说，必然性构成因果关系的一个必要部分；因而自由既是消除了必然，也就消除了原因，而与机会是一回事了。机会一般被认为涵摄了一个矛盾，至少是和经验直接相反的，所以关于自由或自由意志也总是有同样反驳的论证。"③

（三）死亡、毁灭与一次性事件

个体生命的死亡以及由战争、疾病和灾难等原因引起的一家一族一国的毁灭在人类历史进程中随时随地都在发生，在死亡或毁灭发生之后，随之出现的是一片空白，在这片新出现的空白领域中必然会出现新的主体加以填补，例如一个单位的职工或领导在退休或离职之后，都会有新人加以替代，一家一族一国毁灭之后又会在同一个地点出现新的家庭、新的民族和新的国家。新旧之间的更替绝不是单纯的复制过程，而是包含着创造和变革在其中的一个全新的过程，后继者不会走前辈的老路，父子之间有不同的理想和追求，新旧领导之间实行不同的政策和路线，家庭、民族和国家之间的差异和变化也是非常明显。在新旧更替的过程中不断地伴随着旧因素的消灭和新因素的出现，前后两个阶段表现出明显的差异，这就使每个历史过程都呈现出一次性的特征。在中国历史上这样的事件很多，每位历史人物的性格特征、生活轨迹和历史成就都有所不同，例如，孔子和孟

① ［英］休谟：《人性论》下册，关文运译，商务印书馆1980年版，第447页。

② 同上书，第450页。

③ 同上书，第445页。

子同为儒家的代表，二者却是完全不同的两个人。首先名字标识了他们二人的独立身份；其次他们生活在前后两个不同的时代；再次他们二人的性格特征也有区别，孔子敦厚，孟子有些愤世嫉俗；最后，他们虽然共同阐释"仁"的思想，但是他们对于"仁"的理解不同，孔子的"仁"还只是一个笼统的概念，孟子则将"仁"形象化为"不忍之心"，并以性善论为基础对其进行论证，进而提出了"仁政"的主张。

死亡和毁灭虽然造成了历史主体自身发展过程的断裂，但是我们也不应该把这种断裂绝对化，人类社会发展的间断性必然伴随着继承性，柏格森的绵延充分说明了生命的继承状态，海德格尔所谓的此在由操劳转为操持也能够说明这样一个问题。在这种意义上来说，完全不可重复的一次性事件是不存在的，事物的发展过程总是处于一种既肯定又否定的所谓扬弃状态，有抛弃有继承才构成了人类现实的历史。

三 个别性中存在普遍性的理论论证

在上文中我们说明了那些把历史研究对象界定为一次性事件的观点的理论依据，同时说明了这些所谓的理论依据都是在思想中对历史研究对象加以绝对化和片面化的结果。历史事件和历史人物在历史过程中由于其自身所具有的特殊性和具体性往往是"一躺过"，但是我们应该注意到这里所谓的"一躺过"，仅仅是指具体的事件和人物一去不复返，孔子死了，在历史中不会再出现第二个一模一样的孔子，其他人物，例如凯撒、拿破仑等都是这样。一次性事件造成了历史解释的困难，这种困难表现在两个方面，首先是造成了历史事件和人物的不可理解性。一次性事件来自于偶然，没有原因，没有迹象，逃避人类一切形式的解释和说明，留给人类智力的工作只能是对一次性事件的发生过程加以描述，其中没有任何深入探究的空间。其次，一次性事件发生一次之后，在将来没有重复的可能，于是兰克所确信的通过历史解释"评判过去，教导现在，以利于未来"的功能就会失效，历史解释将丧失其自身所具有的现实关怀。

发现和论述历史行为和历史人物的一次性过程固然重要，但更为重要的是发现历史进程中一般的和普遍的过程。基督教的经典著作《圣经》中曾说："一代过去，一代又来，地却永远长存。日头出来，日头落下，急归所出之地。风往南刮，又向北转，不住地旋转，而且返回转行原道。江河都往海里流，海却不满；江河从何处流，仍归还何处。……已有的事，后必再有；已行的事，后必再行。日光之下，并无新事。"① 这种关于历史事件和人的行为重演的学说并不仅仅出现在宗教当中，一系列古老的智慧都曾经发现这种现象，泰勒斯的水、赫拉克里特的火都呈现一种重演的态势。后来维柯认为人类制度的发展过程也是这样："根据埃及人所说的他们以前曾经经历过的那三个时代，即神、英雄和人的先后衔接的三个时代。我们将看到诸民族都是按照这三个时代的划分向前发展，根据每个民族所特有的因与果之间经常的不间断的次第前进。"② 其后他又指出："我们已看到最初的野蛮时代和复归的野蛮时代之间的令人惊讶的对应。从此我们可以很容易地理解到各民族在复兴时所经历的各种人类制度的复演过程。"③

作为宏观的人类制度是这样，历史事件和人类行为也是这样，黑格尔在《历史哲学》一书中就历史事件的重演做出过说明："自古到今的一切时期内，假如一种政治革命再度发生的时候，人们就把它认为是理所当然的了。也就是这样，拿破仑遭到了两次失败，波旁王室遭到了两次放逐。经过重演以后，起初看来只是一种偶然的事情，便变做真实和正当的事情了。"④ 马克思注意到了黑格尔上述这段话中所表述的内容，并在此基础上做了进一步的说明，他认为："黑格尔在某个地方说过，一切伟大的世界历史事变和人物，可以说都出现两次，他忘记补充一点：第一次是作为悲剧出现，第二次是作为笑剧出现。科西迪耶尔代替丹东，路易·勃朗代替罗伯斯比尔，1848—1851 年的山岳党代替 1793—1795 年的山岳党，侄子代替伯父。"⑤

在社会中，我们也可以发现，同一类人有大致相同的生活轨迹。例如大学教师都要经历一个评职称的过程，从助教、讲师、副教授，再到教授，似乎是每个人都要经历的过程，在这个过程中也存在差异，有的

---

① 出自《圣经·传道书·第 1 章》。
② ［意大利］维柯：《新科学》下册，朱光潜译，商务印书馆 1989 年版，第 489 页。
③ 同上书，第 571 页。
④ ［德］黑格尔：《历史哲学》，王造时译，世纪出版集团 2006 年版，第 292 页。
⑤《马克思恩格斯选集》第 1 卷，人民出版社 1995 年第 2 版，第 584 页。

人的起点是助教，有的人的起点是讲师，有的人一进入高教机构就挂职副教授；有的人从低级职称转向高级职称用的时间短，有的人用的时间长；由于个人资质和理想抱负的不同，有的人直到退休都没有评上副教授，有的人则没能评上教授。各人的情况存在差别，但是他们的工作方向和生活方式存在着很大的共同性，那就是教学、科研、发表文章、撰写著作，到了一定的时间就要参加职称评定，这是他们日常生活的基本格式。每个生命都有其自身的特殊性，这说出了一个真理；但是，每个生命都与他人有共同的生活内容，这却道出了一个更为重要的真理。每个人都有自己的名字，每个人都是不同的个体，但是这不能说明他们之间不可以具有共同的生活方式和共同的理想抱负，不能说明一个人的生活方式和理想抱负不是另一个人的重复。因此，所谓历史事件的一次性有其明确的界限，主要是指在特定时空中出现的具有某个名称的特定事件和特定人物不可能重复出现。除此之外别无他指，处于不同时空的人可以从事结构和性质大致相同的活动，我们可以从这些事件和人物中总结经验和教训，以资后人借鉴。

提倡一次性事件的人们的一个理由，即历史事件和人物的不可重复性，我们在上文中已经认识到它是有一定限度的，并不是一切事件和人物的任何方面都不可重复。接下来，我们将论述主张一次性事件的人们的另一个理由，即事件的发生和人物的经历都是由偶然因素所造成的，其中并不存在必然的因果关系。关于这一点，爱德华·卡尔在《历史是什么》一书中进行了较为全面的分析。

首先，日常生活中的事件的发生都有其原因。我们知道，世界上没有无缘无故的爱，也没有无缘无故的恨，爱和恨的产生都有其现实的原因。生活中很多事件的原因可以归结为人的目的，但是每个目的的产生都是具有理智的人根据他对于现实情况的分析而产生的，质言之，只有具有现实可能性的事物才能成为人所追求的目的，目的是人采取一定行为的原因，而目的的产生也有其原因。

其次，从历史研究实践来说，解释历史事件的原因是历史学家的一个基本任务。历史学之父希罗多德在其著作的开篇就曾说明他进行研究的目的："为了保存人类的功业，使之不致由于年深日久而被人们遗忘，为了使希腊人和异邦人的那些值得赞叹的丰功伟绩不致失去它们的色彩，特别是为了把他们发生纷争的原因给记载下来。"① 历史学家在史学实践中总是以各种形式研究事物的原因,而且他们不满足于指出造成事件发生的一个原因,他们会在同一事件中找到多个原因,然后对这些原因进行归类,并且指出其中的根本原因,"归根结底"是历史学家们喜欢使用的一个词语。

再次,人们把历史事件归结为偶然因素的作用,不对事件的原因进行探讨,之所以如此并不是因为历史事件的发生没有原因,而是因为研究者的懒惰;另外,卡尔还揭示了一个现象,那就是历史的非决定论的出现总是伴随着时代的衰落,当时代走下坡路的时候,偶然的非决定的论调就会甚嚣尘上。"在历史事件中处于衰落而不是鼎盛时期的群体或民族,那些强调历史中偶然事件或偶然性作用的理论自然会大行其道。那些认为考试结果完全是一种摸彩行为的观点总是在差生中大有市场。"②

最后,卡尔把原因划分为合理的原因和偶然的原因,并认为:"合理原因有可能应用到其他国家、其他时期和其他条件,能够导致有益的概括,从中又能得到经验教训;它们适合拓展、加深我们理解力的目的。偶然原因不能进行概括;既然偶然原因是十分独特的字眼,它们就不能传授经验教训,也就不能得出结论。"③ 所以,历史之中存在原因,历史解释致力于探究原因,因果关系是历史解释所致力于揭示的主要方面,并且通过因果关系的揭示使过去的事件对于现在和将来产生指导作用。因果关系的普遍性再次证明了把历史解释局限于一次性事件的不现实性。

每个个体之中都包含着普遍性,这就是黑格尔所说的"个体化的普遍性",他认为:"按照逻辑规则,判断是被认为极其普遍的:'一切事物都是一个判断',这就是说,一切事物都是个体的,而个体事物又是具有普遍性或内在本性于其自身的;或者说是,个体化的普遍性。"④ 人们对事物开展认识的过程,往往是从事物的个体性入手,然后在个体性中发现普遍性。只认识到事物的个体性,而不对事物所具有的普遍性加以说明,那只能构成比较初级的知识;只有当人们从个体性中发现普遍性,并在普遍性的基础上认识到一事物与他事物的区别和联系时,我们关于该事物的知识

① [古希腊] 希罗多德:《希腊波斯战争史》上册,王以铸译,商务印书馆1959年版,第1页。
② [英] 卡尔:《历史是什么》,陈恒译,商务印书馆2007年版,第200页。
③ 同上书,第207页。
④ [德] 黑格尔:《小逻辑》,贺麟译,商务印书馆1980年第2版,第340页。

才进入比较高级的形态。黑格尔认为：

> 各种不同的判断不能看作罗列在同一水平，具有同等价值，毋宁须把它们认作是构成一种阶段性的次序，而各种判断的区别则是建筑在谓词的逻辑意义上的。至于判断具有价值的区别，甚至在通常意识里也一直可以找到。譬如，对于一个常常喜欢提出"这墙是绿色的"，"这火炉是热的"一类判断的人，我们决不迟疑地说他的判断力异常薄弱。反之，一个人所下的判断多涉及某一艺术品是否美，某一行为是否善等等问题，则我们就会说他真正地知道如何去下判断。对于刚才所提到的第一种判断，其内容只形成一种抽象的质，要决定它是否有这质，只须有直接的知觉即可足用。反之，要说出一件艺术品是否美，一个行为是否善，就须把所说的对象和它们应该是什么样的情况相比较，换言之，即须和它们的概念相比较。①

黑格尔根据判断所揭示的事物的个体性和普遍性状态的不同，把它划分为四种形态，也就是划分为四个层级。最初级的形态是"质的判断"，这是一种关于定在的直接判断，也就是关于感性方面的特定存在的判断，仅仅揭示了某一特定个体所具有的性质，例如上述引文中所涉及的"这墙是绿色的""这火炉是热的"等。最高级的形态是"概念的判断"，所谓"概念的判断以概念、以在简单形式下的全体，作为它的内容，亦即以普遍事物和它的全部规定性作为内容"②。"概念的判断"主要是以普遍性与特殊性是否一致为谓词，如善、真、正当等。它的主词同样是一个定在，但是通过与"应当"的比较而得出特殊性与普遍性是否一致的结论，也就是个体是否具有普遍属性的结论。质的判断建立在直接的知觉基础之上，概念的判断则需要对于事物的普遍性的认知，后者相比于前者是更高层次的判断形式。在"质的判断"和"概念的判断"之间还包括两种判断形式，那就是"反思的判断"和"必然的判断"，它们对于事物所包含的普遍性的认识是处于"质的判断"和"概念的判断"之间，个体性逐步消除，普遍性逐步显现。这正如恩格斯对于这四种类型的判断所作的总结那

---

① ［德］黑格尔：《小逻辑》，贺麟译，商务印书馆1980年第2版，第344页。
② 同上书，第353页。

样："第一类是个别的判断，第二和第三类是特殊的判断，第四类是普遍的判断。"① 经过四种不同的判断形式，人类的认识从个别性上升到普遍性，从低级阶段上升到高级阶段，从而反映出人们对于事物属性的认识的进步。

综上可见，个体性和普遍性二者是不可分离的，个体性中包含着普遍性，从而每个个体都属于一个类；普遍性不能独立地存在，它只能通过个体性来表现自身。把历史事件界定为一次性事件忽略了该事件本身所具有的普遍意义，把个体和一般、特殊和普遍割裂开来是在历史认识领域中的错误的方法论。历史事件就其整全的意义上来说，是不可重复的，不会出现一模一样的完全相同的两个事件；但是历史事件的某些方面或特征却完全可以在历史进程中再次出现，这些方面或特征正是反映了各种历史事件所具有的普遍性意义。历史解释正是通过对于具体事件的研究来发现这些事件中所包含的普遍性，普遍性内在地包含在历史进程之中，历史解释并不因为涉及普遍性而成为一种主观任意的虚构，恰恰相反，正是因为历史解释致力于揭示历史进程中的普遍性才是对于历史对象的真实的反映。

第三节 哲学与历史学进行历史解释的差异和互补

历史学是进行历史解释的一个基本领域；哲学本质上也是一种历史解释，历史意识是哲学意识的一个重要的方面。不管什么样的哲学最终都要涉及人和人类社会，涉及人和人类社会就要涉及它们的历史。可见，哲学和历史学是历史解释的两个基本领域，它们在进行历史解释过程中存在着明显的差异，由于这种差异的存在它们之间可以实现互补。哲学和历史学进行历史解释的差异和互补正是本节所要论述的主要内容。

一 哲学的基本特征：凭借概念展开的推理过程

哲学家本人在自己的身份认同上一般不会产生怀疑，他总会宣称自己是一个哲学家；如果拿一本哲学著作与其他学科（例如文学、历史学、物

①《马克思恩格斯选集》第4卷，人民出版社1995年第2版，第333页。

理学等）的著作相比，我们几乎立刻能够确认某一著作是否在研究哲学问题。这正像黑格尔所说的："无论哲学派别是如何地分歧，却至少有一个共同点，即它们同是哲学。所以，如果任何人研究过或熟悉过任何一种哲学（只要它在任何意义下是一种哲学），则他就可以说是具有'哲学'。"①这就说明哲学总是包含一些区别于其他学科门类的一般特点，基于这些特点，哲学作品与其他学科的作品相区别，这也就是我们通常所说的"哲学样"。如果要知道"哲学样"到底是什么，我们还是要从哲学家的工作方式入手来加以考察。

哲学家的工作由五个基本动作构成，即体验、阅读、思考、对话和写作。在这五个基本动作中，最为核心的动作是思考。人类具有理性能力，每个人都具有思考问题的天赋。当人类要做一件事的时候，总是要想一想这件事的性质、结果以及必要的程序，它是否可靠，是否有利，是否具有成功的可能性，等等。思考了这些问题，思考者并不会成为哲学家。哲学家考虑的问题不是这样的问题，哲学家能够超越具体事件本身而对那些具有普遍性和基础性的问题进行思考。黑格尔把哲学比作黄昏后起飞的密涅瓦肩上的猫头鹰，哲学思考的本质是反思，也就是把事件的终点作为思考的起点，在事件转化为概念和思想之后，以这些概念和思想为对象展开的对于世界的思考，思考的结果是一些带有普遍性的结论。因此，哲学在本质上离不开思考，哲学是思考的事业。在哲学史上，哲学家都具有自己独特的思考方式，苏格拉底喜欢在雪地中思考，笛卡尔喜欢在火炉的隔层中思考，康德喜欢在散步的过程中思考，海德格尔喜欢在山间的小屋中思考，等等，每个哲学家都离不开思考。

哲学离不开思考，但是思考的展开需要一定的条件，条件主要有两个，这就是体验和阅读。试想一个人在不接触事物、没有人生经历、不对他人的著作进行阅读，他能够开展普全的思考吗？显然不能。我们通常认为那些不具有扎实根基的思考方式是"幼稚"的，幼稚的东西不能称之为哲学。哲学家如何摆脱这种幼稚状态呢？他们能像地质学家那样进行野外考察，像物理学家那样进行试验，像人类学家那样走进原始部落吗？不可否认，上述的一些方式是那一类人摆脱在自己学科内的幼稚表现的必经途

---

① ［德］黑格尔:《哲学史讲演录》第 1 卷, 商务印书馆 1959 年版, 第 23 页。

径，但不是哲学家应该采取的途径，理性是对世界的反映，但并不仅仅是对世界的经验的反映，哲学思维存在内在的继承关系，哲学家首先需要经历一个"照着讲"的阶段，才能走向"接着讲"，"我们的哲学，只有在本质上与前此的哲学有了联系，才能够有其存在，而且必然地从前此的哲学产生出来"①。与"前此的哲学"产生联系的必然的方式不是通过经验，而只能通过阅读来达到，在阅读的过程中掌握哲学的发展历程，沿着哲学发展的内在思路，针对某一片面的不周全的思想展开批判，推动哲学向前发展，这就是一个哲学家应有的工作方式，是自身的体验与对他人的阅读相结合的方式，任何哲学创见都离不开这两个基本的活动方式。

哲学家在体验和阅读的基础上进行思考，思考结果的对外呈现方式有两种：对话与写作。对话是一种在两人或多人之间展开的语言交流方式，同时也是一种双向或多向的思维改造活动。前此的思考通过语言表达出来，实际上就是把个人体验和阅读的结果呈现在他人面前，从而争取主体间的认同，使个体的思维获得普遍的外观，也就是突破个别性走向普遍性的过程。可见，对话对于哲学家来说具有极为重要的作用。但是，对话还仅仅是把思维结果用口头语言表现出来，还具有很大的局限性和随意性。克服这些缺陷的途径就是写作，即以书面语言的形式表达思维结果，从而使思维具有一种固定的外观。从口头语言向书面语言的发展，是从声音到文字、从流动到固定、从短暂到长久、从零散片面到系统全面的发展过程，这一发展过程代表着哲学思维的质的飞跃。

经过上述的五个基本动作的交互作用就形成了一般意义而言的哲学作品。对于一般人来说，哲学作品是晦涩、难懂的。一般人之所以具有这样的感觉，首要原因在于哲学作品的表现形式的特殊性。可以说，哲学作品也追求明晰性，但是与其他学科相比（例如文学、历史学等），哲学的明晰性却有不同的要求。康德把明晰性划分为两种，一种是"凭借概念的那种推理的（逻辑的）明晰性"；另一种是"凭借直观的直觉的（感性的）明晰性，即凭借实例或其他具体说明的明晰性"②。哲学要求的是第一种明晰性，不能满足的是第二种明晰性。哲学的论证是以概念的形式表现出来

---

① ［德］黑格尔：《哲学史讲演录》第1卷，商务印书馆1959年版，第9页。
② ［德］康德：《纯粹理性批判》，人民出版社2004年版，第6页。

的推理过程，一个概念构成推理过程的一个环节，如果对于一个概念的理解出现问题，对于下面的论证的理解也会相应地出现问题。另外，在哲学论证过程中，刻意忽略了事例和事实的说明，读者需要在对哲学作品的理解过程中自己把概念中隐含的那些事例和事实还原出来，需要在阅读过程中把作者写作时头脑中出现的问题还原出来，这些东西都不是作者在作品中明晰地指示出来的，需要读者在阅读过程中加以破解，这个破解的过程增加了读者阅读哲学作品的难度，所以一般人会认为哲学作品晦涩难懂。哲学的这种表现形式是和它作为最高级、最普遍的知识形式的要求相适应的，真正的科学内行并不对哲学要求通俗化的实例和说明，一本哲学著作的生命力不在于它的通俗易懂，而在于人们在理解这本著作时所需要花费的时间，理解需要的时间越长，那么这本著作的生命力越强，表现力也就越强，"有些书，如果它并不想说得如此明晰的话，它就会更加明晰的多"①。

与康德的说明有些类似，黑格尔对于哲学表现形式的说明大致是这样的，他划分了表象和概念两种不同的意识，"我们所意识到的情绪、直观、欲望、意志等规定，一般被称为表象。所以大体上我们可以说，哲学是以思想、范畴，或更确切地说，是以概念去代替表象"②。哲学的认识过程也是对事物的表象的抽象过程，把表象化为概念，再通过概念来把握概念，概念和表象之间是一种譬喻关系，某个人知道思想和概念，但不一定知道这些思想和概念所体现的表象、直观和情绪。这就是说哲学之中都是一些思想和概念，对于某一个思想和概念，我们也许知道这个名词，但是我们不一定知道这个思想和概念所隐含的表象；或者，我们即使知道某个概念所隐含的表象，但是对于它在推理过程中的应用又是糊涂的。所以，一般人会认为哲学作品难以理解。

通过以上的说明，我们知道，哲学作品表现形式的特殊性在于：它是以思想和概念的形式进行论证的，在论证过程中采取了隐喻的形式，省略了使论证过程通俗化的实例和说明（或者说在哲学作品中有一些实例和说明，但是它们并不占有重要的地位）。

----

① ［德］康德：《纯粹理性批判》，人民出版社 2004 年版，第 7 页。
② ［德］黑格尔：《小逻辑》，商务印书馆 1980 年第 2 版，第 40 页。

二 历史学的任务：重现历史事件

我们上面论述了哲学家工作的程序以及哲学的基本特征，下面我们将进一步论述历史学家的工作程序以及历史作品的基本内容。历史学家的工作程序大致包含以下几个方面。

（1）确定选题。历史学家首先需要决定自己的研究范围，历史学家可以针对某一个人物或某一个事件来写作一部历史；也可以针对某一个国家、某一个历史时期或特定社会的某一层面，例如，政治、民族、经济、文化、科技等展开研究；在现代全球化的环境中，一些问题具有全球性，例如环境污染、大气治理、金融危机、核威胁等，针对这些问题也可以写作一部全球史。

（2）收集史料。傅斯年认为"史学便是史料学"，这种观点虽然有所偏颇，但也足显史料在历史研究中的重要性。史料也就是我们通常所说的历史证据，没有这些历史证据，历史著作与历史小说就很难区别开来。所谓史料，大致包括三类："其一，遗物，即包括器皿、遗迹、遗骸、服饰、绘画、雕塑、照片等。其二，记录，即包括手稿、文书、信札、日记、书册、碑铭、录音、录像等。其三，传说，即包括对话、口述往事、口传故事、说唱故事、戏剧、歌曲、谚语等。"①

（3）鉴别与整理史料。历史学家花费气力收集来的史料大致具有五个方面的特点，即："其一，非有意而存在，故丧失多而留存少。其二，非一定质，一定量，一定形式。其三，残破而永无完整，存者一鳞半爪，史料遗留，万不存一，从来无有完备。其四，散乱糅杂，需要整理。其五，不确定，其年代、地域及史料所有者均不能确定，甚至用途亦难确定。"②由此可见，仅仅收集史料，而不对这些史料进行鉴别和整理是不行的，鉴别和整理史料并使之系统化是历史研究的另一项重要的工作。

（4）历史修辞。这一阶段出现的哲学问题最多，因而也是引起历史学家极大兴趣的阶段，这正像赫克斯特所说的："有这么两个时刻，第一个时刻，历史学家对自己说：'好了，我想我对这个问题不可能比现在更明

---

① 王尔敏：《史学方法》，广西师范大学出版社 2005 年版，第 127 页。
② 同上书，第 123 页。

白了，我最好还是开始动笔吧'；第二个时刻，他沮丧地把钢笔甩在一堆潦草的稿纸边上，说：'唉，这是件糟糕的工作，不过我只能做成这样了，就这样吧。'长久以来，我就对这两个时刻之间发生了些什么颇感兴趣。"①这一阶段是历史学家着手写作的阶段，也就是历史的修辞阶段。在历史修辞阶段，按照赫克斯特的理论，历史学家在两个原则之间寻求平衡，第一个原则是"实在性"原则，即历史学家的责任是反映事情的真实情况，"把过去讲述成能够由相关的外部证据支持的最好的和最有可能的故事"；第二个原则是最大影响原则，这是基于历史作品能够产生的社会效果的一种考虑。在实在性原则和最大影响原则之间往往会产生一些矛盾，这些矛盾表现为"为了把历史实在传递给读者并产生最大影响，历史学原则有时可能要求历史学家将全面性和精确性屈从于其他方面的考虑"②。

（5）历史作品的修改与出版。在一件历史作品完成之后，还要面临着修改与出版的任务，这是一个针对特定的读者群体而开展的修改过程，如果读者是普通大众，那么就需要把其中一些晦涩的内容变得通俗一些，以便于读者群体的接受；如果读者是该学科之内的专业学者，那么也要针对它们的特色对原有作品加以整理和修改。等到历史作品出版之后，该作品就脱离作者获得了自己的独立地位，它的命运就不在作者的掌控之中了，这个过程我们可以形象地表述为，它经由作者的生产和孕育获得了自己独立的生命，从而进入读者的批判和接受的视野，产生其应有的社会影响。

以上我们分析了历史学家开展其工作的一般程序，也就是一部历史作品从孕育、生产到获得其独立生命的一般过程。在这个一般过程中，对于史料（记载过去曾经发生过什么的材料）的研究占有非常重要的地位，傅斯年在《历史语言研究所工作之旨趣》一文中对于史料给予了充分的重视，他认为历史学就是史料学，研究历史就是研究史料，让史料说话，"我们只是要把材料整理好，则事实自然显明了。一分材料出一分货，十

---

① ［美］赫克斯特：《历史的修辞》，载《当代西方历史哲学读本（1967—2002）》，复旦大学出版社 2006 年版，第 60 页。
② 同上书，第 63 页。

分材料出十分货,没有材料便不出货"①。傅斯年把历史学等同于发掘和整理史料的学问,这种观点虽然有失偏颇,其客观主义史学的倾向受到许多历史学家的批评,但是我们也应该注意到,正是对于史料的重视才使历史学成为一门较为严谨严肃的学问,史学离不开史料,史料在史学中占有极为重要的作用,这也是一个不争的事实。那么历史学家为什么要研究史料呢?显而易见,历史学家研究史料是为了说明一个具体的历史事件,透视其具体的发生、发展的过程。所以历史学与哲学不同,它离不开具体的历史事件,需要通过史料对于具体的历史事件进行解释和说明。这正如德国著名历史学家兰克所说:"历史学是有关收集、查寻、洞悉的一门科学。它作为一门艺术,则是因为历史学家要重现和描绘那些已经找到和认识了的东西。其他的科学都仅仅满足于记录找到的东西;而历史学则要求有重现它们的能力。"② 由此可见,历史学家的基本任务就是重现过去的历史事件。

三 历史学家与哲学家之间的分歧

哲学和历史学是两个不同的学科门类,但是它们又经常相互纠缠在一起,通常人们也会说"文史哲不分家",两个学科既包含差异,又处于密切的接触之中,在两者之间必然会产生各种矛盾。

(一)历史学家对于哲学的反对态度

我们选取兰克作为历史学家的代表,进一步考察一下他对于哲学的一系列的反对态度。他认为历史学和哲学之间的不同之处在于,哲学是在观念领域里活动,而历史学则非得依赖现实。他选取费希特的观点作为哲学家的代表,费希特认为:如果哲学家能够从他所预设的概念整体中演绎出可能在经验中存在的现象,那么,很明显,他的工作就根本不需要经验。哲学通过思辨得出了它的结论,并声称要支配历史学。这种活动的结果是:

　　哲学家从他在别处发现的,并是他以作为哲学家的特有方式发现

---

① 傅斯年:《历史语言研究所工作之旨趣》,载《傅斯年全集》(第三卷),湖南教育出版社2003年版,第9—10页。

② [德] 兰克:《论历史科学的特征》,载《史学理论读本》,北京大学出版社2006年版,第4页。

的某个真理开始，为自己建构起所有的历史，即根据他有关人类的概念，人类历史是如何必然发生的。哲学家并不乐意去检测自己的观念正确与否，根据实际上事件发生的过程而不自欺，他决意要使真正的事件从属于他的观念。实际上，他只是在真实的历史使自身从属于他的观念这种情况下，才承认它。这是一种纯粹概念的历史。①

从这里我们可以看出兰克在名义上反对的是费希特的哲学观念，但是实质上反对的是黑格尔的历史哲学。兰克面对这种历史哲学，表现出对于历史学的独立地位的担忧，他认为上述观点如果是正确的话，历史过程将在哲学中先验地表现出来，历史学将内在于哲学概念之中，它将会失去它所有的独立性。而实际的过程并非如此，哲学历史观就像名誉尽失的神学历史观一样，从来没有实现过对人类历史的控制。

　　就已经问世的著作而言，我尚未发现哪种哲学甚至是以最微弱的方式表现出，它根据某种思辨的概念控制了或成功地演绎出多种多样的现象；这是因为，无论从哪方面来看，事实的真相都躲闪并逃避了思辨的概念。②

兰克主要反对的是思辨哲学，这种哲学以普遍化的概念整合现实，以想象取代真实发生的事件，并且希望不通过艰苦的整理材料的过程就获得关于人类和世界的知识，这些都是不切实际的幻想。我们应当注意的是，兰克反对哲学的态度是坚决的，但是他同时还认为二者之间存在着普遍的联系，他认为哲学的任务是洞察在时间中呈现的幻象，致力于探索因果关系，并且将该现象存在之本质概念化，从这一角度来说，如果历史哲学将再现过去生活的任务赋予诗歌，那么它就会成为历史学。历史学是哲学和诗歌之间的独特的结合，当哲学和诗歌将它们对于观念的关注指引转向现实世界时，它们就会成为历史学。由此可见，兰克的基本倾向是站在历史学的基点上谋求历史学的独立地位，并试图在历史学之内包容哲学和诗歌。

---

① ［德］兰克：《论历史科学的特征》，载《史学理论读本》，北京大学出版社 2006 年版，第 5 页。
② 同上书，第 6 页。

（二）哲学家对于历史学的反对态度

我们选取黑格尔作为哲学家的代表，他对于历史和哲学之间的差异有比较深刻的认识，他说："历史的职责，既然不外乎把现在和过去确实发生过的事变和行动收入它的记载之中，并且越是不离事实就越是真实。哲学事业的努力似乎和历史学家的努力恰好相反。对于这一矛盾，和因此而加在哲学思辨上的指摘，我们将加以解释，加以驳斥。"① "我们必须审慎的一点，就是我们不要被职业历史家所左右，他们（尤其是在德国，他们还拥有相当的权威）常常攻击哲学家，说他们把自己的发明、先天的虚构，放在历史当中，但是他们自己就犯上了这种毛病。"②

在《历史哲学》一书中，黑格尔回顾了在"哲学的历史"出现以前的关于研究历史的其他各种方法，并指出了它们自身所包含的缺陷以及在它们的发展中包含的导向"哲学的历史"的内在逻辑。黑格尔认为观察历史的方法，大概可以分为三种，即原始的历史、反省的历史以及哲学的历史。（1）原始的历史不能有十分广大的范围，它所绘画的只是短促的时期，人物和事变个别的形态，它具有单独的、无反省的各种特点。（2）反省的历史描述的范围不限于它所叙述的那个时期，相反的，它的精神是超越现时代的。这种历史可以分为四种不同的门类，这四种门类都具有一定的局限性：普遍的历史造成一种困境，即著作家的精神与他所记述的那些时代的精神相脱节。实验的历史在研究"过去"的过程中涌现出"现在"，在这类历史中存在大量的道德说教。批评的历史有一个弊端，那就是往往以主观的幻想来代替历史的纪录，幻想愈是大胆，根基愈是薄弱，愈是与确定的史实背道而驰，然而他们却认为愈是有价值。最后是生活和思想各专门部分的历史——艺术的、法律的和宗教的，等等。它所研究的领域是分化的，但是因为它的观点是普遍的，它形成了向哲学的世界历史的一种过渡。（3）哲学的历史是黑格尔所倡导的一种历史形态，黑格尔认为："我们所能订立的最普遍的定义是，'历史哲学'只不过是历史的思想的考察罢了。"③ 历史哲学就是"哲学的世界历史"，它的主要任务是考察这样

---

① ［德］黑格尔：《历史哲学》，世纪出版集团 2006 年版，第 8 页。
② 同上书，第 10 页。
③ 同上书，第 7—8 页。

一个原则，即理性向来统治着世界，现在仍然统治着世界，因此就统治着世界历史。可见，黑格尔对曾经出现过的所有历史形态都是不满意的，也就是说他对于以往的历史学家的工作不满意，认为他们没有把握住历史的总体方向和实质内容，并希望亲手缔造一种全新的历史形态。

历史学与哲学之间争论的关键在于理性在现实世界中的地位和作用，对于这一点，黑格尔认为：

> "理性"——我们这里就用这个名词，无需查究宇宙对于上帝的关系，——就是实体，也就是无限的权力。……一方面，"理性"是宇宙的实体，就是说，由于"理性"和在"理性"之中，一切现实才能存在和生存。另一方面，"理性"是宇宙的无限权力，就是说，"理性"并不是毫无能为，并不是仅仅产生一个理想、一种责任，虚悬于现实的范围之外，无人知道的地方；并不是仅仅产生一种在某些人类的头脑中的单独的和抽象的东西。"理性"是万物的无限的内容，是万物的精华和真相。①

从人类认识的角度来说，如果没有理性（表现为人类先天具有的理性结构和理性能力），人类将会什么都不能认识；从理性和现实的相互转化的角度来说，我们就会想起黑格尔在《法哲学原理》中讲到的那个著名的格言："凡是现实的都是合理的，凡是合理的都是现实的。"理性具有转化为现实存在物的能力。所以，理性在现实之中具有毋庸置疑的重要地位和作用。历史学家反对的正是这种虚悬于现实之外的理性，而哲学家对于理性的重视远胜于他们对于现实的辩护。

四　哲学与历史学的融合

哲学和历史学之间存在着差异和对立，黑格尔和兰克虽然从各自学科的立场出发表达了自己对另一学科的意见和看法，但是我们应该注意到，他们并没有把哲学和历史学的关系界定为完全对立的两个领域，兰克认为历史学是哲学与诗歌的一种特殊结合，黑格尔主张建构哲学的世界历史，

———————————
① ［德］黑格尔：《历史哲学》，世纪出版集团2006年版，第8页。

没有哲学的历史学是片面的和不完善的。可见，哲学与历史学虽然是两个相互独立的学科，但是二者之间却存在着非常紧密的接触。我国学者李大钊曾经认为："哲学和历史相接触点有三，即是：哲学史；哲理的历史；历史哲学。"① 哲学史是以哲学思想为研究对象，用历史的方法去考察它，其本质上属于哲学系统；哲理的历史，是用哲理的眼光去写历史，属于史的性质，但太显空虚；历史哲学是哲学的一部分，哲学致力于考察宇宙一切现象的根本原理，历史现象是宇宙现象的一部分，所以也是哲学所研究的对象的一部分。历史哲学使用哲学方法去面对历史问题，同时使用历史事实去证明哲学的结论。

李大钊论述了哲学和历史学的三个接触点，但是这三个接触点还仅仅是一种外部的结合，是在两个学科的交集范围之内形成的一系列边缘学科或分支学科。在进一步考察这两个学科性质的过程中，有的理论家走的要远得多，他们认为哲学和历史学本质上并不是相互独立的两个学科，而是相互重合的一个学科，哲学就是历史学，历史学就是哲学，新黑格尔主义者和著名的历史学家克罗齐就是这种观点的代表人物之一。克罗齐认为："哲学与史学携手并进，它们是不可分割地结合着的。"② 克罗齐提出这种观点的原因在于以下三方面。

（1）历史是对思想活动的探究。"历史在本身以外无哲学，它和哲学是重合的，历史的确切形式和节奏的原由不在本身之外而在本身之内；这种历史观把历史和思想活动本身等同起来，思想活动永远兼是哲学和历史。"③ 历史探究思想活动，哲学的最本质的规定也是一种思想活动，对于共同目标的探求促使二者融合在一起。

（2）历史之中存在差别但不存在划分。思想活动就是进行判断，进行判断不是要确立无差别的统一，而是在进行统一时进行辨别，进行统一伴随着辨别，进行辨别时也伴随着统一，二者不可分离，这就是所谓的"辩证的统一"，这种"辩证的统一"既可以叫作统一，也可以叫作差别。承认思想中存在着差别，并不意味着对思想的对象进行划分，划分是一种"分割"，是把原本统一的事物划分为两个相互独立各自发展的事物，这种

① 李守常：《史学要论》，商务印书馆1999年版，第61页。
② ［意大利］克罗齐：《历史学的理论和实践》，商务印书馆1982年版，第92页。
③ 同上书，第90页。

思想方法直接导致二元论，即出现观念和事实对立、专门史和一般史的对立等。这种二元论往往导致两个词语界限模糊，都显得空洞，难以在思想中加以把握。传统的哲学概念建立在这种二元论之上，那种概念认为哲学认识的对象是实体的世界，而不是现象世界，现象世界是我们日常生活所在的地方，也就是历史所在的地方。这种划分是一种有害的二元论，起源于宗教或神话，而现实中存在的只是唯一的真实界，这既是历史的世界也是哲学的世界，历史既反映观念也反映事实，它和哲学是内在统一的。

（3）历史学离不开哲学，哲学也离不开历史学，二者相互依赖。历史学的内容是精神的具体生活，这种生活是想象和思想的生活，是行动和道德的生活，这与哲学是内在统一的，历史是作为哲学的历史。从哲学角度来看，"如果一个哲学问题显得完全无益于历史判断，那就证明那个问题是无用的，是提的很坏的，事实上是不存在的。如果一个问题，即一个哲学命题的解决不仅不能使历史变得更可理解，反而使历史变得晦涩不明，或使它和其他问题混淆不清，或者越过它，轻率地指责它或否定它，那就证明那个命题及与其有关的哲学是武断的"①。哲学必须获得历史的支持，否则哲学就会是无根基的，哲学是作为历史和历史方法论的哲学。

五　历史哲学的理论架构

克罗齐在哲学与历史学的关系上主张二者是重合的，只是用词上的不同而已，但是这并不代表他支持历史哲学的建构，他认为历史哲学内部包含着自身无法克服的逻辑矛盾，它已经死去了。克罗齐所主张的已经死去的历史哲学是什么样子的呢？他认为："寻求超验的目的就是历史哲学"②，这种历史哲学是通过"实证的方法"来进行建造的，即通过探究历史事实之间的原因来建造超验的王国。他反对历史哲学，实质上反对的是在历史研究领域应用的自然主义的方法，即"先收聚事实，后研究原因"的研究方法，这种方法主张像研究自然一样探究人类历史的因果关系。他认为这种对于历史中的因果关系的探寻是一种假内在论，即历史哲学家假定因果关系是历史本身所具有的，但实质上在历史中探求因果关系是徒劳的，最

---

① ［意大利］克罗齐：《历史学的理论和实践》，商务印书馆1982年版，第118页。
② 同上书，第49页。

终只能导向对人类的目的的说明，即导向一种超验论。历史哲学的超验论都具有一种诗歌的性质，是人们想象的激情的产物。这种历史哲学的诸种形态包括希罗多德的诸神愤怒的概念、斯多葛派关于命运的法则及其后的天命观、基督教的神圣的正义以及神学家们的精密的天命说、维柯的天命说、黑格尔的观念、实证科学的关于进步和文明的神话，等等。在当今，我们把这些历史哲学形态用一个总的概念来加以描述，即"思辨的历史哲学"。因此，克罗齐对于历史哲学的反对并不能够理解为对于一般历史哲学的反对，而只能理解为对于思辨的历史哲学的某些特征的反对。

克罗齐反对历史哲学的理由在一定程度上也是片面的。首先，通过对克罗齐反对"历史哲学"的观点的考察，我们发现克罗齐虽然反对历史哲学对历史之中的因果关系的探寻，但是他的这种反对观点的提出却没有跃出因果关系的框架，是在因果关系的框架之中反对历史之中的因果，这种趋向表现在他首先提出自己的反对意见，然后提供自己反对的原因，他的反对意见是这些原因的结果。摆脱因果关系的框架，我们将什么都不可能认识，即使我们反对因果关系的成立也要在因果关系框架中加以论证。可见，克罗齐对于历史中因果关系的否定并不是从因果关系的根基处发动的，因而是不彻底的。此外，历史和生活中的常识也告诉我们，每一种事物状态的出现并不是没有原因的，而是在其背后都隐藏着丰富的原因，凯撒率领军队度过卢比康河是这样，李世民发动玄武门兵变也是这样。

但是问题在于，当原因反映在哲学之中时就具有了某种超验的形式，包含着对于事物终极原因的追寻，包含着一种普遍性的表述，把复杂的历史现象用固定的因果框架来加以表述，这是问题之所在。如果不探求这种普遍性，不把现象用带有普遍性的概念表述出来，那么也就只会有历史学，不会有哲学，更精确地来说就不会有传统的思辨的哲学。但是哲学并不仅仅是一种思辨的哲学，历史哲学也并不仅仅是一种思辨的历史哲学。哲学史告诉我们，在思辨哲学覆亡之后，哲学发生了几种重要的转向，产生了许多具有代表性的现代哲学形态，其中包括现象学、分析哲学、语言哲学、存在主义、结构主义与后结构主义、解释学等。哲学并没有趋向于消亡，而是在转向之后出现更加繁荣的局面。

历史哲学也是这样，克罗齐所批评的思辨的历史哲学已经走向消亡，随之出现了分析或批判的历史哲学以及后现代主义历史哲学，伴随着历史哲学形态的转变，伴随着新问题的提出及其不断得到解答，历史哲学依然繁荣于理论哲学的舞台之上。

那么我们应该如何规定历史哲学的内容呢？历史哲学是历史学和哲学相结合的成果，它是一般哲学的一个特殊的研究领域。所谓历史哲学，就是运用哲学的一般方法（用思想和概念反映现象）来研究实在历史与记述历史之间的关系问题。实在历史是过去确实发生过的各种事件的集合；记述历史是对于这些事件的记录。由于对于实在历史和记述历史的关系问题的不同回答，于是就产生了历史本体论、历史认识论和历史方法论。

历史本体论主要研究实在历史和记述历史的"第一性"问题，是实在历史在历史研究中具有优先性，还是记述历史具有优先性的问题。兰克认为历史事实就存在于历史档案之中，通过研究历史档案，我们可以发现过去发生的历史事实，从而达到"如实直书"。黑格尔认为世界历史是绝对精神的外化，绝对精神是历史之中最为实在的要素。克罗齐认为"一切真历史都是当代史"，历史只是当代人对于过去的思想建构，思想活动是历史之中最为本质的内容，从而否定实在历史的存在。柯林武德提出的"一切历史都是思想史"的界定是对克罗齐的进一步的发展。

历史认识论主要研究实在历史和记述历史之间的"同一性"问题。在历史认识论领域人们讨论的问题比较广泛。首先，实在历史已经成为过去，过去的东西就是在现在已经结束其发展历程的东西，因而研究者不能像自然科学那样通过实地考察或者试验的途径直接面对实在历史，实在历史都是在记述历史之中得以留存到现在的，人们在对于实在历史的反映之中由于自身的利益和观察的视角不同，总是带着诸多的主观色彩，在这个过程中，记述历史对于实在历史的反映和记载具有什么样的性质？它在多大程度上或者以什么样的方式反映了实在历史？其次，在历史认识论领域，讨论的热点还包括因果关系在历史认识中的作用，有的人认为记述历史所揭示的因果关系是实在历史本身所具有的，有的人认为历史事件和人物都只是"一蹚过"，不是以重复的形态表现出来的，因而实在历史之中并不具有普遍化的因果关系，因果关系是人们在记述历史过程中的主观想象。再次，还有关于历史学学科属性的争论，有的人认为历史学是一种科学，有的人认为它既是科学又是艺术，有的人认为历史学只可能是一种艺术，而不可能成为科学。最后，对于历史认识的真实性问题的研究也是历史认识论研究中的一个重要问题。真实性问题实质上也就是记述历史和实在历史是否相符合的问题，追求真实性是历史学家研究历史的一个重要的价值目标。以上这些关于历史认识论的问题并未完全列举，在具体的争论中还可能存在其他的一些相关问题。

历史方法论围绕记述历史如何反映实在历史的方法问题而展开。黑格尔主张利用反思的方法，德罗伊森主张利用理解的方法，狄尔泰主张体验、表达和理解相结合的方法，马克思认为现实的个人的活动和他们的物质生活条件可以用纯粹经验的方法来加以确认，实证主义主张利用自然科学的实证的方法，新康德主义西南学派主张历史领域只能适用个体描述的方法，等等。历史哲学家对于历史方法的研究不一而同，彼此处于热烈的争论之中。

历史本体论、历史认识论和历史方法论是处于广泛的联系之中的，我们不可能孤立地面对其中任何一个问题，我们在解决其中一个问题的时候都会广泛地牵扯到对于其他问题的回答，例如对于历史学是科学还是艺术的讨论，既要涉及历史认识对象的性质，也要涉及历史方法，还要涉及人类的理解结构，等等。其中一个问题的解决总是以其他问题的解决为前提，这正像柯林武德所说的那样："虽然以上看起来像是许多问题，我说却是一个问题；但说它是一个问题是在这样的意义上：对这许多问题中任意一个的任何回答，都是对其他所有问题的回答，而对某个问题的回答的任何更改都牵涉到对所有问题回答的更改。"[①]

论述至此，有的人会问，历史哲学的建设是模拟一般哲学的本体论、认识论和方法论的结构建立起来的，在这些词汇之前加上"历史"两个字难道能够产生与前此根本不同的意义吗？这种建设路径确实是在模拟一般哲学的基础上建立起来的，但是在这些词汇之前有没有"历史"两个字却会是根本意义的翻转，因为这两个字标示着它们最为独特的研究领域，这个领域就是历史，历史之中的事物的最大特点就是已经消失，我们无法直接面对它们，这一点和一般的认识过程具有本质的区别。一般哲学在不同程度上具有现实性的特征，而在历史哲学中，历史性特征最为突出，它的

---

① [英] 柯林武德：《某某哲学的观念，特别是历史哲学的观念》，载《当代西方历史哲学读本（1967—2002）》，复旦大学出版社 2006 年版，第 13 页。

一切问题都是以历史性为核心而展开的。

综合我们本节的论述可知，哲学与历史学之间的差异表现为：哲学是一种凭借概念而展开的推理过程，在它的叙述过程中，实例和说明并不占有重要的地位；历史学的任务是重现过去的历史事件，具体历史事件的发生、发展和消亡的过程在它的叙述中占有本质重要的地位。由于哲学和历史学之间的差异，哲学家和历史学家总是相互攻讦，哲学家认为历史学家过于重视具体的历史事件而忽视理性，历史学家认为哲学家把自己的发明和先天的虚构放在了历史当中。虽然哲学家和历史学家之间相互攻讦，但是他们都不否认哲学与历史学之间存在互补关系，并在此基础上出现了二者融合的观点（以克罗齐为代表）。哲学与历史学融合的趋势为历史哲学的建立提供了可能性，历史哲学按照其研究内容的不同可以划分为历史本体论、历史认识论和历史方法论。

第三章　历史事实及其真实性的分析

　　历史认识离不开历史事实。没有历史事实，历史认识就会丧失自己的认识对象，没有认识对象的认识形式是不可能存在的。历史事实在历史认识中有如此重要的地位，它关系着历史学以及一切形式的历史知识的合法地位，但是令人疑惑的是对于这么重要的一个对象，人们甚至不能确定它到底存在于何处，有的人认为它存在于客观的外部世界，有的人认为它存在于文献档案之中，有的人则认为它仅仅存在于人们的头脑之中，并且人们的观念对它有选择性地进行了改造。历史学家的事实不存在于过去，而只是存在于他们的头脑之中，于是历史学家构建出来的历史就与过去发生了断裂，就像英国历史理论家基思·詹金斯的主张那样："当代历史理论最好的着手方式，是在'过去'与'历史'之间，划出一条彻底的分界线，以历史书写学（historiography）这个术语表达历史学的理念——也就是，历史学家和那些行止宛如历史学家的人，建构了关于过去的各式各样的说明。"① 历史与过去彻底脱离了关系，历史学也不再是围绕历史事实而展开的历史认识，它只是建构起来的关于过去的各式各样的说明，历史学家的主观因素彻底占领了历史学阵地，事实的真实性让位于论证的合理性，对事实的重现让位于对事实的说明，硬事实让位于软事实，会说话的事实让位于哑巴式的任人编排的事实。经受歪曲的历史事实需要得到辩护，这也正是本章所要研究的主题。

---

　　① ［英］詹金斯：《论"历史是什么？"——从卡尔和艾尔顿到罗蒂和怀特》，江政宽译，商务印书馆2007年版，第3页。

第一节　史实三问

历史事实是否客观存在以及如何对之加以界定历来是客观主义史学与现在主义史学①争执的焦点之一，同时也是关于历史学是科学还是艺术的一系列学术争鸣的关键之处。对于历史事实的概念和内涵加以界定和澄清具有重要的理论价值。

一　界定历史事实的两个极端

第一种极端的观点认为，历史事实是排除主观因素的对于历史事件的客观反映。这一种观点坚持两个信念：第一信念是历史事实就存在于文献档案之中。只要对文献档案进行精细的研究，在研究过程中遵循一定的规则，依照这些规则，从事观察的心灵就能掌握历史发生的真实情况。"才智、勇气和诚实，在表达真理的时候足够了。如果人们在自己的研究中坚持不带偏见并保持谦逊，那么每个人或许都希望去发现、去钻研那个他努力研究的事物。"② 兰克面对文献档案表现出的这种乐观主义态度，激励着其身后的历史学家孜孜不倦地进行历史文献的整理和研究。这种建立在文献基础上的对于历史事实的研究方法正像巴尔格所指出的那样，"历史学家从第一手资料提取历史事实后，即可'直接'把它搬到自己的史学著作中去，既不用改变它在历史链条上的位置，也不用涉及它在这个链条上的作用和意义"③。第二信念是历史事实本身会说话。剑桥大学教授、阿克顿的继任者 J. B. 伯里相信"人类历史中全部最细微事实的集合终将说话"④。

---

① 客观主义史学遵循兰克奠定的"如实直书"的理念，认为研究者作为客观中立的外在观察者和研究者而存在，研究结论要祛除研究者的主观因素。现在主义史学则认为历史和现在紧密相关，不存在与现在无关的历史，并从现在出发来理解历史，出生年代稍晚于兰克的德国历史学家德罗伊森持有这种观点，克罗齐、柯林武德、爱德华·卡尔、贝克尔以及后现代历史哲学家海登·怀特、安克斯密特等人在一定程度上也持有现在主义史学观点。

② ［德］兰克：《论历史科学的特征》，载刘北成、陈新《史学理论读本》，北京大学出版社2006年版，第8页。

③ ［苏联］巴尔格：《历史学的范畴和方法》，莫润先、陈桂荣译，华夏出版社1989年版，第146—147页。

④ ［英］巴勒克拉夫：《当代史学主要趋向》，杨豫译，北京大学出版社2006年版，第8页。

另一位历史学家法国的福斯太·德·库朗日在他的课堂上讲授早期的法国制度，他用大量的历史事实来证明，那种认为政治自由是由早期的德国人带进高卢的说法是错误的和荒谬的。在座的学生对老师的讲演报以热烈的掌声，库朗日激动地对学生说："先生们，不要鼓掌，这不是我讲，而是历史通过我的嘴来讲的。"① 历史事实本身会说话这种观点在一定程度上也遭受了批评，这种批评以英国历史学家爱德华·卡尔为代表：

> 过去常说，让事实本身说话。当然，这话是不确切的。只有当历史学家要事实说话的时候，事实才会说话：由哪些事实说话、按照什么秩序说话或者在什么样的背景下说话，这一切都是由历史学家决定的。我想，这犹如皮兰德娄剧中一位人物所说的，事实像一只袋子——假如你不放进一些东西，袋子就不会站起来。②

第二种极端的观点认为历史事实只是"一系列被认可的判断"③。这种观点对于老一辈历史学家的乐观主义态度表现出普遍的怀疑，试图把那些被他们清除掉的主观因素正大光明地放进历史事实之中，历史事实失去了客观的属性，成为主观的建构。这种观点的代表人物是美国历史学家卡尔·贝克尔。贝克尔在他的讲演稿《什么是历史事实?》中分析了三个问题，这三个问题分别是：历史事实是什么? 历史事实在哪里? 历史事实发生于何时? 对于第一个问题，贝克尔给出的答案是："历史事实不是过去发生的事情，而是可以使人们想象地再现这一事件的一个象征。既然是象征，说它是冷酷的或铁一般的，就没有什么价值可言了。甚至评论它是真的还是假的都是危险的，最安全的说法是说这个象征或多或少是适当的。"④ 对于第二个问题，贝克尔认为："它们存在于他的头脑中，或者存在于某些人的头脑中，否则它们就不存在于任何地方。"⑤ 所谓人的头脑，实质上就

---

① 〔美〕贝克尔：《什么是历史事实》，载张文杰《现代西方历史哲学译文集》，上海译文出版社 1984 年版，第 234 页。同一事例也出现于巴勒克拉夫的《当代史学主要趋向》（北京大学出版社 2006 年版）第 9 页。

② 〔英〕卡尔：《历史是什么》，陈恒译，商务印书馆 2007 年版，第 93 页。

③ 〔英〕巴勒克拉夫：《当代史学主要趋向》，杨豫译，北京大学出版社 2006 年版，第 9 页。

④ 〔美〕贝克尔：《什么是历史事实》，载张文杰《现代西方历史哲学译文集》，上海译文出版社 1984 年版，第 229 页。

⑤ 同上书，第 230 页。

是人们的记忆。只有当历史事实时常出现于人们的记忆之中，而不是单纯地躺在档案之中时，它们才能在世界上产生影响。对于第三个问题，贝克尔这样回答："如果历史事实生动地展现在人们的头脑中，那么此刻它就是现在的一部分。"①

贝克尔关于历史事实发生在现在的说法是克罗齐"一切真历史都是当代史"的观点有着密切的理论渊源。为了进一步说明这种对历史事实的主观主义解释倾向，我们来进一步看看克罗齐关于历史事实的看法。克罗齐刻意贬低编年史的历史作用，在他看来，编年史只是资料的"汇编"，是一种假历史，是历史的死尸，"归根结底，它们实际上什么也不是，只是一些渊博的或非常渊博的'编年史'，有时候为了查阅的目的是有用的，但是缺乏滋养及温暖人们的精神与心灵的字句"②。克罗齐认为事实不存在于编年史中，它也不能被划分为历史事实和非历史事实两种类型，事实只有一种，即思想过的事实。所以，克罗齐非常大胆地宣布：

> 在历史中是不必怕迷失方向的，因为，在每一种情况下，问题都是生活所提出的，我们已经知道，问题在每一种情况下，都是被思想所解决的，从混乱的生活过渡到清晰的意识；一定的问题有个一定的解决：那是一个可以引起其他问题的问题，但决不是一个在两种或多种事实中进行选择的问题，而是每一次都由惟一的事实，即思想过的事实所造出的。③

由此可见，对历史事实进行界定的主观主义倾向也包含两种基本信念：其一，历史事实是存在于人们的头脑和思想之中的；其二，一度发生的实实在在的一系列事件是存而不在的，历史事实必然包含着虚构的成分。

二　历史事实是什么

通过上文的分析可知，贝克尔通过对三个问题的回答在历史事实和现

① ［美］贝克尔：《什么是历史事实》，载张文杰《现代西方历史哲学译文集》，上海译文出版社1984年版，第231页。
② ［意大利］克罗齐：《历史学的理论和实际》，傅任敢译，商务印书馆1982年版，第16页。
③ 同上书，第85页。

在之间建立了紧密关联，从现在出发来解释历史事实。如果我们要全面认识历史事实的含义及性质，可以通过回答贝克尔拟定的三个问题来梳理思维线索。但是，对于相同的三个问题的回答可以得出完全不同的答案。

历史事实到底是什么？解答这个问题，我们需要先搞清楚什么是事实。事实是指事情的实际情况，具有既定的性质，它是我们曾经说过的话、做过的事以及写下的文字。我们说过的话，别人能听到，听到之后就能成为事实；我们做过的事，别人能看到，看到之后也能成为事实；我们写下的文字更是以一种直接的方式呈现的固定的东西。语言、文字和各种事情一经做出，就成为既定的、无可更改的事实。事实与历史事实之间既有联系又有区别，联系主要在于二者同样具有既定的性质，而且前者包含着后者。二者之间的区别也非常明显，区别的关键之点在于"历史"两个字，"历史事实是什么"直接取决于"历史是什么"。"历史"一词实质上包含着三个相互联系的含义，首先是在时间维度上与现在和未来相对，是指过去，是已经发生的事情或事件的总称。第二是指对过去发生的事情或事件的叙述，历史叙述内在地包含着选择行为，而选择是依据事情或事件与叙述主题的相关性和重要性进行的，构成历史的东西必然具有重要性。第三是指一个相互联系的动态发展过程，构成历史的每一个事情或事件是历史过程中的一个环节，同时，只有把这一环节放在整个过程中才能充分显示其意义。

人们每天都在说话，每天都在办事，甚至每天都在写字，所以在人类社会每一分每一秒产生的事实都非常庞杂，人类的认识能力又相当有限，因而过去发生的事件不可能全部在历史上留有痕迹，留有痕迹的只是这些事实中的极小的一部分，这一部分就构成历史事实。能够成为历史事实的事件必须满足三个方面的条件。第一，这些事实是过去确实发生过的，而不是捏造虚构的，不是研究者头脑中所设想的。这就要求研究者确定历史事实或者有文献依据①，或者有遗址或遗物的支撑，或者有风俗习惯的佐证。第二，与人们的日常活动存在重大的差异或者某种

---

① 在历史研究实践之中，要对原始文献和派生文献做出区分。原始文献是历史事件当事人和见证人的记录，包括档案、书信、回忆录等文献类型；派生文献则是针对这些原始文献开展研究而生成的文献资料。一般来说，原始文献在确定历史事实过程中具有准确性和权威性，相关论述可以参见兰克的史学思想。除此之外，还要注意孤证不可取，在文本互证过程中不断接近事实真相。

日常活动具有普遍性意义。就某个人的物质生活条件而言，如果它能成为历史事实需要具备以下条件之一：（1）构成历史人物做出某种行为的背景和条件，或者有利于说明事情的基本状况。某位皇帝的饮食起居，某位官员贪腐程度的说明属此类。（2）对某一个阶级或阶层来说具有普遍性特征，是他们共同具有的物质生活条件。马克思曾经指出法国人和英国人做了一些为历史编纂学提供唯物主义基础的初步尝试，首次写出了市民社会史、工业史和商业史，而那个时期的德国人从来没有尝试为历史提供世俗基础，没有关注现实个人的已有的和他们自己创造出来的物质生活条件，而这些方面是可以通过纯粹经验的方法得到确认的。①第三，孤立的历史事实没有意义，它需要在历史连续过程之中占有一定的地位，具有重要的意义。历史研究的对象不是过去，过去已经逝去，我们无法直接面对。历史研究的对象是此时此地，是尚未逝去的过去，表现在当代人对过去的记忆和记录之中。从一定意义上来说，现实中的每一点都是演变产生出来的。尚未逝去的过去有助于我们理解现实，被现实问题或当代人头脑中的困惑所唤醒，在历史连续演变过程中得到定位，表现其意义和价值。②

　　呈现历史事实的载体通常被称为史料，所谓史料，大致包括三类："其一，遗物，即包括器皿、遗迹、遗骸、服饰、绘画、雕塑、照片等。其二，记录，即包括手稿、文书、信札、日记、书册、碑铭、录音、录像等。其三，传说，即包括对话、口述往事、口传故事、说唱故事、戏剧、歌曲、谚语等。"③ 一行字、一幅画、一个口头传说或一个器物等都可以成为表征历史事实的符号的载体，人们通过这些载体来唤醒历史记忆。呈现在上述载体中的历史事实具有两种基本格式，一种就是克罗齐曾经加以否定的编年史，它对历史事实的加以呈现的基本格式类似：某人某时某地发生某事（某人说过某句话、某人做过某件事、某人写了某篇文章等）。这些编年史并不是像克罗齐所说的那样仅仅是历史的死尸，它有利于人们对于基本事实的确定，从而在确定的基本事实的基础上对历史事实进行解

---

① 参见《马克思恩格斯选集》第 1 卷（人民出版社 1995 年版）第 67 页和第 79 页的相关论述。
② 参见德罗伊森《历史知识理论》，北京大学出版社 2006 年版，第 9 页。这种思想在克罗齐、柯林武德、贝克尔等人的著述中也有相关阐述。
③ 王尔敏：《史学方法》，广西师范大学出版社 2005 年版，第 127 页。

释。另一种是以故事的形式呈现出来的历史事实，主要侧重于说明历史活动或事件的发生发展过程，它像故事一样具有开端、发展、高潮和结局等情节，它是对人物和事件的一种整体叙述。在故事之中既包含着一些基本的历史事实，也包括对于这些前后衔接的历史事实的解释。严格说来，历史解释并不是历史事实，但是某位历史学家在其著作中对一些基本的历史事实提供了一种解释，这对于后来研究同一历史事实的历史学家提供了某种参考，以"某位历史学家在某本著作中对某一历史事件提供了某种解释"的特定格式呈现于后来的历史学家的著作中，这种先前的解释也就获得了作为历史事实的合法地位。总之，历史事实是以各种形式（遗物、遗迹、遗文、传说、风俗习惯等）遗存下来的过去的人们说过的话、做过的事和写下的文字，它具有既定的性质。

三 历史事实在哪里

关于历史事实存在于何处这一问题的回答主要有两种意见，一种意见认为它存在于人们的头脑之中，另一种意见认为它存在于人们的头脑之外。贝克尔反对的是那种传统的客观主义史学观点，即：历史事实存在于记载里，存在于原始资料里。他认为："历史事实僵死地躺在记载里，不会给世界带来什么好的或坏的影响。而只有当人们，你或者我，依靠真实事变的描写、印象或概念，使它们生动地再现于我们的头脑中时，它才变成历史事实，才产生影响。正是这样，我才说历史事实存在于人们的头脑中，不然就不存在于任何地方。"① 这种观点明显具有两个方面的缺陷，其一是它具有浓厚的实用主义倾向，只有那些对现在的世界产生某种形式的影响的历史事件才能被称为历史事实。套用实用主义真理观对之进行表述就会是这样：只有它有用，它才是历史事实；只有它是历史事实，它才会有用。有用的、对现实产生影响的历史事件才具有生命力，才会呈现在现在的人们的头脑中，才会是历史事实；反之，那些没有影响的不存在于人们的头脑中，只是有文字记载的东西，就不能被称为历史事实。这种情形和历史学的现状是多么的不同，历史研究并不刻意追求实用的价值，孔子

---

① ［美］贝克尔：《什么是历史事实》，载张文杰《现代西方历史哲学译文集》，上海译文出版社 1984 年版，第 231 页。

的生卒年月，中世纪的骑士如何养马、马其顿国王亚历山大的死因等历史学侧重研究的问题，很难说有什么实用的价值，在很大程度上只是满足研究者求知的本能；在亚里士多德看来，这种不以实用为目标的学问才是更高级的学问。可见，判断一个历史事件是否是历史事实不能以它是否产生现实的影响为标准。

贝克尔观点具有的第二方面的缺陷是混淆了"历史事实"与"我的历史事实"之间的界限，并进而把我选择、我掌握、出现在我的头脑中的历史事件规定为历史事实；在此基础上又把我泛化为我们，泛化为"人们"，我的头脑变成了人们的头脑，好像现实世界存在的不是一个个现实的头脑，而是有一个总的脱离个体的头脑似的。这种总的人们的头脑只是想象的产物，它并不存在，存在的只是一个个的现实的头脑，是我的、你的或他的头脑。我不知道他人的头脑里到底有什么，也不知道它到底能产生什么，我只知道我的头脑中没有历史事实，历史事实存在于我的头脑之外。我头脑中的历史事实是通过学习和实践而获得的，并且只有在我的学习和实践过程中，历史事实才能不断地获得丰富和增益。对于我的头脑的能力，我也没有那么的自信，我不认为我的头脑能够产生任何历史事实，也不认为脱离了我的头脑，历史事实就不存在于任何地方。此外，我还相信，"凯撒在公元前 49 年渡过了卢比孔河"这一历史事件即使是在现在活着的人全部死掉以后，它依然是一个历史事实。

贝克尔关于历史事实存在于人们的头脑之中的观点只能理解为：只有那些出现于现在的人们的头脑中的历史事实才能够解决现在的人们的思想和生活中的问题。这只能够说明反映在现在的人们的头脑中的历史事实的效用，而不能够说明历史事实只存在于现在的人们的头脑之中，或者只存在于现在的人们的头脑中的历史事件才是历史事实。历史事实就像自然界中储藏的煤炭一样，煤炭是工业和生活的燃料，历史事实是思想的燃料。自然界中的煤炭主要有三种状态，一是已经进入人们的加工过程中的煤炭，二是探明储量但未对之进行加工的煤炭，三是在自然界中存在但尚未加以认识的煤炭。如果按照贝克尔的观点，只能承认第一类煤炭，而否认另两类煤炭的存在，但事实上所有的这三类煤炭都是煤炭，你不去发掘它，它也会存在在那里。相应的，历史事实也存在三种状态：一是进入现在的人们的头脑中的历史事实，二是存在于记载中但尚未进入现在的人们的头脑之中的历史事实，三是没有相关的记载从而大量遗失的历史事实。①不言而喻，这三类事实都有资格被称为历史事实。对于每一个进行历史认识的主体而言，这些历史事实都来自于"我"的头脑之外，也就是说它最初是存在于我的头脑之外的，经过我的学习和阅读才进入我的头脑之中。

四　历史事实发生于何时

有人可能会问，难道我的头脑只是被动地接受各种呈现在我的面前的历史事实吗？难道我的头脑对于历史事实不发生某种作用吗？如果发生的话，这种作用是什么？这些问题牵扯到我们需要考察的关于历史事实的第三个问题，即：历史事实发生于何时？乍一看，这是一个非常简单的问题，历史事实发生于它发生的那个时刻，比如"凯撒渡过卢比孔河"这一事实发生于公元前49年，"林肯被暗杀"这一事实发生于1865年4月14日，等等。但在进行深入研究的时候，我们就会发现，这个问题远不是那样的简单。当我想起或思考发生在过去的某个历史事实时，它就是我为了未来而进行筹划的现在的一部分。经过我的筹划之后的历史事实与它的来源之间是否会产生了差异？以至于在我筹划之中的历史事实既不是实实在在客观发生的历史事实，也不是文献档案中记载的历史事实，而是以一种新的模样产生于我的头脑之中呢？这些问题归根结底来说就是：我对这些历史事实都干了些什么？

贝克尔为了说明这个问题而举了两个例子，一个来自于个人生活，说他现在翻开日记记起了过去曾在史密斯先生那里买过煤并且欠了账，另一个事例来自于他的教学实践，那就是因为他要在明天给学生讲授柏林会议的相关情况，于是他在现在就想起了柏林会议，并且设想明天如何在C教室给学生进行讲授。这两个例子并不能说明历史事件就发生在现在，而只

---

① 第三类历史事实与第三类煤炭的性质有所不同，对于第三类煤炭来说，人们现在没有对之加以认识，但是将来有可能认识到；但是，对于第三类历史事实来说，人们似乎永远丧失了对之进行认识的可能性，因为它已经过去，并且没有留下痕迹。按照我们在上文中拟定的关于历史事实的定义，这第三类历史事实似乎不能被称为历史事实。但是，从另外的角度对之加以思考，我们就会发现，这类事件虽然不是以特指的方式呈现在人们的符号系统之中，但是它们能够以泛指的方式呈现，也就是以与他人无差别的方式，作为一个时代的普遍的、一般的生活方式或生活条件呈现在人们的符号系统之中，例如一个时代的道德规范、宗教仪式、法律规章和物质生活与生产方式等，这些方面规定了处于一个特定时代的人们的活动范围和界限。

能说明历史事件在现在呈现于他的头脑中，并且他对它在未来的呈现方式进行了设计。历史事实的发生和他的想法的发生是完全不同的两个概念，不能把二者混同。混同之后就会出现一些奇怪的想法，就像贝克尔自己所说："这活生生的历史事实，关于这煤费账单或柏林会议的混杂的印象，究竟是过去的、现在的，还是将来的呢？我不能肯定，也许它象光速一样飞驰而过，并没有时间性。"① 面对时间性这个概念，贝克尔的思维开始出现混乱，罔顾事实。我们知道光速再快，它也是要持续一段时间，不可能没有时间性。对于这个问题的答案，我们可以告诉他，柏林会议发生在过去，他因为某种需要想起了它，这种记忆的唤醒发生在现在，他关于明天课程的设计也是发生在现在，没有东西出现于未来。② 贝克尔通过对上述三个问题的回答，对于历史事实进行了完全主观的解释，他所谓的历史事实是人们想象地再现历史事件的一种象征，它只存在于人们的头脑之中，并且为了未来而发生在现在。

但是，我们从历史学家工作的一般程序可以得出与贝克尔观点相反的结论。面对历史事实，历史学家工作的第一步是阅读，阅读的过程实质上就是理解的过程，在理解历史过程中，他围绕研究主题展开对事实的选择，在选择过程中那些不重要的与主题无关的事实被忽略，那些重要的与主题存在关联的事实得以保存，这些重要的事实首先保存在笔记本或电脑文件中；在具体写作过程中对这些积累的事实进行第二次的选择，这是依据上下文环境和理论脉络发生的对事实的取舍，对这些事实的出现顺序和叙述结构进行编排；在此项工作完成之后，历史学家进一步对这些收集整

---

① ［美］贝克尔：《什么是历史事实》，载张文杰《现代西方历史哲学译文集》，上海译文出版社1984年版，第233页。

② 过去是已经发生的，现在是正在发生的，未来是还没有发生的。未来永远是人们头脑中的一种设想，没有任何事情发生于未来，因为未来永远是一种未到来的状态。有的人也许会认为，过去、现在和未来都是一个相对的概念，现在曾经是过去的未来，它也将会是未来的过去。这种观点强调了时间的流动性以及三种时态之间相互转化的关系，但是它的缺陷在于把时间视为某种没有特定载体的抽象概念。对于某种在时间之流中具有特定位置的具体事物来说，它的过去、现在和未来永远是确定的，B时刻是A时刻的未来，在A时刻时，没有任何事情在B时刻发生，这时，一个人对于B时刻只能有一种设想或计划，它并没有真正发生。所以，黑格尔才会认为，密纳发肩上的猫头鹰只能在黄昏后起飞，对过去加以认识。这只猫头鹰只能通过对过去的思辨还原证明当下发生的一切的不可避免性之外，再也说不出别的什么东西。未来是不能加以认识的，因为它还没有发生，它只是人们希望和恐惧的对象。

理出来的历史事实进行论证和解释，从而形成一部史学著作。这就是一位历史学家对历史事实所做的所有的事情，其中发生的最重要的事情就是历史学家对事实的解释，但是我们要注意事实绝不是解释。把事实混同于解释是一切主观主义倾向所犯的致命的错误。

历史事实就是那些在历史认识主体的头脑之外能够找到出处或者是别人可以查验的东西。这些东西在历史文本中以两种形式得以呈现，一种是基本事实，也就是事件的发生过程，某时某地发生某件事。对于这些基本事实即使主观主义者（克罗齐、贝克尔等人）也没有加以否定，他们只是认为这样的事实是死的、硬邦邦的、没有用的东西，他们想否定这些基本事实的作用，但这只是他们的想法而已。一切从事实际工作的历史学家并不怀疑这些基本事实的真实性和重要性，他们知道只有在这些基本事实的基础上，一切的解释才能得以开展。这就像海登·怀特在接受采访时所说的那样，历史学家们在做着他们自己的事情，"当你向他们指出'你所做的事情预设了或者建基于一系列隐含的假设之上'时，他们会说：'我不在乎那个，我得继续做我的事情'"①。这些基本事实排斥人们对它的任何解释，它是客观发生的事实，"林肯于 1865 年 4 月 14 日在华盛顿的福特剧院被暗杀"这一历史事实就是其典型例证，任何人都没有对它进行更改的权利。另一种历史事实在我的文章中以引文的形式呈现出来，这些引文出自其他著作家的著作，读者可以按照引文提供的线索在这本著作的某一页找到这句话。这些引文在历史学家的著作中具有重要的地位，没有引文，历史学家无法进行写作，这就像赫克斯特所说的那样：

> 假定物理学家和历史学家都被禁止使用脚注，除非是在引用与其主题相关的所谓的文献时，我猜想，物理学家会认为这种禁令只是一个小麻烦。但是，由于这就禁止了引用过去的文献，大多数历史学家会将此当作一个灾难。引用过去的文献是历史学家使其职责在研究中更为清晰的途径，就如试验报告是物理学家表明其职责的方式。……对于文献来说，实验和引用是一些比任何理论表述都更重要的行为，它们显示出物理学家和历史学家实际的普遍职责，即探索、理解和呈

---

① ［波兰］多曼斯卡：《过去是一个神奇之地——海登·怀特访谈录》，彭刚译，《学术研究》2007 年第 8 期，第 80 页。

示有关实在的最优秀的记述。①

历史事实可以分为积极的历史事实和消极的历史事实，所谓积极的历史事实是指那些对我的研究主题给予有力支持的证据和证言；所谓消极的历史事实是指那些与我的研究主题关联度不大，甚至是相反的证据和证言。但是不管是消极的历史事实，还是积极的历史事实，它们都来自于历史认识主体的头脑之外，并且在一般情况下，它们是以原初形态呈现在他的著作之中，也就是说证据存在于他的头脑之外的客观世界，证言存在于他的头脑之外的文献档案和历史著作之中。历史学家对它们的引用是不加改造地以其原初形态来进行的，一旦这些证据和证言之中出现了历史学家的主观建构，那它就丧失了作为历史事实的地位，就只能归入我对事实的解释的行列。

历史事实和对历史事实的解释是完全不同的两回事。解释试图建构历史事实之中或它们之间隐含的各种关系，这种关系原本是处于遮蔽状态的，解释的目的就在于去蔽。对于历史事实的去蔽过程最终只能获得观念上的真实性，也就是相较于前此的解释显得更加合理。在一定程度上来说，这种合理性的最低限度就是在历史认识主体思想之内的合理性，在此基础之上才能进一步追求一种主体间的认同。历史学家对历史事实的解释发生于历史学家的头脑之中，但是历史事实却来自于历史学家的头脑之外，在历史学家的著作中出现的历史事实与它的原初形态保持一致。如果历史事实在我的著作中发生了形态方面的改变，那么说它发生于现在才是可能的；但是，我们通过论证发现，历史事实是以基本事实和文本引用的形式出现在我的著作之中，它的原始形态并没有改变。可见，历史事实并不是发生在现在，它只能发生在它该发生的那个时刻，只有我对历史事实的解释发生在现在，而解释和历史事实是不同的两个概念。

综上所述，所谓历史事实就是以各种形式遗存下来的过去的人们说过的话、做过的事和写下的文字，它具有已经完结的既定的性质，它只能存在于正在从事认识和写作的主体的头脑之外，它的发生不是在当下的某个时刻，因为它在当下是以其原初形态得以呈现的，它发生在过去它该发生的那个时刻。

---

① ［美］赫克斯特：《历史的修辞》，载陈新《当代西方历史哲学读本》，复旦大学出版社2006年版，第61页。

第二节　历史事实的形成过程

历史事实是对过去历史事件的记录，历史事件本身有其发生发展过程。过去发生的历史事件数量庞大，过程复杂，不可能全部的历史事件都进入历史记载，得以记录的历史事件只是真实发生的历史过程中极少的一部分，大量的历史事实湮没在历史长河之中。被记录下来的历史事件再次经历了选择，其中只有一部分进入历史研究的视野。纵观这个过程可见。历史事实的形成过程可以细分为三个阶段，即：历史事件的发生、历史事实在文本中的第一次呈现、历史事实在历史研究中的缺席在场。

一　历史事件的发生

历史事件发生在过去，但是事件的主体还是人。不管是过去的人，还是现在的人，他们头脑中掌握的知识和日常使用的工具或许有所不同，但是他们都是有感觉、有思想的人。每个人的生活状态不同，但是他们都有自己在日常生活中要面对的问题，他们都有自己的过去。我们在上文中虽然批评了卡尔·贝克尔的主观主义倾向，但是他认为"人人都是他自己的历史学家"的观点却具有一定的合理性，他认为对普通人来说，历史就是说过和做过事情的回忆。"没有这种历史知识，这种说过做过事情的回忆，他的今日便要漫无目的，他的明日也要失去意义。"① "每个普通人如果不回忆过去的事件，就不能做他需要或想要去做的事情；如果不把过去的事件在某种微妙的形式上，同他需要或想要做的事情联系起来，他就不会回忆它们。"②

人人都是他自己的历史学家是以人人都或多或少地知道自己身边到底发生了什么为前提的。面对已经发生的金融危机，工人能从老板凄苦的表情中感觉到，当老板龇牙咧嘴地说："原材料是一万块钱一吨进的，制成

_____

① ［美］贝克：《人人都是他自己的历史学家》，载田汝康、金重远《现代西方史学流派文选》，上海人民出版社1982年版，第261页。贝克即前文所涉及的美国历史学家贝克尔，不同的翻译者对他的名字Becker有不同的译法。
② 同上书，第266页。

品一吨却只能卖八千，亏了老本了。"这时工人就会知道如果这种状况持续下去，工厂迟早要倒闭，自己就要另谋生路了。除此之外，他也许还知道南方三分之一的工厂已经倒闭，民工成群结队地挤火车回老家，金融危机并不是一个个别的现象，而是一个国家经济普遍的不景气。也许他还会告诉你，中国之所以出现经济危机，是因为美国的两兄弟（实际上是雷曼兄弟公司）向美国政府借700万美元，但是美国政府没有借给他们，导致他们破产，由此引发了金融危机，波及了中国。这些都是他亲身感受的历史，由这些情况他判定在他身边到底发生了什么样的事情，处于这种状态之下，自己应该采取什么措施来应对，这些措施之中最重要的也许就是对未来可能出现的事情做好心理准备。当然，在他的陈述中有真实发生的，也有虚构，离他生活越近的事实他越能够真实反映，离他的生活较远的事实他也许并不清楚到底是怎么回事，在其中可能出现虚构的成分，例如那个工人所说的关于雷曼兄弟公司的那些事情，但是可以相信，即使在这些虚构中的主体情节还是真实的，即雷曼兄弟公司破产引发美国金融危机，金融危机进一步扩大波及世界各国。对于这场金融危机爆发原因的解说却是虚构的，包括雷曼兄弟公司表述为两兄弟，两兄弟想向美国政府借多少钱，等等。即使这些东西是虚构的，如果他想了解具体的真实情况是什么，他也是可以通过各种媒体了解到的。由此可见，在现实生活中的普通人，对于他生活的世界中到底发生了什么样的事情，他都是或多或少地能够知道的。

一个人所知道的尤其是和他的生活最为切近的事实在一般情况下是他的生活中真实发生的，或者说他如果愿意去加以了解的话，就是能够了解其真实发生过程的。注意，我们这里所说的是事实，而不是对事实的解释。就像上文中讲到的那样，事实是说过的话、做过的事和写下的文字。一个事实呈现出来的时候，观察者总能通过感觉和理性对之加以把握。事实有可能出现偏差，但是这种偏差是可以加以修正的。例如，我和一个朋友每天中午都在一起吃饭，他以前经常吃米饭，但是很长一段时间他每顿饭都吃面食，有一天我就问他："你好长时间没有吃米饭了吧?"他对我说："不是呀，我每天晚上都是吃米饭。"经过这样的一问一答，在我心中存在认识偏差的事实就得到了校正，我就知道他一日三餐吃的东西有所不同。我的陈述来自于我的经验和观察，那是事实；他的陈述来自于他关于自己生活的经验总结，那也是事实；二者通过沟通就能够得出比较完全的事实。

在这里，有人也许会产生疑问，你讲得太乐观了吧，在我们身边发生的事情，我们有时候会记不清楚，在这种情况下就容易发生争执，现实生活中许多的法律纠纷就是因此而产生的。对此，贝克尔在《人人都是他自己的历史学家》中列举的他欠史密斯先生煤炭账的事例①很能说明这个问题，这个事例最终说明的是只要在现实生活中保持诚实的、对等的交流就能够把基本事实搞清楚，贝克尔经过探询，最终结果是在勃朗那里付清了煤炭账。在法律纠纷中，通常会出现这样的状况，即：诉讼双方在各自的心中都清楚发生了些什么事情，也就是说基本事实清楚，但是在对基本事实的解释上存在分歧，套用休谟的说法就是，当事人双方都知道一些基本事实（即：是），他们之间的分歧之处在于对"应当"的理解不同，"是"与"应当"之间不存在必然的对应关系。另外，还有一种情况就是证据问题，例如，一个人在还了欠款之后没有把对方手中的借据销毁，对方利用手中的借据来引发法律诉讼。这根本上是一个人性问题，也就是说双方并不是对基本事实模糊，而是双方对这些基本事实都清楚，但是一方手中有证据，而另一方手中没有证据，纠纷出自于一方或双方的故意。这正像马基雅维里所说："驾驭共和国并为其制定法律者，必把人人设想为恶棍，他们会不失时机地利用自己灵魂中的恶念。"②

二 历史事实及其在文本中的第一次呈现

历史事实在文本中的再现过程实质上是历史事实进入概念的过程，在这个过程中发生的是概念和现实的关系问题。当然，在这个问题上也存在两种相互对立的观点，一种观点认为现实是以它本来的面目进入人们的概念体系的，概念和现实存在着先天的和谐，只要在概念领域中解决了问题，现实问题就会迎刃而解。这正像马克思批判德国唯心主义思想时指出的那样："有一个好汉忽然想到，人们之所以溺死，是因为他们被重力思想迷住了。如果他们从头脑中抛掉这个观念，比方说，宣称它是迷信观

---

① 参见田汝康、金重远《现代西方史学流派文选》，上海人民出版社1982年版，第262—264页。
② ［意大利］马基雅维里：《论李维》，冯克利译，世纪出版集团2005年版，第54页。

念，是宗教观念，他们就会避免任何溺死的危险。"① 另一种观点认为人类现实是以扭曲的形态进入人们的概念体系，现实和概念、世界和语言是完全不同的两种东西。概念呈现的是一般化的结论，而现实只具有个别化的特征，他们没有共同的特征可言，如果说有的话，那只能是一系列的家族相似，所以事物是不能被定义的；现实是杂乱无章的，而概念是规范的、具有一定秩序的，概念反映现实必然是以剧和故事的形式对现实加以反映，以一定的情节结构来反映现实，而现实本身并不具有这样的结构；现实是无限的，而人类通过概念认识事物的能力是有限的，所以概念对现实的反映只能是盲人摸象，以个人摸到的那一部分来界定现实事物的全体。类似的观点还有很多，其实质不过是片面夸大了概念和现实之间的差异而已。

概念和现实之间的关系既非完全吻合，也不是绝对疏离，它们在一种张力之下保持着一种若即若离的关系，这种关系的远近既取决于主体，也取决于客体。马克思曾经认为：

> 一方面……对象如何对他来说成为他的对象，这取决于对象的性质以及与之相适应的本质力量的性质；因为正是这种关系的规定性形成一种特殊的、现实的肯定方式。……人不仅通过思维，而且以全部感觉在对象世界中肯定自己。另一方面，即从主体方面来看：只有音乐才激起人的音乐感；对于没有音乐感的耳朵来说，最美的音乐毫无意义，不是对象，因为我的对象只能是我的一种本质力量的确证，就是说，它只能像我的本质力量作为一种主体能力自为地存在着那样才对我而存在，因为任何一个对象对我的意义（它只是对那个与它相适应的感觉来说才有意义）恰好都以我的感觉所及的程度为限。②

这也就是说现实在我们概念体系中的呈现并不是在一个方面的作用下完成的，而是一种交互作用的结果，我们能够在自己的概念体系中反映什么，一方面取决于对象的性质，取决于对象在我们的本质力量——感官中呈现的方式，"眼睛对对象的感觉不同于耳朵，眼睛的对象是不同于耳朵

---

① ［德］马克思、恩格斯：《德意志意识形态（节选本）》，人民出版社2003年版，第4页。
② ［德］马克思：《1844年经济学哲学手稿》，人民出版社2000年版，第86—87页。

的对象的",没有对象就不会有与之相关的认识;另一方面还取决于主体,取决于主体的知识和能力,人类对对象的感觉程度是以主体能力的不同而存在差异的,即使面对同样的一段音乐,有音乐感的耳朵和没有音乐感的耳朵对它的感知存在明显的差异。可以说,马克思在一定程度上揭示了人类的前理解在认知过程中的作用。马克思在这里揭示了人类对现实的反映是在主体和客体交互作用下的结果,后来瑞士的心理学家皮亚杰通过描述儿童智力发展的发生学方法进一步确证了在认识过程中的主体和客体之间的交互作用:

> 心理发生学分析的初步结果,似乎是……认识既不是起因于一个有自我意识的主体,也不是起因于业已形成的(从主体角度来看)、会把自己烙印在主体之上的客体;认识起因于主客体之间的相互作用,这种作用发生在主体和客体之间的中途,因而同时既包含着主体又包含着客体。①

在主体和客体的交互作用下最终形成的概念和现实之间的关系似乎是这样:

> 一个事物的概念和它的现实,就像两条渐近线一样,一齐向前延伸,彼此不断接近,但是永远不会相交。两者的这种差别正好是这样一种差别,由于这种差别,概念并不无条件地直接就是现实,而现实也不直接就是它自己的概念。由于概念有概念的基本特性,就是说,它不是直接地、明显地符合于它只有从那里才能抽象出来的现实,因此,毕竟不能把它和虚构相提并论,除非您因为现实同一切思维成果的符合仅仅是非常间接的,而且也只是渐近线似地接近,就说这些思维成果都是虚构。②

概念和现实之间的关系在恩格斯的这段话中得到了合理的体现,概念和现实之间是无限接近的过程,但永远不会重合。概念和现实之间不能够

---

① [瑞士]皮亚杰:《发生认识论原理》,王宪钿等译,商务印书馆1981年版,第22—23页。
② 《马克思恩格斯选集》第4卷,人民出版社1995年版,第744—745页。

重合的原因主要有以下两个方面，第一，概念是以一种抽象的普遍化的形式来反映现实的多样性。现实事物之中虽然存在着共同特征，但是这些共同特征并不是完全的相似，这正像莱布尼茨所说的那样："天底下找不到两片相同的树叶"，这些树叶都是以相同的概念得以呈现的，但是每个个体之间却存在着千差万别。任何概念都包含着这种倾向，普遍化同时代表着一种简化，把事物的差异抹去而突出其共同的特性。例如"红"的概念，现实之中不存在绝对的标准的红，红体现在各种事物的具体的红之中，其中有深红、浅红、粉红、赭红、国旗红、玫瑰红、樱桃红等基本表现，红是以一种简化的方式反映一个类属的特征。第二，概念对现实的反映还是对于现实的改造。在李凯尔特看来，任何直接给予我们的存在或事情，我们在其中任何地方都找不到截然的和绝对的界限，而是到处发现渐进的转化。自然界中没有任何飞跃，一切都在流动中，他把现实之物所具有的这种特性规定为"关于一切现实之物的连续性原理"；世界上没有任何事物和现象与其他事物和现象完全等同，而只有与其他事物和现象或多或少相类似，每个现实之物都表现出一种特殊的、特有的、个别的特征，他把现实之物所具有的这种特性规定为"关于一切现实之物的异质性原理"。一切现实之物总是具有异质连续性特征，这种特征不能以概念的形式加以反映，所以概念在反映现实的过程中必然对之加以改造，"只有通过在概念上把差异性和连续性分开，现实才能成为'理性的'。连续性可以在概念上加以把握，只要它是同质的；而异质的东西也能成为可以把握的，只要我们能把它分开，从而把它的连续性变成间断性。于是，在科学面前甚至出现两种恰恰彼此相反的形成概念的方法。我们把每个现实中的异质的连续性，或者改造为同质的连续性，或者改造为异质的间断性。只要这一点能够做到，也就可以把现实称为理性的。只是对于那些想要反映现实而不改造现实的认识来说，现实才始终是非理性的"[①]。上述两条对于现实的改造路径分别被文化科学和自然科学所采用，文化科学则把现实改造为异质的间断性，自然科学把现实改造为同质的连续性，不加以改造就不会出现人们对现实之物的理性认识，那么它就始终是非理性的。由于概念对现实之物的反映始终是一种简化和改造，所以概念和现实之间始终是

[①]　[德] 李凯尔特：《文化科学和自然科学》，涂纪亮译，商务印书馆 1986 年版，第 32 页。

不会完全重合的。

虽然概念和现实之间始终不能重合，但是它们之间却是不断接近的过程。概念和现实的不断接近的原因也有两个方面，第一，人类认识工具的不断改进和认识能力的不断提高。只要稍微有点历史常识的人都会知道，原始人和现代人使用的工具有天壤之别，在现代社会背景下，一个人十年前使用的工具和现在使用的工具也有天壤之别，以前写作主要是使用纸笔，现在人们写作则离不开电脑和互联网；祖冲之在他那时的条件下把圆周率计算到小数点之后七位就几乎耗尽了他毕生的精力，现在在计算机的帮助下，普通计算机的计算速度都能达到每秒数十亿次以上，使用计算机计算圆周率想要多少位就能算到多少位。伴随着较为先进的工具的使用，人类认识的广度和深度也有明显的扩张，在微观方面深入了夸克，在宏观方面深入了遥远的宇宙天体。伴随着对自然的理解能力的提升，人类对自身的理解也在不断地深入，哲学对于人类的理性和非理性的各种因素进行了深入的分析，伴随着历史的发展，哲学还在不断地开拓新的研究领域；其他领域也类似于此，原先没有加以重视加以研究的领域不断地被开拓出来，进行了比较深入的研究。人类整体的认识能力是在不断地提升，个人的认识能力在不同的发展阶段也表现出明显的差异，个人对于历史的认识也是在不断地深入之中的，汤因比通过自己的亲身经历说明了这个问题，他认为：

> 变形恰恰是历史的本质，因为历史的本质正在于不断地增添自身。从 1914 年 8 月我最初产生撰写这部著作的冲动时起，到目前这一卷的面世，历史已经增添了不只 58 年的内容。每一次的增添都改变了历史的整体，因为整个过去都由于我们新的生活经验而显得有所不同。譬如，对我来说，修昔底德笔下的希腊，在 1914 年 8 月看上去就与 1914 年 7 月有着差异，因为在此期间，第一次世界大战爆发了，它对以往世界史的总和确实增添了具有重大影响的东西。①

通过我们自己的经验也能认识到这一点，在不同年龄阶段，因为生活

---

① ［英］汤因比：《历史研究》，刘北成、郭小凌译，上海人民出版社 2005 年版，第 3 页。

经验和周边知识的不断增加，我们对于事物的理解力是不同的，例如，我在大学时期就在读卡西尔的《人论》，但是那时候读这本著作时感觉非常晦涩，虽然每个写出来的中文单字都认识，但是对于后一部分和前一部分的关系弄不明白，文章中的一个部分总体思路也不知道，所以读起来就非常艰难，读了一部分之后就再也读不下去了。到了现在重读这本《人论》，从总体上感觉就轻松多了，作者的思想和思路在阅读过程中层层展开，步步递进，这就像我以前的一位老师所说的那样，好像一阵清风拂面，头脑一下子就清醒了一样。这个过程之所以会发生，大致的原因在于从上大学到现在，我在生活中经历了许多的事情，对于生活的了解比以前大大地加深了；我在不断地进行阅读，在阅读中不断地进行思考，在这种阅读和思考中我的理解力得到了很大的提升，以前曾经关闭的领域现在得以敞开，以前不能涉足的领域现在也能游刃有余了。这就是在我们自己身上发生的认识能力的改变，通过这种改变，我们在不断地接近事情的本来面目。

概念和现实不断地接近的第二方面的原因是人类的语言也在不断地丰富和完善。语言学家对于语言的起源曾经提出过若干种假设，其中有三种比较著名，这三种分别是摹声说、感叹说和杭育声说。摹声说认为，在远古时代，人们居住在野生环境中模仿动物发出的声音，语言便从此而来；感叹说认为，我们上古祖先在艰苦生活中，常本能地发出表示痛苦、愤怒和高兴的声音，语言从此衍生；杭育声说认为，原始人共同劳动时，它们发出有节奏的哼唷声，这种哼唷声逐渐发展成单调的语调然后变成语言。[1]关于语言起源的三种假说都有自身的局限，不同程度地都受到了学界的批评和质疑，但是我们且不论哪一种是正确的，我们从中却可以掌握一个基本的信息，那就是语言也有一个产生和发展的过程，在其起源阶段，语言是非常简单的，只能承载极为简单的信息，这些语言最初或者类似于动物的叫声，或者发出简单的感叹，或者是在共同劳动中为了协调劳动者的动作而发出的信号。这时候的语言与现象的关系是非常原始的，在被物体触痛的时候，他们只能发出一声简单的"啊"。这种简单的语言经过长时期的发展，逐步有了现在的形态，这种形态伴随着世界交往的发展也是处于不断地扩充之中，语言交汇的现象更加丰富了各国各民族的语言，语言的

---

[1] 参见胡壮麟《语言学教程》，北京大学出版社2007年版，第7页。

表现力进一步得到加强。因此，我们可以说，伴随着语言的发展，概念对于现实的表现在逐步地得到完善，概念在不断地接近现实。

通过以上分析，我们可以得出结论，概念对于现实的反映，也就是历史事实在文本中的第一次呈现，并不是仅仅在主体内部自我思维的结果，也不是完全以印章的形式对于客体的反映，而是主体和客体交互作用的结果。概念不会和现实完全重合，却呈现出一种不断接近的趋势。

三　历史事实在历史研究中的缺席在场

在这里，我们有必要回顾一下叙述主义历史哲学的相关观点，这种观点以美国历史哲学家海登·怀特和荷兰历史哲学家 F. R. 安克斯密特为主要代表，下面我们主要以海登·怀特的《元史学：十九世纪欧洲的历史想像》一书中的观点来对叙述主义进行一个简要的评说。怀特的基本观点就是认为历史不过是一个个建构起来的故事，其本质是诗性的，也就是说是虚构的。

怀特的代表作的名称——《元史学：十九世纪欧洲的历史想像》——就能反映出该书的主要观点。首先，从这本书的书名中，我们可以看出他分析的主要对象，即十九世纪欧洲的历史思想，他侧重考察了十九世纪欧洲的四个主要历史学家，即米什莱、兰克、托克维尔和布克哈特的历史著作，以及同一时期四个主要的历史哲学家的著作，他选取的有代表性的历史哲学家包括黑格尔、马克思、尼采和克罗齐。

其次，他所谓的"元史学"的主要任务就是发现历史学家在从事写作之前预构的在历史写作中占主导地位的比喻方式以及与之伴随的语言规则，这是历史写作的元结构，具有不可还原的性质。从探寻隐藏在历史叙述的表层结构下面的这些深层结构这一角度来说，怀特把他自己的理论称为"元史学"。元史学主要研究两个方面的问题，第一方面就是所谓的历史编纂风格问题，在历史编纂风格方面，他区分了三种历史解释策略，他把这三种解释策略分别称为形式论证式解释、情节化解释和意识形态蕴含式解释。这三种解释策略又分别包含四种可能的言说模式，形式论证式解释可以分为形式论、有机论、机械论和情境论四种模式；就情节化而言，它们是浪漫剧、喜剧、悲剧和讽刺剧四种原型；而就意识形态蕴含而言，它们是无政府主义、保守主义、激进主义和自由主义四种策略。怀特对于这一系列经过他整理的工整的历史编纂风格的基本观点就是同一个历史过程可以用其中的一种风格进行论述，也可以用另一种风格进行论述，可以表述为喜剧，也可以表述为浪漫剧、悲剧或讽刺剧；可以运用形式论的真理观，也可以运用有机论、机械论或情境论的真理观；可以使用无政府主义的策略，也可以使用保守主义、激进主义或自由主义的策略。它们都是面对大致相同的历史条件，即十九世纪欧洲的历史条件，而产生的风格迥异的历史理论，归根结底它们都是诗性的，都是虚构的。用怀特自己的话来说就是："针对同一组事件，有许多同样可以理解并且自圆其说，然而却明显相互排斥的看法，对这些看法前后一贯的精心陈述足以摧毁历史学自诩具有'客观性'、'科学性'和'实在性'的那种自信。"① 所以，他认为："我的方法是形式主义的。我不会努力去确定一个史学家的著作是不是更好，它记述历史过程中一组特殊事件或片段是不是比其他史学家做得更正确。相反，我会设法确认这些记述的结构构成。"② 元史学研究的第二方面的问题是比喻理论。怀特认为历史写作本质上是一种诗性行为，历史学家预构了历史领域，并将它设置成施展其特定理论的场所，他正是利用这种理论来说明在该领域中"实际发生了什么"。怀特使用四种诗性语言的比喻名称来称呼这些预构类型，即隐喻、转喻、提喻和反讽。"隐喻是表现式的，如同形式论所采取的方式；转喻是还原式的，有如机械论；而提喻是综合式的，一如有机论。隐喻支持用对象与对象的关系来预构经验世界；转喻用部分与部分的关系；而提喻用对象与总体的关系。"③ 反讽式陈述的目的在于暗中肯定字面上断然肯定或断然否定的东西的反面，反讽要求对世界进行辩证的和相对主义的理解；反讽在一定意义上是元比喻式的，因为它自觉地意识到修辞性语言可能被误用，并在这种自觉意识中提供一种有关经验世界的非修辞性表现的前提。安克斯密特对于怀特的比喻理论的评价是："他的转义理论没有为像历史编撰的真相和可证实性这样的概念留有空间，而且这似乎会引起对历史学家本身认知责任的不尊敬。转义学似乎把怀特的船吹离了安全的科学港湾，而刮到充满危险的文

---

① ［美］怀特：《元史学：十九世纪欧洲的历史想像》，陈新译，译林出版社 2004 年版，第 53 页。
② 同上书，第 3—4 页。
③ 同上书，第 47 页。

学和艺术的大海之中。《元历史学》把历史编纂转变成文学了。"①

再次，怀特对于历史编纂的总体观点就是把它归结为一种想象，具有虚构的性质。他从西方文论中争论最激烈的问题——"现实主义的"文学表现问题——中受到启发，"在某种意义上，我颠倒了他们的论述。他们会问，一件'现实主义'艺术品的'历史性'成分是什么？我要问，'现实主义'历史编撰的'艺术性'成分是什么？"② 由于历史编纂具有艺术性，而且他发现了这种艺术性在历史编纂中的表现，即历史编纂的风格和比喻修辞方式，所以怀特把历史学视为文学，视为诗歌，视为一种存在着预构的背离现实的故事，历史学就是讲故事，在其本质上就是一种虚构，也就是一种"历史想象"。

综合考察怀特的观点，我们可以发现怀特的元史学存在着以下三种缺陷：其一，它存在着对于历史作品的编纂风格和比喻方式进行简单化理解的趋向。在他的论述中，他自己也意识到了这方面的缺陷，他在该书"导论"的注⑥中分析了这个问题。他首先说明了他的关于情节化的四种原型的设置来自于诺斯罗普·弗莱的神话原型理论，弗莱把文学的叙述结构概括为四种基本类型，即春季的叙事结构：喜剧（糟糕的开始美好的结局）、夏季的叙事结构：传奇（代表着一种英雄神话，是社会的统治阶级或知识界的权威阶层表现自己理想的方式）、秋季的叙事结构：悲剧（从理想状态走向灾难和堕落）、冬季的叙事结构：嘲弄和讽刺（对传奇的戏谑性仿作，将传奇的神话般的形式运用到更具现实性的内容上）。③ 弗莱的神话原型理论受到了广泛的批评和质疑，其中最主要的方面就是认为他的概括太僵化、太抽象了，他的分析方法对于二流的文学作品非常有用，如神话寓言或侦探小说等，但是对于那些结构复杂、层次丰富的著作，就不能够适用，这类小说包括《李尔王》《追忆似水年华》和《失乐园》等。怀特也意识到了弗莱理论中的这种困境，但是他还是照搬了弗莱的神话原型理论来分析历史编纂，理由很简单，因为历史学家和历史哲学家都是一些头脑简单的家伙，"弗莱关于虚构文学和传统文学的主要形式的分析，对于说

---

① ［荷］安克斯密特：《历史与转义：隐喻的兴衰》，韩震译，文津出版社 2005 年版，第 10 页。
② ［美］怀特：《元史学：十九世纪欧洲的历史想像》，陈新译，译林出版社 2004 年版，第 3 页。
③ 参见 ［加拿大］弗莱《批评的解剖》，陈慧等译，百花文艺出版社 2006 年版，第 232—350 页。

明简单的情节化形式非常适用，碰上像历史编纂那样'有限的'艺术形式就是如此。……准确地说，由于史学家并非（或声称不是）'为故事'而讲故事，他倾向于以最普通的形式将故事情节化，一如神话寓言或侦探小说，或如浪漫剧、喜剧、悲剧和讽刺剧"①。在怀特的理论中，把历史作品视为文学作品，但是在这里进一步可以看出，在怀特的眼里，历史作品绝不是一流的文学作品，而是二流的文学作品，类似于神话寓言或侦探小说。他是通过把历史哲学家和历史学家贬低到最低的水平，把他们视为一群头脑简单的家伙而生硬地套用他所发明的情节化结构的。但是现实却是，任何一个伟大的历史哲学家和历史学家并不比一流的文学家逊色，反而具有更大的以理论形式解决现实问题的品格，一个人在幼稚的时候喜欢读小说，但是当他真正成熟的时候，缜密的理论分析更能吸引他的注意力，更能使他从中获得教益。我们知道，一些重要的历史哲学家并不是以一种单一的形式来表述历史过程的，马克思就是既注重历史过程中的差异又注重其统一，他对现实的分析既是悲剧又是喜剧。任何理论家的模式并不是像怀特总结的那样呈现单一的结构，他的分析把复杂的结构简单化和模式化了。

其二，历史编纂的风格和修辞只是形式化的东西，对于历史作品来说更重要的是其内容。只要风格和修辞建立在真实的内容的基础上，我们就不能说它们是虚构的，而是在历史事实的基础上对于事件进程的解释。如果因为这些解释之间存在着差异，就说它们是虚构的，这种意见是站不住脚的。在现实生活中，我们往往也会发现，一个人认为某种事业具有极为重要的意义和价值，于是他以极大的热情投入这一事业之中，但是这个事业在旁人看来可能是无所谓且并不重要的，这是因为每个人对于生活都有自己的看法和主张，当你向他们说明这些看法是不重要的并且是错误的时候，你就会遭到对方的激烈反驳，甚至可能在你的脸上吐一口吐沫，因为在他看来你侮辱了他视为珍宝的东西。当你受到这种待遇的时候，你就不会说这些想法或观点是不真实的，它有时候比外在的事物更加真实。历史作品也是这样，它是建立在真实事件之上的，在对真实事件的分析过程中，作者表达了自己心中的由来已久的意见和看法。这和文学作品具有本

---

① ［美］怀特：《元史学：十九世纪欧洲的历史想像》，陈新译，译林出版社2004年版，第10页。

质的不同，文学作品中的事件不一定是现实中真实发生的，它可能只是作者头脑中的构想，通过对这个构想的描述，表达他自己对生活和世界的看法。

其三，在怀特的分析中没有历史事实的位置，他把事实等同于对它的解释。我们在前面已经充分地论述到了，历史事实来自于我的头脑之外，解释产生于我的头脑之中，二者在来源上存在本质的不同。即使是这种产生于我的头脑之中的解释也并不是虚构的，它真切地产生于我的头脑，表达着我的生活观和世界观，只要一有机会我就会把这种生活观和世界观在我处理我与自然的关系之中或者我与他人的关系之中表现出来。对它比较形象的描述就是它是内在于我的思想之中的力量，是我的生活的支撑。对于这样的解释你能够说它是不真实的吗？基于上述三种原因，我认为怀特把历史学归结为文学是错误甚至是荒谬的。

那么历史事实是以什么形态呈现在历史研究中呢？历史事实发生于过去，历史研究者无法直接面对历史事实本身，只能通过它遗留在历史材料中的痕迹来对它进行建构，历史学家的主要工作是围绕历史事实而展开的，但是历史事实却处于缺席的状态。我们在会场可能经常会经历这样的事情，那就是，一些非常重要的人物因为事务繁忙而没有亲自莅临会场参加这次会议，虽然他们缺席了这次会议，但是会议的议题还是要围绕他们而展开，参加会议的其他人首先就要考虑这些重要的人物是如何看待这个问题的，会议的决议也要考虑他们是否会加以认同，如果此次会议的决议背离了他们的意志，那么这个决议在具体施行的过程中很可能就会流产。可见，这些重要人物虽然缺席，但是他们依然在场，他们对这个会议的决议具有举足轻重的影响。历史事实在历史研究中的地位类似于这些重要人物在这次会议中的地位，它们缺席但依然在场，历史学家必须面对历史事实考虑这样一些问题，即：历史事实是什么？我是依据哪些事实得出我的结论的？我的结论是否与历史事实相符合？

历史事实的缺席是指历史事件的实在过程已经完结，历史学家无法直接面对那个曾经出现的历史过程，也不可能与历史当事人展开对话获得他想了解的真相。但历史事实并不是无迹可寻，它是以化身的形式隐藏在文献档案和其他历史资料之中。我们在前一部分已经说过，历史事实在文本中的第一次呈现虽然与它本身存在差异，但并不是完全的虚构，文本或概念是对现实的近似真实的反映。基本事实和基本过程就在那些文献资料之中，历史研究的任务就是通过对这些基本事实和基本过程的描述，在新的环境下重新给它们赋予意义。重新赋意的过程就是对于历史的重作，重作的目的就是使人们从传统中得到解放。康有为在戊戌变法前夕，曾经写过《孔子改制考》，在此书中康有为把孔子塑造为力主改制的典范，并以孔子的名义宣扬了大同社会的理想。这种重新赋意和解放的过程并不是没有历史事实作为依托的，这些历史事实就是孔子的著作，在分析和评价孔子的著作的过程中，通过否定一部分和肯定另一部分的方式获得对于孔子的新解释，从而造成在封建社会被奉为权威的孔子与我一样支持改制的印象。对于康有为来说，他得出自己结论的依据，也就是说他的历史事实并不是凭空捏造的，这些历史事实就是孔子的言行，他通过孔子的言行论证的改制的要求也是来自于他对于现实生活的考察，是他的生活和思想的真实反映，是清王朝在积弊衰落的状态下产生的现实的要求。从康有为的研究看来，他所采用的事实来自于他的外部，他所提出的要求是他对现实的思考。所以，历史研究依靠两条腿走路，一条腿是过去，另一条腿是现在，采用过去的事实论证和解决现在的问题，过去的事实是真实的，现在的问题也是真实的，整个历史研究都是以真实性为其追求的目标。

第三节　历史事实真实性的有效证明

在历史哲学家看来，人类真实地反映过去主要存在两个方面的障碍，一方面是人的认识能力的有限性；另一方面是历史事实大多处于一种遮蔽状态，人们想了解的正是那些处于他们视线之外的东西。针对这两个障碍，我们在这一部分也侧重于说明两个问题：其一，人类认识历史的基本能力虽然不是绝对的，却是相对可靠的；其二，历史事实虽然处于遮蔽状态，但是它还存在着一种去蔽的可能性。

一　人类认识历史的基本能力

在人类认识历史的基本能力方面，解决历史事实真实性问题的关键在于解决两个基本问题：（1）人们在认识历史的过程中，对于零碎材料的拼接和还原的过程能否保持历史的原貌？（2）一个人能否认识另一个人的思想，能否发现其行为背后的动机，也就是"将心比心"和"设身处地"的方法能否在历史研究中切实有效？我们知道，人类认识事物和相互理解的内在能力突出地表现在人类的游戏行为中，我们将通过三个游戏来说明上面两个问题。

（一）拼图游戏

一幅完整的图片被分割为几十个、几百个甚至几千个残片，游戏者可以从这个图片的某些局部特征出发，通过一片片拼图的接续和延伸，最终还原这幅图画的原貌。据称，这种拼图游戏最早出现于1760年，至今已经有200多年的历史了，在这200多年的历史中，若干种题材相继成为拼图游戏的图片来源，其中包括适于年轻人阅读的短文以及历史、地理知识、地图、英国历代国王的肖像、色彩明丽的风景画、可爱的动物、汽车、轮船、飞机以及最新最大胆的女士泳衣、动漫作品等。拼图游戏曾经先后具有教育、娱乐、商业广告和政治宣传等职能，小孩子爱玩，许多成人也乐此不疲。在玩拼图游戏的过程中，能够锻炼人们对事物的观察能力和分析能力，从一小块拼图中发现其标志性特征以及它与周边拼图的内在联系，从而确定其具体位置，最终把整个图片拼接完整；它还能锻炼人们对于一个问题持久关注的能力，碎片比较少的拼图很容易拼接，但当碎片的数量达到几百个甚至几千个的时候，人们就不仅需要从最细微的地方发现各个部分的联系，而且要耗费很大的精力才能把它拼接完整，这可能需要花费几周甚至几个月的时间才能完成，没有专心从事一件工作的耐久力很难完成这项任务；最后，对于更加艰巨的任务还需要几个人共同努力才能完成，这同时也就锻炼了人们进行语言沟通、思想交流和分工协作的能力。由此可见，小小拼图却需要大智慧。

自从拼图作为人类的玩具出现以来，拼图取得了许多比喻性含义。有的人把它应用于政治领域，于是就有了政治拼图的说法，例如有的人曾经用拼图分析德国的政治局势，他说："德国大选的投票工作结束了，政府却难产。目前各政党正进行紧张的拼图游戏，政治颜色学突然成为人们茶余饭后的热门话题"；有的人把它应用于自己所写的游记的标题，例如"西班牙大加那利岛记忆拼图"；有的人把自己对于人生和未来前景的设想称为拼图，于是就有了"快乐拼图""幸福拼图"以及"爱情拼图"等说法，著名的未来学家奈斯比特也曾经把未来比喻为一幅拼图，他认为："未来，是结合了可能性、方向性、各种事件、曲折过程、进步与惊奇的集合体。如果我们想预知未来的模样……我们必须找到互相吻合、交杂与连接的各小块。是你自己，决定了未来图像的大或小。"① 除此之外，更重要的是，人们把对过去的认识过程比喻为拼图游戏，例如有的人把自己文章的标题拟定为"文化深沉记忆中的黄帝拼图""求索文化记忆中的神话拼图"等。与其他的认识领域相比，把对过去的认识比喻为拼图游戏更为恰当，因为过去曾经出现过一次，并且它在人们的记忆中留有一定的痕迹，只是这些痕迹就像一幅完整的图片已经碎片化了，我们通过分析和整理才能对过去有一个比较完整的认识，我们的认识结果就是那幅经过拼接之后形成的图片，而且这个图片就像拼图一样，各部分之间存在着可以辨识出来的比较明显的裂缝。另外，我们还需要指出，二者之间也存在着一定的差异，历史认识结果并不是像拼图那样是对原有图片的完整再现，它在很大程度上是对原有场景的不完整再现，历史拼图可能永远处于一种未完成状态，这在一定程度上也就要求在不同的历史时期需要对历史进行重作。

虽然历史永远是一种未完成的拼图，但是我们依然可以从拼图游戏中辨认出人类认识历史的基本能力，这就是他们具有对若干互不连续的残片进行整体拼接的能力。为了认识这种能力，我们先来看看拼图游戏的工作程序，在进行拼图的时候，首先要对图片有一个整体的印象，然后按照碎片上面的颜色和线条对于碎片进行分类，在进行拼接的过程中，我们是先从边角开始的，然后依据这些边角的特征逐步扩大，按照图片的相互连续的特征逐步拼出一幅完整的图片。在这个过程中，表现出人类具有这样几个方面的基本能力，首先是对事物进行分类的能力，把具有相同特征的一系列碎片分到一个组。分类可以依据不同的标准进行，首先可以按照形状进行分类，把那些具有边角特征的碎片分到一类，再把那些具有中间部分特征的碎片分到一类；然后再按照颜色的不同对中间部分的那些碎片进行分类，例如把那些颜色呈现红色的分到一类，呈现蓝色的分到另一类，在一个碎片上有着两种颜色的变化的分到第三类，这个组中的碎片往往是两

---

① ［美］奈斯比特：《未来像一个拼图》，译者杨松，摘《意林》2007 年第 8 期。

个颜色集团之间的过渡，依此类推，直至把所有的碎片归类。编组分类之后，记忆和分析判断能力就开始发挥作用，正式开始拼的时候，总是先确定边角，然后一片片地扩大范围，在这个过程中，我们首先要构想下一个碎片可能的颜色、图案或形状是什么，其后依据自己头脑中的记忆到对应的组别中去寻找，这个过程往往不是一次就能解决的，需要不断地进行试验，直到找到一块碎片和周边的环境完全吻合为止。有的时候还可能出现这种情况，那就是找来找去都找不到合适的碎片，这时候就要使用胡塞尔的现象学方法了，把那些暂时解决不了的问题悬置起来，转而从其他位置解决问题，当其他位置的问题得到解决之后，前面没有解决的问题相应地就会降低难度，问题就可能会迎刃而解。如此反复，只要有足够的耐心，不因为遇到困难而放弃努力，那么最终都会有一幅完整的图画呈现在游戏者的眼前。上述的拼图过程和历史研究过程是何等的相似，它们都是在材料不完整的状态下构建一个完整的连贯的景象，它们的不同在于，拼图游戏构建的是一幅图画，而历史研究构建的是一种思想或事件的过程。但是不管它们二者之间有多么大的不同，在历史研究中需要的各种能力和品性在拼图游戏中都得到了表现和应用，而且更重要的是，人们运用这些能力和品性最终能够产生积极的效果，即通过努力，人们最终构建了一幅完整的图画。

在这里我们会遇到一种质疑，他们会说：拼图游戏所使用的各种碎片原来就是从一幅完整的图画上切割下来的，其中并没有遗失的部分或环节，所以最终它能够拼接出一幅完整的图画；但是，与此不同，历史研究所依赖的材料却是残缺不全、零散错乱的，存在一个环节，却缺少了另一个环节，就是同一个环节也许还会出现规格不同的两种或多种表述，存在这么多不可控制的因素，历史研究最终能不能构建一个完整的陈述就会很成问题。对于这个问题，我们在前面的叙述中实际上已经有了答案，那就是我们承认历史叙述永远不可能是一幅完整的拼图，它总是处于一种未完成状态；这种未完成状态并不影响历史研究的意义，反而给历史研究留下了广阔的发展空间；对于那些未完成的、在现有的条件下不能解决的问题，我们不要一味地专注于其中，我们经过努力解决不了的问题就先把它打上括号，悬置起来。这个问题之所以在此时不能得到有效的解决，在很大程度上是因为周边条件没有成熟，等到条件成熟之后，类似的问题将很容易得到解决。

（二）根据局部特征认人的游戏

每一个人都有自身的标志性特征，甚至每一个部位都有自身的特殊性标志，把一个人的照片的大部分遮盖起来，只露出鼻子、眼睛或嘴巴等，我们可以通过对这些局部特征的判断，而得知这个人到底是谁，或者这个人具有什么样的身份特征。这种技巧在罪案侦查的过程中被广泛采用，比如一只手如果是粗糙的长满老茧，那么就可以判定这个人是体力劳动者，或者根据老茧或骨骼的特殊构造判断这个人经常会从事哪些方面的劳动。类似的事例能够说明人类具有根据局部特征还原整体的能力。

历史事件也往往具有这方面的特征，它留在文献记载中的往往只是几句话，但就是这几句话却隐藏着大量的事实，只要你用心去观察，你总能有一些意想不到的收获。我在这里举两个比较简单的事例来说明这个问题。有一次去食堂吃饭，食堂的公告栏上贴了一张通知，上面写着：食堂三层新添煮方便面。同伴就说："新添一个煮方便面还至于发一张通知吗？"对此，我认为，食堂的这个通知隐藏着丰富的信息，第一是食堂方面的市场调查，煮方便面是否会有销路，人们愿不愿意购买煮方便面？第二，食堂要购买煮方便面的专用的炉灶，配备专门的人员，占用专门的窗口，这代表着对于以前的饮食结构的调整，食堂推出了新的吸引客户的举措；第三，食堂还要改变原有的采购清单，让采购人员照单采购所需物品；第四，经过一段时间的运营，食堂经理需要进行成本核算，计算盈亏，从而决定食堂是否需要继续经营这个项目；第五，食堂新设这个服务项目，就会提供一个或几个新的就业岗位，解决一个人甚至一家人的生活来源问题，随之而来的是一系列的社会效应；第六，这一新服务项目的推出，很可能改变许多人的饮食结构，他们会在一日三餐之中有一餐选择煮方便面。另一个事例发生在我外出旅游的过程中，在旅游的时候，一位朋友接待了我们，聊天时，他给我们介绍了他做生意的经验。有一次当地的报纸上说要建设开发区，看到这条新闻，有的人可能想到的是征地占地，机器轰鸣，尘土飞扬，外地劳工，等等，但是我们的这位朋友看到这个新闻后首先想到的是建开发区就要修路盖房子，修路盖房子就需要大量的建筑材料，于是他就琢磨着从这里如何赚钱，他购进了一批电源插座，结果在建开发区的过程中获利颇丰。这两个事例说明，在一个简单的陈述下面隐藏着大量的事实，人们可以通过某一事件呈现出来的片段以逻辑思维的形式构建这一事件的主体框架，这种构建并不是偏离事实的虚构，构建出来的环节也在很大程度上内在地包含在事件的发展过程之中。在历史研究过程中，有的历史学家抱怨历史材料不全，历史研究举步维艰，这种状况并不是难以克服的障碍，有时候一句话就能启发读者写一篇文章甚至是一部著作，这其中关键的因素就是发现这些词句背后隐藏的各个环节和事态发展的可能性，从而在主体思维中构建历史事件的过程。再者，在历史研究过程中，存在的困难并不是史料太少，没有足够可用的材料的问题，而是材料过于庞杂，一个人即使耗费毕生的精力都难以穷其边际的问题。正因为这样，梁启超在《中国历史研究法》一书的"自序"中感叹：

> 中国历史可读耶？二十四史、两《通鉴》、九通、五纪事本末，乃至其他别史、杂史等，都计不下数万卷，幼童习焉，白首而不能殚，在昔犹苦之，况于百学待治之今日，学子精力能有几者？中国历史可不读耶？然则此数万卷者以之覆瓿，以之当薪，举凡数千年来我祖宗活动之迹足征于文献者，认为一无价值而永屏诸人类文化产物之圈外，非惟吾侪为人子孙者所不忍，抑亦全人类所不许也。既不可不读而又不可读，其必有若而人焉，竭其心力而求善读之，然后出其所读者以供人之读。是故新史之作，可谓我学界今日最迫切之要求也已。①

在梁启超的时代，他尚且感叹史料之庞大而难以整理，在当今的互联网时代，知识生产的速度应该是当时的万倍尚且不止，当你生活在地球的一端就能听到另一端某个家庭的小孩的笑声。资讯像洪流一样铺天盖地裹挟着现实生活中的每一个人，同一个历史事件有文字描述，也有影像和声音，甚至被编辑成多媒体或者是动画的形式加以传播。可是，奇怪的是在如此众多的资讯作用下，对于历史认识人们却越来越没有信心，主观主义、相对主义和怀疑主义在历史研究领域喧嚣一时，这种现象为什么会出现呢？这种现象的出现似乎可以归因为以下的一系列连锁现象，即资讯越

① 梁启超：《中国历史研究法》，上海古籍出版社 2006 年版，第 3 页。

多，呈现出来的主体也就越多，对于同一个事件人们表达着不同的态度，于是就造成历史的迷局，人们不禁要问到底哪一种声音是历史事件的真实反映，抑或每一种声音都不是历史事件的真实反映？我们认为，对于这种现象，历史学家产生迷惑是没有必要的，因为认识主体的不同和他们所体认的意义和价值的差异，这是历史进程中最为真实的层面。当然，他们所评论的历史事件本身也是真实的，这种真实也同样具有坚实的基础，所不同的是他们之间对同一事件的解释。解释是历史主体真实需求的反映，这种真实也是确定地从其内心中所产生的。所以在这里就出现了两重的真实性，一个是历史事实之本"是"，另一个是在历史评论者心中产生的"应当"，历史评论者心中的"应当"不是历史当事人心中的"应当"，"是"对应着若干种"应当"，"应当"也试图涵盖无限量的"是"，但"是"和"应当"之间不存在必然的联系，这已经是被休谟所论证过的古老的命题。虽然它们之间不存在必然的对应关系，我们把它们分割开来就会发现，"是"是人们通过观察所获得的真实，属于历史现象，它具有真实的成分；"应当"是人们对那个"是"的评价，它也是真实地涌现于历史评价者的心中，它的真实性也不减分毫。我们在这里并不是要否定历史研究者在历史研究过程中作出自己的评价，而是要求把历史研究者的评价和历史当事人的思想和心理作出区分，不要以历史研究者心中的"应当"去取代历史当事人心中的"应当"，从而达到以这一方来否定或肯定另一方的目的。

（三）默契测试游戏

在电视台的娱乐节目中，经常会出现测试两个参加者的默契程度的游戏环节。这种默契测试的基本环节就是让其中一个人根据与另一个人相处的经验，判断另一个人在特定的环境中会做出什么样的选择，然后把这个人的判断与另一个人本人的判断相对照，看看二者是否一致。应该说，这样的游戏主要还是一种心理游戏，目的就在于判断一个人是否能够在自己的心中重演另一个人的选择过程，参加游戏的双方或者是母女，或者是朋友，或者是夫妻或情人，通过他们的选择我们可以看到，双方的选择出现一致的概率还是比较大的。但这种游戏中还存在一些问题，那就是一个人也许对自己在特定环境（例如自己喜欢什么样的颜色，喜欢吃什么样的食物等）中会做何选择都不是很确定，这时却要让别人猜测自己会做出什么样的选择，那就有一定的难度了，在双方选择的过程中即使出现一致，那也仅仅是一种巧合，并不能够说明什么实质性的问题，也就是说不能说明一方对另一方的思想在自己的头脑中进行了重演。另外，在这种游戏中，双方为了达到选择结果的一致，容易相互猜测对方心中在想什么，一方会琢磨另一方在这种情况下会做何选择，于是过去相处的经历像过电影一样在头脑中回想一遍，最后依据某些与此类似的景象做出自己的选择；而被试的另一方在心中想的却是他会认为我在想什么的问题，于是在自己心中把过去共处的经历再回想一遍，选取与题目类似的场景做出自己的回答。问题就在于，他们心中所想到的那个共处的场景可能并不是同一个，所以二者之间容易出现不一致。所以，在这种游戏中，二者出现一致的比例几乎和出现不一致的比例不相上下。但是即使出现这些不一致似乎也不能说明一个人不能对另一个人心中所想的东西进行推测，正像我们上面所说的，他们之间选择结果出现不一致的原因大致有三个方面，首先是因为测试的题目自身带有很大的随意性，一个人在题目设定的环境中并不必然得出某一确定的结论；其次是因为在游戏过程中，双方为了达到期望的游戏结果而使游戏过程受到许多意想不到的主观因素的干扰；再次是因为在没有任何可依据的主体言辞和可观察的行为的条件下做出选择，这只能是一方对另一方的可能行为的推测而已，也就是说这实质上是对一种未展开的未来行为的认知，未来存在许多不确定的因素，它绝不是一种可以加以认识的对象，一个人都不能确定自己未来会干什么事，让另一个人确定自己未来会干什么就更加困难了。

于是，这样一个问题就应运而生，即：我们在什么意义上能够知道他人的思想？历史研究在很大程度上就是对过去的历史事件中所表现出来的思想的重建，历史学家必须对历史当事人的行为作出解释，而解释在很大程度上说，就是对历史当事人的目的和计划进行解说，这种目的和计划存在于历史当事人的头脑之中，以思维和意识的形式存在着。人们能够加以观察和记录的只是历史当事人的行动和语言，这些思维和意识却不能通过感官的作用得以观察。柯林武德指出在研究历史的过程中要注意两个方面：

第一点要注意的就是，过去决不是一件历史学家通过知觉就可以从经验上加以领会的给定事实。Ex hypothesi［根据假设］，历史学家就不是他所希望知道的那些事实的目击者。历史学家也并不幻想着自己就是一个目击者。他十分清楚地知道，他对过去唯一可能的知识乃是转手的或推论的或间接的，决不是经验的。第二点就是，这种转手性并不能由验证来实现。历史学家知道过去，并不是由于单纯地相信有一个目击者看到了所讨论的那些事件，并把他的见证留在记录上。那种转手的东西充其量也只是给人以信念而不是知识，而且是根据极其不足而又非常靠不住的信念。于是历史学家又一次清楚地知道，这并不就是他前进的道路；他察觉到，他对他的那些所谓权威们要做的事，并不是要相信他们，而是要批判他们。①

历史学家认识过去，一方面不能依靠自己的经验，因为他自身不是过去事件的见证人；另一方面不能简单地通过引用见证人的记录来加以验证，对于见证人的记录首先需要采取的就是批判的怀疑态度。排除了经验和验证在历史研究中的有效性之后，在历史研究中能够采取的唯一途径就是历史学家必须在自己的心灵中重演过去，在自己的思想中去认识历史剧中人的思想，这就是我们通常所说的"设身处地"和"将心比心"，也就是"移情"，移情不失为历史研究的一种有效的途径。移情并不是人们可以随意进行的心理活动，它也受到若干条件的限制，首先，这种移情的作用是在掌握充分的历史知识的基础上来开展的。历史研究并不是每一个人都能从事的技能，只有掌握了充分的历史专门知识和研究方法的专业人士才能开展历史研究，历史研究也像医学实践一样，没有相关的医学知识就不能行医问诊，一个没有掌握相关医学知识的人就不能从一张 X 光片中看出任何问题。其次，移情还需要得到相关证据的支持。这些证据有的是实物，有的是文字，有的是口述。这些证据对我们的推论构成有力的支持，我们的推论在很大程度上是在各种证据之间起到一种黏合剂的作用。证据使历史学根本区别于文学，文学可以不考虑证据的因素而进行虚构，但历史学绝对不能脱离证据，这些证据必须来自于历史编纂者的头脑之外。再次，历史学家还需要一定经验因素的支持。历史当事人的行为是他自身经验的总结，是他的经验的文字表达；历史学家对于那些在经验基础上形成

① ［英］柯林武德：《历史的观念》，何兆武、张文杰译，商务印书馆 1997 年版，第388—389 页。

的历史叙述的理解还需要建立在自身经验的基础上，他们只有具有相似的经验才能对历史行为进行合理和深入的理解，这正像汤因比所提到的，他经过第一次世界大战的爆发，有了对于战争的体会之后，希罗多德的《历史》才在完全不同的层面上得以呈现。我们上边引用柯林武德的论述提到，历史研究不能依靠于经验，那里的意思是说历史学家不能再重复经验过去的历史事件，他们不能直接面对过去。但是我们在这里所说的经验和前面提到的经验具有完全不同的含义，它不是重新经历历史事件，而是指历史研究者具有类似的经验之后，移情作用才能有效地发挥，例如对于过去战争的理解，只有自身经历了战争或者激烈的矛盾冲突之后，才能对之进行移情。最后，移情不能针对过去的独一无二的思想发挥作用。"历史学家不可能就思想的个别性而领会个别的思想行动，就象是它所实际发生的那样。他对那种个体所领会的，仅仅是可能的和别的思想行动所共有的、而且实际上是和他自己的思想行动所共有的某种东西。……它是思想本身的行动，是在不同的时代里和在不同人的身上的存留和复活：一度是在历史学家自己的生活里，另一度是在他所叙述其历史的那个人的生活里。"① 综上可见，历史学家的移情是在各种条件规范下发挥其作用的，移情必然需要合理的基础才能有效地开展，这实质上是得到修正的默契测试，也就是历史学家在自己的思想里重演历史剧中人的思想和行为的过程。

正因为历史学家在历史研究中发挥了移情的作用，在历史著作中必然包含着历史学家的主体建构，于是，克罗齐就把一切历史归结为当代史；奥克肖特把历史归结为内在地包含着历史学家自身判断的经验形式，它是一个世界，而且是一个观念世界②；与此类似，雷蒙·阿隆也从现在的角度出发来对历史进行界定，他认为："历史是由活着的人和为了活着的人而重建的死者的生活。"③ 本来是关于过去的历史却和现在发生了千丝万缕的联系，甚至发展到要在历史和过去之间划定一条明确的界线的地步，历史只是一种现在的判断和一种主体结构。我们可以肯定，实际的历史学并

---

① ［英］柯林武德：《历史的观念》，何兆武、张文杰译，商务印书馆1997年版，第416—417页。
② ［英］奥克肖特：《经验及其模式》，吴玉军译，文津出版社2005年版，第95页。
③ ［法］阿隆：《历史哲学》，载田汝康、金重远《现代西方史学流派文选》，上海人民出版社1982年版，第95页。

不是像他们所说的那样，他们片面强调了历史学家在历史研究中的主体建构功能。历史学家虽然在历史研究中发挥了移情的作用，但是历史著作并不因为移情的作用而成为完全转手性或间接性的东西；它是在历史记忆和证据的基础上开展的符合历史实际的理解过程，这种理解过程是主体和客体相互趋向的融合过程，其中必定有一部分是来自于主体的外部，这一部分构成历史学家所进行的历史叙述的基础，这就是历史事实；另外还有一部分来自于主体的内部，这就是历史学家利用移情来进行想象的部分，这部分是原本比较零碎的历史事实的黏合剂，把原本分散的历史事实连贯起来，具有某种特定的结构，也就是像奥克肖特所说，历史学构成了一个"观念世界"，也就是形成了一个具有连贯性和完整性的世界，每一个概念或者事件都在这种连贯性和完整性中得到理解。这部分确实是主观建构起来的，但是我们还要重申，它是在历史事实的基础上进行的建构，而建构起来的这个观念世界是真实地存在于世界上某一个人的头脑之中，当它得到系统的表达之后，还会影响那些听众或读者的思想，在历史上真实地发生作用。由此可见，历史学具有双重的真实性，这种真实性一方面来自于历史事实，另一方面来自于合理的移情作用，来自于历史学家和历史剧中人的在思想上的"默契"。

在这一部分我们通过考察生活中存在的三个游戏对人类认识历史的基本能力进行了说明。拼图游戏反映出人类具有通过观察、思考和对同一事物保持持久的关注，通过对无数零散的碎片进行整理，最终形成一幅完整图画的能力；通过局部特征认人的游戏说明人类面对局部的不完整的信息具有还原事物原貌的能力；默契测试虽然在游戏进行过程中具有许多不稳定的因素，这些不稳定因素的出现主要是因为游戏环境的设置，游戏双方不能直接面对对方，也不能有必需的语言沟通，从而造成了游戏结果中不稳定因素的出现。在现实生活中，我们知道两个人之间可以保持高度的默契，有时候一个眼神就能传达自己的真实意图，再加上语言的作用，可能出现的误会或误解在很大程度上都能得到消除。有人可能认为，在现实生活中人们可以凭借观察和对话相互理解，但是对于过去的人物的理解，尤其是一些用晦涩的语言表达出来的思想和观念，我们有时候很难理解，又不能和作者对话，在这种情形下还能有理解的可能吗？不用怀疑，这里当然存在着有效的途径，那就是"再好好读几遍"①，书读百遍，其义自见。以上三种游戏反映出来的能力，正是历史研究得以开展所需要的三种主要能力，前两种能力体现在历史材料的选择、整理和分析过程中，最后一种能力体现在把经过选择、整理和分析之后的历史事实进行连贯并使其构成完整的观念世界的过程中。人类所具有的这三种基本能力保障了历史研究的有效性和真实性。

二　历史事实的遮蔽与去蔽

保持隐蔽是生物的一种自我保护的本能，植物具有隐身术，动物具有保护色，它们利用各种手段使自身和周围的环境融为一体，从而有利于自身觅食或者躲避天敌的侵害。人类也具有这种本能，他们建造房子，给房子装上门，给窗户拉上厚重的窗帘，有的还在自己居所内建造密室和地道，这些都是为了把自身的活动与外界相隔绝，使自己的行为不为外界所知晓，这就为秘密的产生创造了一个私人的空间。人类社会时刻都在产生着各种秘密，每个人又都希望破解秘密，于是就有了在锁眼中偷看的眼睛，在窗户下窃听的耳朵，在现代科技发展的情况下，又出现了窃听器、摄像头。人类在高度重视保护自身秘密的同时，也高度重视对于他人秘密的破解。秘密的有效保护能够给自己带来利益并使自己免于各种可能的侵害，获得别人的秘密就能在别人采取行动之前做好各种预防措施以及在双方对峙的过程中处于有利的位置。秘密在人类生活中具有重要的地位和作用，如果人类没有秘密，人类将会生活在一种透明状态之中，在面对一切可能的侵害时就会丧失有效的防护能力；人类的生活在不断地产生着秘密，秘密是人类生存的基本方式和重要手段。

我们可以从马克思《神圣家族》中的一段话中看到有关秘密的基本类型，马克思以提问的形式阐述了这个问题，他问道："现在成了全世界公共财产的是什么样的秘密呢？是国家中的无法纪的秘密吗？是有教养的社会的秘密吗？是伪造商品的秘密吗？是制造香水的秘密吗？还是'批判的批判'的秘密？都不是！这里说的是 in abstacto［抽象的］秘密，是秘密

---

① 这是南京大学的教授孙伯鍨向他的学生张一兵介绍的读马克思著作的经验，事见张一兵《文本学解读语境的历史在场》（北京师范大学出版社 2004 年版）一书的"序"。

这个范畴!"① 从这句话中，我们可以看到秘密的基本类型，它主要包括：（1）国家中的无法纪的秘密，也就是说一切违法的行为都会被当作秘密而隐藏起来，这些秘密表现为人类生活中的一系列违法的行为，杀人、放火、偷窃、抢劫和侵占等；（2）有教养的社会的秘密，在欧仁·苏看来这主要是指那些在上流社会中存在的爱情的秘密，以及在上流社会存在的支配欲、虚荣心、求名欲等，而马克思指出："这些被当作爱情的秘密的并不是情欲，而是神秘、猎奇、挫折、恐惧、危险，尤其是被禁止事物的诱惑力。"② 也就是说那些超出道德、社会和家庭约束之外的思想和行为成为秘密的又一种基本类型。（3）伪造商品的秘密，这主要是指工业、商业等经济领域中存在的商业秘密，劣质奶粉、有毒的蔬菜和各种低劣的产品等就构成这些经济领域中的秘密。（4）制造香水的秘密，这是指在独特的生产工艺和专业技能等方面产生的秘密，在现代社会许多专利产品就属于这个领域，这种秘密产生于对于自己知道或自己掌握的知识和技能的独占欲，这些知识和技能如果被其他人知道或掌握就会丧失自己在生产领域中占有的优势地位，由此它们便相应地成为秘密。（5）"批判的批判"的秘密，我们可以把这种秘密理解为存在于理论之中的未被揭示的实质或矛盾，这就像马克思在分析中所指出的"批判的批判"实质上是黑格尔思辨结构的体现，他们的理论"事实上是黑格尔历史观的批判的、漫画式的完成"③。（6）抽象的秘密，这种类型的秘密实质上指称的是一种普遍化的概念，它的地位就像黑格尔的绝对精神一样，这种秘密是作为绝对主体的秘密，它处于支配地位，各种领域中的具体的秘密是它的化身，一般化的秘密构成了"个人活动得以进行的普遍世界秩序"④。当然这最后一种秘密是马克思所揭示的"贩卖秘密的商人所体现的批判的批判或施里加先生所体现的批判的批判"的秘密，马克思侧重于指出这种秘密存在的荒谬性。⑤

秘密对历史研究造成很大的困难，所谓秘密就是那些被人刻意掩藏起

---

① 《马克思恩格斯全集》第 2 卷，人民出版社 1957 年版，第 91 页。
② 同上书，第 83 页。
③ 同上书，第 108 页。
④ 同上书，第 97 页。
⑤ 在这里需要指出的是，在上述的六种类型中，有的是欧仁·苏在他的小说《巴黎的秘密》中提出来的，如上面所列举的（1）和（2）；其他的观点很大程度都是马克思自己对于秘密类型的总结。

来的或者人类的能力暂时还涉及不到的领域或方面。这些秘密表现在两个方面，一方面是历史当事人心中知道但是刻意加以隐瞒的，也就是历史中发生的当事人不敢说或者不能说的那些历史事实，例如现实生活中的罪恶以及那些超越道德、社会和家庭约束之外的思想和行为等。另一方面是虽然在历史上确实发生过，但人们在当时的历史条件下不能加以认识的那部分历史事实，这部分历史事实往往以神秘的形式表现出来。例如，在早期的人类社会，人类不能说明产生风、雨、雷、电的原因，于是就创设了四个神来管辖这四种自然力量。这些历史形式以秘密的形式出现，它们是被遮蔽的历史事实。由于这一部分历史事实处于遮蔽状态，而这部分事实对于历史进程总会产生某种重要的影响。于是，有的人就会认为，如果历史学家在历史研究中不能发现这些被遮蔽的秘密，那么他对历史事件的描述在很大程度上就是不完整的，不完整的历史研究必然存在着重大的缺陷。但是事实并不是这样，秘密并没有对历史研究造成多么大的实际的影响，这其中的原因主要在于秘密的特点以及人类对秘密的防控机制的存在。

首先，人们心中有秘密，同时也就会产生述说秘密的愿望。以前曾经有过一首很流行的歌曲，叫作《粉红色的回忆》，歌中唱道："夏天夏天悄悄过去，留下小秘密，压心底压心底不能告诉你；晚风吹过，温暖我心底，我又想起你；多甜蜜，多甜蜜，怎能忘记；不能忘记你，把你写在日记里。"夏天产生了秘密，不能告诉别人，但是自己还有叙述的欲望，最终把它写在了日记里。夫妻之间也会产生秘密，这些秘密也许一辈子都不能说，但是在一方临死的时候，总是会一股脑地把这些东西告诉对方。中国社会向来产生许多家传秘方，这些家传秘方是一个家族的秘密，但是在秘方的继承人将死的时候，也总是会寻找继承人，使这个秘方能够世代延续。

有的人也许会说，你说的那些都是无关大碍的秘密，说与不说都没什么关系；但现实生活中有许多秘密却关系重大，如果被别人知道，就可能危及自己的生存。隐藏这些秘密的人，他也会把这些秘密说出来吗？是的，他会说。赫拉克里特曾经说过一句意味深远的话，他说："人们如何能在永远不灭的东西面前隐蔽自身。"海德格尔在他的论文中提到："赫拉克里特这个箴言为亚历山大里亚的克力门引用在他的《教育家》（*Paidago-gous*）（第三卷，第 10 章）中，而且被用作一种神学——教育思想的例证。他写道：……'也许一个人能够在感官可感知的光亮前隐蔽自身，但在神性的光亮面前这是不可能的，或者如赫拉克里特所说的……'。亚历山大里亚的克力门想到的是上帝的无所不在，上帝看到了一切，也包括在黑暗中做下的恶行。因此之故，在其著作《教育家》的另一处（第三卷，第5章），他又说：……'只有这样，如果一个人坚信在他身边处处有上帝在场，那他就决不会摔倒'。"① 亚历山大里亚的克力门对于赫拉克里特这句话做了符合基督教神学思想的解释，把赫拉克里特所谓的"永远不灭的东西"理解为上帝，在上帝的观照下，任何事物都不能保持遮蔽状态。克力门对于赫拉克里特的解释具有浓重的神秘色彩，他的解说并不符合实际。那么我们应该如何理解赫拉克里特这句话呢？我们下面以人类的罪恶为例来说明这个问题。我们知道，罪人对自己的罪恶能够遮蔽，但是不能永远地遮蔽。被遮蔽的东西并不是安静无事的，而是在生长的，这就像处于阳光照射不到的地方的枯枝败叶一样，它会长毛腐烂，发出令人作呕的霉气。罪恶虽然是被遮蔽但是它总有大白于天下的时候，并且是带着更加邪恶的味道现身。由此可见，人类不可能在永远不灭的东西面前隐藏自身，这个永远不灭的东西就是自己心中的伦理道德观念，俗称"良心"，人类在自己的良心面前，任何罪恶都不可能被遮蔽。

其次，秘密在时间中呈现出的去蔽的过程。上面我们已经说过，秘密除了那些自己心中知道但是他自己不敢说或不能说的部分之外，它还包括在历史过程中确实发生但人们在当时的历史条件下不能对之加以认识的那些东西。对于这后一部分的秘密，人们对它的认识总是随着历史的进程而加深的，例如，上面我们所说的自然界中风、雨、雷、电的原因，在人类社会的早期，人们不能对这些现象进行说明，但是到了现代社会，这些现象就不再具有神秘性质，我们能够对其形成和发展的原因和过程加以说明，并且在很大程度上还能预告未来的天气变化。对于自然现象的认识相对来说是很简单的事情，但是对于人类思想和行为的认识要复杂得多，例如我们对于《论语》的认识，在不同的历史时期都会有不同的见解，这说明对于《论语》的理解具有很大的个体差异性，在各种差异的解释之中，

---

① ［德］海德格尔：《演讲与论文集》，孙周兴译，生活·读书·新知三联书店2005年版，第284页。

我们很难判断哪种解释是正确的，哪种解释是错误的，它们都包含正确的意见和思想，而随着历史认识的不断丰富，人们对于《论语》思想内涵的发掘也就愈益深入。这正像李大钊所言："过去的人或事的消亡，成就了他们的历史的存在；自从他们消亡的那一俄顷，吾人便已发见之于吾人的想象中，保藏之于吾人记忆中。他们便已生存于吾人的记忆中想象中了。吾人保藏之愈益恒久，即发见之愈益完全，即解喻之愈益真切。"① "历史要随着它的延长，发展，不断地修补，不断地重作。他同他的前途发展得愈长，他的过去的真实为人们所认识的，愈益明确。"②

最后，人类社会中还有许多秘密是人类所不知道的，那些人们不知道的秘密对于历史研究不会造成什么比较严重的影响。秘密往往产生在思想过程之中或者在私人空间之中，在思想过程中产生的秘密如果没有在外界得以表现，那么它至多只是流产的计划，不会对历史进程产生任何影响；在私人空间中产生的秘密如果不加以扩大化，那么它的影响就是非常有限的，在历史进程中也就不会产生什么重大的作用。没有处于去蔽之中的秘密，其历史作用是非常有限的，对于历史进程不会发生什么实质性的影响，在历史研究过程中也就是可以加以忽略的部分。

综上所述，秘密虽然在历史过程中是处于被遮蔽状态的，但是许多秘密同时也呈现出一种自行去蔽的过程，去蔽之后的秘密如果具有比较重大的历史意义的话，那它就会相应地得到记录并进入历史学家的研究视野；还有一些秘密是保持遮蔽的，对于这部分秘密来说，只要它始终不公开化而进入公众的视野，那么它的历史作用就是相对有限的，不具备成为历史研究对象的质素。因此，秘密，也就是那些不为人知的历史环节，并不会对历史研究产生任何决定性的影响。

---

① 李守常：《史学要论》，商务印书馆 1999 年版，第 80 页。
② 同上书，第 82 页。

第四章 历史文本及其在理解真实性中的作用

　　人们可以通过许多途径与历史接触，有的人把主要研究兴趣集中于器物的研究，有的人从地方语言的发展和演变来面对历史，有的人通过研究原始部落来探究人类历史，还有的人则侧重于研究民间传说和神话故事，但是其中更多的人的最主要的方式还是开展文本研究。"在对过去所发生的事件开始进行调查时，历史学家会收集相关的证据，而证据则总是难免以文本的形式出现。"① 由此可见，文本在历史研究中占有极为重要的地位，历史研究或者最终形成文本，或者凭借对于文本的理解和解释得以开展，没有文本就没有历史研究。文本对于历史认识的真实性具有重要的影响，这主要包括两个方面，一方面是在形成文本的过程中，作者能不能真实地反映历史事件的过程？另一方面是在对文本的理解过程中，读者能不能理解作者的原意，在理解之后又能不能对之进行合理的解释？本章的第一节涉及有关文本的一些基础知识，其中包括文本的含义及其特点、历史文本的内容与形式之间的关系。第二节主要涉及作者、文本与读者之间的关系，作者在文本中加入了什么，读者从文本中得到了什么；在文本形成过程中，预想的读者如何规范着作者的写作过程。最后一节我们主要说明的是历史文本在解释中的生态链，我们在其中坚持的主要观点就是如果我们在理解和解释过程中遇到困难，仅仅通过回到文本并不能解决任何实际问题，我们还必须参考和回顾对文本的一切可能的解释，在解释的生态链中逐步认识事情本身，解码作者的意图。

---

　　① ［澳］麦卡拉：《历史的逻辑：把后现代主义引入视域》，张秀琴译，北京师范大学出版社2008 年版，第 27 页。

第一节　历史文本的内容与形式及其辩证关系

一　文本的含义及其特点

当今的学界对于文本的概念存在着泛化的趋势，几乎要把世间存在的一切事物都归入文本的范畴之内。有的人撰文对"科学文本"进行了界定，认为科学家所面对的正是一个文本的世界。第一，狭义上的科学文本是指历史上流传下来的科学知识理论，其次是指科学仪器文本，这是一些具有可读工艺的科学仪器，"这种文本就书写在具有人类可控的科学仪器上"。第二，"就广义而言的科学文本，我们可以将自然视为一本打开的书，科学的任务就是解释自然界的实际事件、过程和现象。"① 这种文本界定的思路是只要能够构成科学研究的对象和手段就属于文本的范畴。这种解释方法明显受到罗兰·巴尔特和保罗·利科的影响，前者把服装、食品、家具等也看作具有纵横二元结构的符号文本，后者则通过对"有意义的行为"的文本属性的确认，他所谓的文本就包括"全部书写的话语，文本和类似于文本的东西"②。另外，伽达默尔也曾经对伽利略"自然之书"的比喻进行过说明，他认为："这种书是上帝用自己的手指写下的文本并由研究者进行破译的文体，也就是说，通过研究者的解释使它可以被人阅读，得到理解。"③ 伽达默尔在这里对于"自然之书"这个比喻进行了全面的解释，按照书籍的格式规范自然，自然除了具有它的作者（上帝）之外还有它的解释者（研究者）。凭借对"自然之书"的解释，他获得了文本最为广泛的概念界定，他认为："凡是我们把事物归并进经验时遇到阻力的地方，凡是回溯到想像的所与物时能为理解指出一个指向的地方，文本这个词就会得到广泛传播。"④ 在这里，伽达默尔在文本和解释之间建立

① 吴琳：《科学文本的边界与意义解读》，《科学技术与辩证法》2007年第3期，第29页。
② ［法］利科：《解释学与人文科学》，陶远华译，河北人民出版社1987年版，第29页。
③ ［德］伽达默尔：《诠释学Ⅱ：真理与方法——补充和索引》，洪汉鼎译，商务印书馆2007年版，第411页。
④ 同上书，第410—411页。

了紧密的联系，凡是解释指向的对象都可以被称为文本。

文本能够与解释指向的对象画等号吗？显然答案应该是否定的。对于文本概念的普遍化阐释会带来两个方面的困难，首先是混淆了解释指向的各种对象之间的界限。解释可以针对不同的对象来开展。波普尔曾经作出关于"三个世界"的划分，"世界1"是指物理世界，包括物理的对象和状态。"世界2"是指精神世界，包括心理素质、意识状态、主观经验等。"世界3"指人类精神活动的产物，即思想内容的世界或客观意义上的观念的世界，或可能的思想客体的世界；它包括客观知识和客观的艺术作品；构成这个世界的要素很广泛，有科学问题、科学理论、理论的逻辑关系、自在的论据和问题境况、批判性讨论、故事、解释性神话、工具等。[①] 这三个世界都可以分别构成人类解释的对象，但是在三个世界之间的界限却是泾渭分明的，"世界1"主要是物质世界，"世界2"主要是精神世界，"世界3"是物质和精神相交融的世界，具有物质的形式反映着精神的内容。我们在最广泛的意义上也许能够把"世界3"称为文本，但是"世界1"和"世界2"与文本是绝对不同的人类认识对象，三者不能混淆。其次，把自然也界定为文本，那么必然会造成把文本属性移植到自然之上的谬论。英语的 text 来自于拉丁语 texere，原义是"编织"，引申义中包含"原文""演讲稿""正文""版本""引文"等。不管 text 采用上述哪一种含义，在它所意指的对象的形成过程中必定包含着人的行为，也就是在人的组织和安排下，文本才得以成形。文本的这种属性是和自然根本不同的，我们在面对原始森林的时候，也许会以一种神秘的态度惊叹其为"鬼斧神工"，也可以把它形容为"钟灵毓秀"，但是绝对不会有人把它称为"人文胜境"。自然和人文是两个不同层次的概念，不能混同视之，文本应该属于人文的领域。

上面我们侧重于分析了文本不是什么，那么文本应该是什么呢？我们认为，文本是人造的，除此之外，它还与符号存在着密切的关系。什么是符号呢？索绪尔认为："我们把概念和音响形象的结合叫做符号，但是在日常使用上，这个术语一般只指音响形象，例如指词（arbor 等等）。人们容易忘记，arbor 之所以被称为符号，只是因为它带有'树'的概念，结

果让感觉部分的观念包含了整体的观念。"① 概念即所指，音响形象即能指，所以符号也就是所指和能指结合在一起的整体。文本是由符号构成的，文本由此可以界定为"内容连贯、作为一个整体用于交往功能的、有限序列的语言符号"②。那么具体来说，文本包含着哪些形态呢？在现代的语境中，文本主要包括五种基本形态，第一种形态以日常语言的形式表现出来，我们平时说的话、民间传说、地方方言等属于此类。第二种形态是私人性质的日记、笔记、信件和科学报告等，伽达默尔把这种文本称为最弱级的文本，它们都是为特定的具有共同经历或者知识结构的人或集团而书写的，这种文本一般存在着原始读者，这个原始读者或者是自己，或者是收信人，或者是科学家共同体等。第三种形态是各种采用象征符号系统的表达手段，例如音乐、绘画、广告、海报、漫画等。第四种形态是在现代电子技术下出现的各种电子文本，其中包括各种电子公告、电子数据、BBS、博客、播客等。第五种形态是指各种出版物（包括报纸、杂志、书籍等）和大众媒介（广播、电视、录像、CD 等）。

我们现在明确了文本的含义及其包含的各种可能形态，下面我们将对文本的特点进一步加以说明，文本的基本特点主要包括五个方面。

第一，独立性。独立性的含义是文本虽然产生于主体，却以脱离主体的形态而出现。它在较小的范围内表现为主体说出的话、写下的字或者做过的事；在较大的范围内，公众可以通过各种途径对它进行阅读和理解，从而使它具有公共性。不管从哪种意义上来说，文本都在它的生产者之外获得了一种独立的资格或地位，它的生产者在它取得独立地位之后，不能对它进行改变，只能对它进行重新解释。在现代的技术条件下，有的人可能认为电子文本是一种例外，因为作者在发布某一电子文本之后，依然可以对它进行修改或者删除，在这种情况下，文本的独立性表现在什么方面呢？这在一定程度上类似于人们曾经说过的话，只要这句话一经表达，就会在听者的头脑中留有印象，说出的话就像泼出的水一样，覆水难收。从电子文本的产生到它被修改或删除之间总是存在一定的时间间隔，在这段时间间隔之内与这个论述相关的或感兴趣的人可能会对之进行阅读或者转

---

① ［瑞士］索绪尔：《普通语言学教程》，高名凯译，商务印书馆 1980 年版，第 102 页。
② 转引自姚燕《跨文化的文本理解与交往》，《哲学动态》2004 年第 5 期，第 14 页。

载，在人们的头脑中留下记忆，产生一定的社会影响。

第二，可读性。作者撰写文本的主要目的就在于表达，表达则是为了被人理解和认同，文本能够被人理解的基本途径就是具有可读性。没有可读性的东西，例如人们在极度无聊的情况下的随手涂鸦，就会丧失作为文本存在的价值。伽达默尔认为："诠释学的考虑则正相反，它唯一关心的就是对所说出的话进行理解。……所以，首要的前提就是，某种表达在听觉上看是可理解的，或某种文字表述可以被破译，从而以使对所说的话或在文本中所写的进行理解有所可能。文本必须是可以阅读的。"这就是说文本必须具有可读性，"它的否定的对应词是不可读性，它总是意指作为文字表达的文本无法完成它的任务，无法使文本中记述的事情不受阻碍地得到理解"①。

第三，连贯性。文本是为了表达自己的一定的意图，符号构成句子，句子构成段落，段落构成篇章，不管是句子、段落还是篇章都要遵循一定的句法和语法规则，在句子之内包含着一定的结构，不同的符号分别担当着主语、谓语、宾语、状语和补语的功能，除此之外，句子内部各个部分之间还存在连接和嵌入的关系，连接是指一个句子和其他句子之间通过并列或转折的关系所具有的连贯性；嵌入指的是将一个句子（从句）包含到另一个句子（主句）里使其在句法上处于从属地位的一种方式。在句子之间也需要遵循一定的语法规则，句子之间存在主次、并列或转折等关系，前一句和后一句之间要前后搭配，保持意义上的一致。段落之间也需要前后衔接，层次分明，围绕同一个主题逐次展开论述。符号、句子和段落都保持密切的关系并且具有一定的结构，从而使文本成为一个前后连贯的整体。

第四，开放性。文本的开放性不是指文本本身可以接纳外来的因素，文本一经形成之后，它就是固定的，一切外来因素都难以改变文本原有的符号和结构。文本的开放性是指在对文本进行解释的过程中，读者对于文本的理解并不是一元和封闭的，对于文本的理解并不是只具有唯一的向度，它往往是多元和开放的，不同的读者对于同一文本可以具有互

① ［德］伽达默尔：《诠释学Ⅱ：真理与方法——补充和索引》，洪汉鼎译，商务印书馆2007年版，第412页。

异的解释，也就是文本在读者的理解和解释过程中具有开放性，文本为读者敞开丰富的意义空间，这就是所谓"只要有一千个读者就会有一千个哈姆雷特"。但是在这里我们要特别指出，文本阐释的开放性并不等同于文本阐释的随意性，读者对于文本的解释并不能随意进行，它必须以文本为依据，在上下文的语境之中对之进行理解和解释。但对于同一文本的同一观点发生争执的时候，最好的解决方式就是回到文本之中寻找依据，在两个或者多个读者之间围绕文本开展有效的对话，实现其本真意义的澄明。

第五，历史性。文本除了具有上述四个方面的特征之外，它还具有历史性特征。所谓文本的历史性特征也是针对文本的阐释而言的，在不同的历史时期对于同一个文本的阐释会有所不同。例如，在不同的历史时期，大家面对的都是同一个孔子，面对的都是大致相同的孔子曾经亲自编辑或者后人对之言行进行记录的文本，但是他在中国历史乃至世界历史上的形象却处于不断地变动之中，华东理工大学张荣明教授在讲座中认为："天下没有十全十美的人物形象。孔子的十种历史形象，在西方是哲人、智者、完人，在中国却喜忧参半地遭到'圣化''矮化''正统化''神化''僵化''维新化''丑化'，近似于七次洗礼。……在许多关键的历史时刻，人们或要拨乱反正，或要长治久安，或要改良改革，或要除旧布新，或要冲破罗网，而孔子也一再地受到关注甚至聚焦，成为崇高圣人、侏儒学者、思想领袖、神仙教主、僵化偶像、变法旗帜、腐朽靶子，身不由己地被历史潮流呼啸裹挟而去，在历史舞台上不断地变脸，扮演神圣或可笑的角色。"① 在不同的历史时期，对同一个人物、同一个文本的阐释虽然各异，但是需要注意的是，我们并不能把这些差异视同为虚构，一方面是因为每种观点的得出都有一定的文本依据；另一方面是因为每种结论的得出都解决一定的时代课题，它是在对现实问题思考的基础上得出的。不管从哪一方面来说它都不是单纯的虚构，都在不同程度上具有一定的真实性。正像对孔子的十种形象那样，每一种形象都从一个角度反映了孔子的面相，把这十种甚至更多种的形象综合起来，我们也许能够更加接近真实的孔子。

---

① 张荣明：《孔子在中国与世界历史上的十种形象》，《解放日报》2007 年 9 月 30 日第 7 版。

二　历史文本分析中的主观主义与形式主义倾向

后现代历史哲学在对历史文本的分析中存在着浓重的主观主义和形式主义倾向，这种倾向主要表现在三个方面，首先，它们割裂历史文本与历史实在之间的血脉关系，消解历史文本的指涉作用，也就是说历史文本的内容是主观的，与事实不能建立任何可靠的关系；其次，传统历史学所拒斥的一切主观因素，包括政治的与伦理的价值、传统与权威的意见、主体的选择等，都在后现代历史哲学中取得了合法的地位；最后，历史文本的形式与风格相比于内容取得了优先的地位，"内容是风格的派生物"①。下面我们将集中论述后现代历史哲学的这三个主要特征。

（一）历史文本与事实之间关系的断裂

瑞士语言学家索绪尔对于符号学、结构主义乃至后现代主义产生了非常重要的影响，他在《普通语言学教程》一书中对于语言符号进行了界定，他认为语言符号包括概念和音响形象两个方面。为了深入考察语言符号的性质，他考察了日常语言行为中的言语循环现象，他认为言语循环包括三个过程，首先是一个心理过程，即在对话一方的头脑中，一个概念引起一个相应的音响形象。接着是一个生理过程：脑子把一个与那音响形象有相互关系的冲动传递给发音器官，然后把声波从甲的口里播送到乙的耳朵，这是纯粹的物理过程。随后，循环在乙方以相反的程序继续：乙对声音的接收器官接收到甲传递过来的音响形象，把它传递到大脑，这是音响形象在生理上的传递；在脑子里，音响形象和相应的概念产生心理上的联结。这就完成了一个简单的言语循环，下面如果轮到乙方说话，新的言语循环过程得以产生。两个人之间的对话就是在这种言语的不断循环中开展的。②

我们从上面的言语循环中只能看到两个环节，一个是心理过程，由概念到音响形象，或者由音响形象到概念；另一个是生理过程，由甲的发音器官发出一个声音传递到乙的接收器官，或者是执行相反的程序，由乙到甲。在这里就会产生一个疑问，那就是概念是从哪里产生的呢？在这个问

---

① ［荷］安克斯密特：《历史编撰与后现代主义》，陈新译，《东南学术》2005 年第 3 期，第 72 页。
② 参见索绪尔《普通语言学教程》，高名凯译，商务印书馆 1980 年版，第 33 页。

题上，索绪尔反对将语言看作一种分类命名集，即一份跟同样多的事物相当的名词术语表。他认为上述看法是非常"天真"的，语言符号与事物之间并不存在必然的关联，"语言符号所包含的两项要素都是心理的，而且由联想的纽带连接在我们的脑子里。……语言符号连接的不是事物和名称，而是概念和音响形象。后者不是物质的声音，纯粹物理的东西，而是这声音的心理印迹，我们的感觉给我们证明的声音表象。它是属于感觉的，我们有时把它叫做'物质的'，那只是在这个意义上说的，而且是跟联想的另一个要素，一般更抽象的概念相对立而言的"①。经由这个过程，在索绪尔的语言学理论中，语言符号的两项要素（概念和音响形象，前者为所指，后者为能指）与物质完全脱离了关系，它们只是心理要素而已。由于符号只具有心理的性质，那么由符号构成的语言也只是"组织在声音物质中的思想"而已，从此索绪尔割裂了语言与事物之间的联系，在纯粹心理和思想的范围内对之进行了界定，人们使用语言的对话也仅是概念和思想的对话，他们不谈论任何事物。

索绪尔在对符号、所指和能指的性质进行了规定之后，进一步规定了符号学的基本原则，其中第一个原则就是符号的任意性，即："能指和所指的联系是任意的，或者，因为我们所说的符号是指能指和所指相联结所产生的整体，我们可以更简单地说：语言符号是任意的。"② 索绪尔所谓的符号的任意性无非是指一个概念（所指）可以用不同的音响形象（能指）来加以表达，例如"牛"这个所指的能指在汉语中是 niú，在法语中是 b-ö-f［bœuf］，在德语中则是 o-k-s［Ochs］。在一定的语言环境中特定所指的能指"是以集体习惯，或者可以说，以约定俗成为基础的"③。符号的任意性实质上是能指的任意性，代表一个概念的音响形象并没有确定的基础，它只是一种集体约定而已。

在语言中，一个所指可以对应不同的能指，一个能指也可以对应不同的所指。一个音响形象总是对应着若干种概念，例如"牛"在汉语中可以指一种动物，也可以指人的一种秉性（固执或者骄横等），也可以指某人把一件事干得比较漂亮，同时它还是百家姓之一。能指的多种所指造成了

---

① 参见索绪尔《普通语言学教程》，高名凯译，商务印书馆 1980 年版，第 100—101 页。

② 同上书，第 102 页。

③ 同上书，第 103 页。

解释的复杂性，所指的飘忽不定造成了理解的多维空间。对于同一个符号，人们可以从这个角度加以理解，也可以从那个角度加以理解，因此，在语言的使用中就很容易造成误解。在两个人的对话过程中，这种误解可以在对话中有效地得以消解，在产生误解的地方，甲方可以通过询问的方式要求乙方给予确切的解释，乙方在对自己说过的话的解释中接近自己的本真意蕴。但是，这种解释路径在对历史文本的阅读中却不能适用，历史文本不是以音响形象的形式表现出来的，而是以文字的形式得以表现。文字是能指的能指，是对音响形象的字符表达。读者在阅读的过程中面对的不再是作者，而是一种固定的物化的文字。文本脱离作者获得了独立的地位，对文本的理解不像日常对话那样是两个主体之间双向交流的过程，而是一种单向的过程，读者在理解过程中出现断裂的时候，不能直接向作者质询，这就像巴尔特所说的作者已经死了，读者的理解过程只能像柯林武德所提示的那样，阅读的过程是不断地提出问题的过程，"这些问题并不是一个人向另外一个人提出的，期待着这第二个人由于回答它们而能开启第一个人的无知。它们象一切科学的问题一样，都是科学家自己向自己提出来的"①。这也类似于苏格拉底的观念："灵魂与自己的对话"。读者的理解过程只能是自己提出问题自己解答问题的过程。

在读者的这种单向理解过程中，由于同一个概念可以用不同的文字进行表达，同一个文字又可以表达不同的概念，因此理解的断裂就会时常出现，对于这种断裂的联结是由读者自己作出的，很难与作者的原意建立什么样的稳定关系，于是，后现代历史哲学主张理解就是误解，作者退出，读者彰显；客体退出，主体彰显。一切文本都是理解的成果，它只能是一种误解，文本并不具有外部的指涉功能，文本并不包含和指涉文本之外的事实，由此德里达提出了"文本之外，别无他物"的论断。《开放时代》曾登载了一篇文章对德里达的这一论断进行了评价，文章中指出：

他否定文本对外的指涉性，此不啻将时间化的文本（史料）变成了无根之萍，任风漂流。由是观之，史家的书写只能是永续开放的语言游戏，而乏实指。传统史学奉为圭臬的史料分辨，例如：原始资料与间接

① ［英］柯林武德：《历史的观念》，何兆武、张文杰译，商务印书馆1997年版，第378页。

资料的区别除了标示时序，骤然失去任何实质的意义，因为凡是作为史料的文本皆沦为语言戏耍的一环，并无与生俱来的优先性，更遑论真确与否。至此，后现代理论的追随者方许大放厥词：历史乃是西方的神话。只因为史家可以恣意想象，则"史实"自然可以凭空捏造。①

(二) 主观因素在历史文本中的合法地位

后现代历史哲学在很大程度上是对以兰克为代表的客观主义史学的反叛，正像荷兰学者安克斯密特所设定的那样，后现代历史哲学的主要批判目标之一就是历史研究的"客观性"，安克斯密特是这样来描述传统史学这一主要观点的：

> 公元 2 世纪，卢奇安激励历史学家"如实直书"，1700 年以后，兰克说的几乎和他一样。这句话根本的意思就是说历史学家写作时应像一位不偏不倚的法官，避免任何派性偏见。……"主观性"和"客观性"这两个术语……其暗含之意是，历史学家应当始终是"客观的"，因为他可能存在的"主观性"将使他在自己的研究"客体/对象"，即过去中，添进一些只属于"主体"，即历史学家的东西。按照这种方式，历史学家如果强加给过去一些不属于它的东西，他就歪曲了过去。②

传统史学历经千辛万苦从历史研究中剔除的一系列主观因素，后现代历史哲学又通过批判传统史学把这些主观因素重新置入历史研究领域之中，这些主观因素包括政治的与伦理的价值、传统与权威的意见等。

安克斯密特认为"历史解释""描述""说明""历史叙述"等词语都不能恰当地表达历史著述的本质，他从艺术理论中借用了"表现"这个词来代替上述的说法。"一匹小木马对一个孩子来说，可能代表了一匹真正的马，因为它在孩子的眼中可能当作了一匹真马的替代品，而我们需要历史这门学科为的是自己利用这些过去的表现，它们可能最好的作用是充当

---

① 黄进兴：《"文本"与"真实"的概念——试论德希达对传统史学的冲击》，《开放时代》2003 年第 2 期，第 90 页。

② ［荷］安克斯密特：《为历史主观性而辩》（上），陈新译，《学术研究》2003 年第 3 期，第 80 页。

实际的但缺场的过去的文本替代物。"① 历史文本是对于历史的表现，历史表现不可能是对过去的精确再现，我们可以看到，一方面被表现物及其表现之间必然存在差异；另一方面表现物与被表现物之间的差异能够被悄然忽略（正像在孩子眼中木马被当作真马一样）。历史表现与历史实在之间的差异就是历史学家所具有的那些主观因素，其中最主要的就是历史学家的政治的与伦理的价值。这些主观因素的作用具有两面性，其中一方面，"伦理的和政治的标准，由于他们与历史学家的主题具有天然的密切关系，可能往往证明是有帮助的，而并非是更好地理解过去的一种障碍。"另一方面，"它们在这门学科以往既促成了最优秀的成果，也导致了最糟糕的情况"②。可见，安克斯密特在历史学家所具有的政治的和伦理的标准这个问题上坚持了辩证的观点，一方面认为它们有益，不可清除，"没有偏见就没有著述"；另一方面认为它们有害，把历史表现带到了糟糕的境地。为了取其精华弃其糟粕，就有必要发挥哲学的显微镜的作用，这个哲学的显微镜就是有关历史表现的本质的理论。"当我们以这部历史表现的显微镜来观察历史写作，首先就会发现美学标准的逻辑优先性。"③ 在这里我们就可以看到安克斯密特为历史主观性唱的赞歌的实质所在，它把历史视为一种艺术表现，在对历史叙事的评价中，首要的不是真实性标准，而是一种美学标准；美学并不排斥人的主观性，那么历史学也就不应该排斥历史学家的主观性。

在置入历史研究领域之中的主观性因素除了包括上述的政治的与伦理的价值之外，还包括传统和权威的意见。在启蒙理论中，传统和权威构成了理性发挥其作用的两大障碍，它们构成了一个人在开展认识之前所具有的前见的两个主要来源，传统使人轻率，权威使人盲目。但是伽达默尔的诠释学的一项重要内容就是为权威和传统正名，论证人们在开展认识之前所具有的前见的合理性。伽达默尔认为，对于一个人来说，权威是这样产生的："人的权威最终不是基于某种服从或抛弃理性的行动，而是基于某

---

① ［荷］安克斯密特：《为历史主观性而辩（上）》，陈新译，《学术研究》2003年第3期，第82页。

② ［荷］安克斯密特：《为历史主观性而辩（下）》，陈新译，《学术研究》2003年第4期，第81页。

③ 同上。

种承认和认可的行动——承认和认可他人在判断和见解方面超出自己，因而他的判断领先，即他的判断与我们自己的判断具有优先性。……权威依赖于承认，因而依赖于一种理性本身的行动，理性知觉到它自己的局限性，因而承认他人具有更好的见解。……权威根本就与服从毫无直接关系，而是与认可有关系。"① 传统与权威类似，它是一种"无名称的权威"。传统实质上是一种保存，"保存是一种理性活动，当然也是这样一种难以觉察的不显眼的理性活动。……无论如何，保存与破坏和更新的行为一样，是一种自由的行为"②。可见，传统也像权威那样不是来自于盲目的服从，它也是以理性和自由为基础的。伽达默尔在对传统和权威正名之后，最终所带来的就是人们从传统或权威那里获得的前见在认识活动中的合法地位，前见必然会影响到人们对于文本的理解和解释。

(三) 形式的内容

前面我们论述了后现代历史哲学在历史文本分析中的主观主义倾向，总括来说，他们认为历史文本的内容是主观的，"文本之外，别无他物"；另外，他们肯定了历史叙述中存在的一系列主观因素，认为它们是历史叙述中包含的不可分离的一部分。除了这些对于历史文本的主观主义论证之外，还有学者对于历史文本进行了形式主义论证，从而使文本的形式获得了优先于内容的地位和作用，海登·怀特和安克斯密特是这种观点的主要代表人物。

海登·怀特曾经把1979—1985年发表的八篇文章汇编成书加以出版，书名被拟定为《形式的内容：叙事话语与历史再现》。在这本书的"前言"中，怀特对于这本书的主题进行了说明："叙事远非仅仅是可以塞入不同内容（无论这种内容是实在的还是虚构的）的话语形式，实际上，内容在言谈或书写中被现实化之前，叙事已经具有了某种内容。"③ 后来，他在接受波兰学者多曼斯卡的访谈时进一步指出："你总是面对着两种取向。然而，历史学家们并不知道这一点，因为自19世纪以来，他们就被教导说，

① [德]伽达默尔：《诠释学Ⅰ：真理与方法——哲学诠释学的基本特征》，洪汉鼎译，商务印书馆2007年版，第380页。
② 同上书，第383页。
③ [美]怀特：《形式的内容：叙事话语与历史再现》，董立河译，文津出版社2005年版，第3页。

他们一定要在写作中保持文学效果和诗的效果。于是他们说的是：'你像一个科学家一样来做研究，然后，到写作的时候了，那好，写漂亮点儿，好让人们读起来轻松些；但你的写作给你讲述的真相除了妆饰之外，并没有增添任何东西。'这是错误的。任何一个现代语言学家都知道，表现形式乃是内容本身的一部分。这就是我将自己的近作取名为《形式的内容》的缘故。……意识形态与事物的形式相关联，正如它与特定表现的内容相关联。选择形式就已经是在选择某个语义领域。"①

　　在怀特看来，文本的形式远非可有可无的装饰，它本身就具有内容，除此之外它还先于内容并且在规范着内容。那么这些形式是什么呢？在回答这个问题之前，我们必须首先知道怀特所界定的历史是什么。怀特是遵循这样的模式来对历史进行界定的，这个模式可以表述为："没有……，就不成为历史；而有……，则成为历史，但它却是虚构的。"下面，我们来看一看怀特的表述，他说："人们普遍认为，无论一位历史学家在叙述事件时可能如何客观、评价证据时如何审慎、记载确定事件的日期时如何谨慎，只要他不能给历史实在一种故事的形式，其陈述就仍不能成为严格意义上的历史。"② 可见，在怀特看来，有没有故事的形式是区别一个文本是否属于历史的标准；那么，故事的形式是什么呢？从他下面的论述中可以看出，他所谓的故事的形式是指历史叙事要像故事那样具有一个中心主题，要有明显的开头、中间和结尾，要有戏剧性，要有命运的突变，总之要有故事所有的一切的结构和意义顺序。只有具有这样的故事的形式，才是严格意义上的历史。下面我们继续来看一看具有了这些故事形式的历史的命运如何？"实在事件系列具备我们所讲述的有关虚构事件的故事之形式方面的属性，这种观念只能在愿望、白日梦和幻想中找到根源。构造完好的故事一般具有中心主题、适当的开头、中间和结尾以及一种能够使我们在每一个开头都能看出'结尾'的一致性。世界真的以这种构造完好的故事的形式在人类直觉中呈现自身吗？"③ 从这里就可以看出，具有故事形

---

　　① ［波兰］多曼斯卡：《过去是一个神奇之地——海登·怀特访谈录》，彭刚译，《学术研究》2007年第8期，第82页。

　　② ［美］怀特：《形式的内容：叙事话语与历史再现》，董立河译，文津出版社2005年版，第8页。

　　③ 同上书，第32页。

式的历史无非是一种虚构，实在事件系列之中并不存在构造完好的故事形式。这就是怀特给历史学家设置的圈套，他希望历史学家能够上当，但那只是他的一相情愿而已。面对他设置的这个圈套，历史学家会说："我不在乎那个，我得继续做我的事情。"①

在这一部分的最后，我们引用安克斯密特文章中的一段话作为结束：

> 对于现代主义来说，风格是该诅咒的东西，或者最多是不相干的东西。……但是……如果不同的历史学家致力于研究同一个主题的不同方面，由此产生的内容上的差异不妨描述成处理那个研究主题的一种不同风格。……或者，用盖伊的话说，"方式"，即风格同时暗示了某种有关"事物"，即"内容"的决断。并且，在风格和内容可以彼此区别之外，我们甚至可以把优先权赋予风格而不是内容；并且，由于种种史学观点不可公度——也就是指这一事实，即观点的历史差异，其本质是无法按照研究主题而令人满意地界定的——如果我们要保证历史争论的进展有意义，我们只有专注于每一种历史观点或者看待过去的方式中体现出来的风格，除此之外，别无它法。在这种争论中，关键的是风格而不是内容。内容是风格的派生物。②

三 历史文本的内容与形式之间的辩证关系

人们在对各种文本的分析中总会讲到"内容与形式的完美统一"，但这里有一系列的问题需要理论反思，这些问题包括：什么是内容？什么是形式？二者是如何统一起来的？

面对一个历史文本，我们首先看到的就是它的形式。第一种形式是文本的格式，这包括页眉页脚、字体字号、行间距等方面；第二种形式是文本的修辞，其中包括韵律、比喻、排比、互文等修辞方式；第三种形式是文本的组织结构和风格，这包括句法、语法和文法等方面，一个

① ［波兰］多曼斯卡：《过去是一个神奇之地——海登·怀特访谈录》，彭刚译，《学术研究》2007年第8期，第80页。
② ［荷］安克斯密特：《历史编撰与后现代主义》，陈新译，《东南学术》2005年第3期，第71—72页。

句子的内部组织、一个段落内部的层次关系以及段落之间的关联与递进等都属于这第三种形式。怀特所说的历史文本所必须具有的故事结构，包括把一个历史故事分为开头、中间和结尾，有高潮和低潮，有戏剧化冲突及其解决等都属于这第三种形式。在阅读过程中，这三种形式先后呈现在读者面前；但在写作过程中，这三种形式是以一种倒退的方式完成的，在着笔之前，在作者的头脑中就有了写作的构想，就像建筑师在开始建筑房屋之前在头脑中就有了一个建设蓝图一样，作者构想的对象主要是文本的组织结构和风格；其次才涉及文本的修辞，最后完成的往往是文本的格式。

文本的形式一般是外在的东西，人们通过感官知觉就能对之加以把握；与形式不同，内容是内在的，人们只能依靠思想才能理解内容。索绪尔把符号分为两个要素，其中一个要素是人们头脑中的概念，即符号的所指，这可以说是符号的内容；另一个要素是音响形象，即符号的能指，这是符号的形式。由此类推，我们可以说，构成文本的按照一定规则串联的一系列文字是文本的形式，而这一系列文字所表达的意义、价值或思想则是文本的内容，这是文本内容的第一方面的规定。对于历史文本来说，它还应该具有第二方面的内容，这方面的内容是指它所描述的对象或事件的过程和性质。一个历史文本必须有一个作为研究对象的人物或事件，我们通过阅读文本能够在头脑中构建一幅关于该人物或事件的图像，也就是说，我们通过对一个历史文本的阅读能够了解一个历史人物的行为和思想，能够了解一个历史事件的大致过程。这些或多或少地在历史文本中反映出来的历史实在构成历史文本的第二方面的内容。

文本的内容只有最终表现为一定的声音或文字，也就是说只有获得一定的形式，它才能成为一种独立的存在，没有形式的内容不可能独立存在。有人可能会说，既然一定的思想是内容的一部分，那么就会存在这种情况，我在头脑中产生一定的思想，但是我只是在头脑中想，我并不对其进行表达，我不把它用声音或文字加以表达，那么这种思想不就是只具有内容而不具有形式吗？这种想法是不成立的，因为人们的思想并不能单独成立，它只能借助于语言才能产生，没有语言，思想将是一片难以进行区分和界划的混沌，没有区分和界划思想是不能出现的，这正像索绪尔所说："哲学家和语言学家常一致承认，没有符号的帮助，我们就没法清楚地、坚实地区分两个观念。思想本身好像一团星云，其中没有必然划定的界限。预先确定的观念是没有的。在语言出现之前，一切都是模糊不清的。"① 这也就是说在一个人头脑中的思想虽然没有表现为声音或文字，但是它必定是凭借语言才能进行的，它必须表现为符号，具有符号的形式。它虽然没有对别人说，却是自己对自己说，也就是我们通常所说的"心灵的对话"。

没有形式的内容不可能存在，内容必定表现为一定的形式才能够表现自身。这只是问题的一方面，我们还需要说明问题的另一方面，即：没有内容的形式也是不能存在的。在语言之中，有一些没有具体含义的感叹词，例如，在古语"呜呼哀哉"中，四个字中只有"哀"表达一种悲痛的感情，"呜呼"和"哉"都是感叹词，其本身并没有具体词意，但是这也并不能说明这些词是没有内容的，它们或者起到增强语气的作用，或者起到语气缓冲的作用，或者表示一种情感。它们在文本中都有自身发生作用的方式，这些方式就构成为它们的内容。语言文字必有其承载的内容，自然界中的声音和现实也是如此，一个事物的现象总是反映一定的内容，例如在树林中的一声鸟叫，它也并不是没有内容的单纯的声音，它们或者是求偶的方式，或者是向同类传递信息，或者是受到惊吓的信号。在树林中，也许还会听到水流的声音，这种声音是水和周边物体碰撞的结果，能够说明水流的缓急和深浅。声音总能说明发出声音的物体的性质，这些可以说就是自然界中的声音的内容。总之，没有内容的形式是不存在的，任何形式总是表达一定的内容。

形式和内容二者之间是相互依存、辩证统一的关系，没有形式的内容是不存在的，没有内容的形式同样也不能存在。柯林武德对于它们二者之间的辩证关系进行了精确的描述，他认为："内容是特殊哲学问题的一种纯粹多元状态，这些问题本身是杂乱的、不成形的和可以无限列举的；形式则是统一的，它根据即是形式本身的整体将其部分相互联系起来，由此将统一带入了这种内容中。……抽走内容，形式便成了虚空和毫无价值的空架子。形式使内容变得可以理解，内容使形式变得真实。"②

内容和形式除了统一的关系之外，二者之间还存在一定的矛盾。这种

---

① ［瑞士］索绪尔：《普通语言学教程》，高名凯译，商务印书馆 1980 年版，第 157 页。
② ［英］柯林武德：《某某哲学的观念，特别是历史哲学的观念》，载陈新《当代西方历史哲学读本》，复旦大学出版社 2006 年版，第 14 页。

矛盾表现在两个方面：第一，形式并不是毫无遗漏地表现内容。内容总是要比形式丰富，形式在表现内容的时候总是存在一定的选择性，有的内容能够表现出来，而另一些内容则被放弃；在得以表现的内容中也有一个出场的先后次序。出场的先后次序在很大程度上改变着文本的意义结构，一个很简单的例子就能说明这个问题，"人追狗"和"狗追人"这两句话的意义就完全相反。可见，要求形式对内容进行完整的真实的表现是不现实的，形式在表现内容的时候总是表现为一种放弃和一种改造。第二，文本的形式是相对稳定的，但它的内容却是常变常新。在特定的时代由特定的历史学家把一定的内容通过文本表现出来之后，形式就获得了稳定的表现形态，但是它所表现的内容却随着时代环境的不同而发生着各种变化。面对这种变化，原有的文本形式的局限性就表现无遗，所以历史总是需要不断地改写，改写的目的就是通过文本的新形式表现新材料和新内容。正如列宁所说，这是"内容对形式以及形式对内容的斗争。抛弃形式、改造内容"①。

　　在不同的学科领域，在处理内容与形式的关系时，人们的侧重点是不同的。在所有的文本类型中，诗歌最注重形式，它在韵律、字数和篇幅等方面都有严格的要求。诗歌侧重于文本的形式，但它也不能忽视内容的表达。首先，从诗歌的发展历史来看，人们对于形式的要求有一个由松到严、由严到松的过程，这反映出诗歌发展史中形式和内容之间的斗争，严格的形式往往限制内容的表达，宽松的形式有利于容纳更多的内容，从诗经、楚辞汉赋、唐诗宋词，再到现代的白话诗，就体现这种诗歌的发展历程。另外，诗歌本身也是一个构图的过程，例如李白的《望庐山瀑布》就形象地描绘了庐山瀑布"飞流直下三千尺，疑是银河落九天"的气势，再如戴望舒的《雨巷》就在读者眼前呈现出一位撑着油纸伞漫步在江南雨巷中的丁香般的姑娘。可见，诗歌也讲究言、象、意的统一，诗歌虽然很看重形式，但它也不能忽视内容的表达。与以诗歌为代表的艺术文本不同，科学文本则侧重于内容，科学文本不能没有对象，这个对象必须是客观存在的，科学文本必须反映出这个对象的性质和规律，这是科学文本的基本内容，没有这个内容，科学文本就无法

---

① ［苏联］列宁：《哲学笔记》，人民出版社1993年第2版，第191页。

成立。同时，我们也会注意到，科学文本虽然侧重于内容的表达，但是没有形式，内容就不能表现自己，任何内容的表达都离不开形式，只是这种内容并不要求严格的形式而已。历史文本对于内容和形式的要求介乎艺术文本和科学文本之间，它力图在历史写作的"实在性原则"与"最大影响原则"之间寻求平衡，实在性原则突出历史文本的内容，最大影响原则借助于历史文本的形式。为了实现历史文本的最大影响，历史学家可能会在文本的全面性和精确性方面作出让步，但是这种让步是有底线的，那就是历史分析的基础（即历史事实）不能是虚构的，历史学家可以对自己掌握的历史事实进行选择和安排，但它们必须来自于历史学家的头脑之外，历史事实不是在历史学家的头脑中产生的。可见，实在性原则是历史写作的第一原则，在内容和形式的选择中偏向于内容，历史学家必须首先确定内容，然后才能选择表达内容的合理形式。这正如美国历史学家赫克斯特所指出的那样：

> （关于）实在性原则与最大影响原则彼此间的关系问题。首先要注意的是，就如在我们的例子中，那些应该从文本中撤出并放到剩余式脚注中的数据，对于历史学家在这个例子中所做的实质性历史论证而言，都是资料性的和相关的，并且它们都尽可能全面、严密、准确。其次要注意的是，历史学家在运用第二种原则时，他承担着责任要想办法以最大的影响传递给读者的就是他对实际发生的过去，即对"实在性"第一原则的概念和理解。[1]

可见，在历史文本之中形式固然重要，它既是内容的表现手段又是使内容发生影响的重要途径，历史文本不能忽视文本的形式。但是，在形式和内容的比较中，其重要性还是要让位给内容，内容是历史文本的首要的方面，形式是为内容服务的。

---

[1]［美］赫克斯特：《历史的修辞》，载陈新《当代西方历史哲学读本》，复旦大学出版社2006年版，第63页。

第二节　作者与读者双重制约下的文本规划

文本不是凭空产生的，文本内在地隐含着它的创造者，我们通常把这个创造者称为文本的作者；文本就像人们日常的言语一样，它的基本功能就在于表达和交流，它总有一个要对之诉说的对象，这个对象就是文本的理解者，也就是它的读者。文本由作者创造，并得到读者的阅读和理解，由此便产生了作者、文本与读者之间的关系问题：作者在文本中加入了什么？读者从文本中理解了什么？二者之间是否存在间距？在作者头脑中存在的理想读者对于作者的写作过程起着什么样的规范作用？

一　作者是文本的创造者

每个社会都有一批职业的思想者，他们每天的工作就是从事各种类型的思想，从日出到日落，再到夜静更深。他们把那些或者零碎或者连续的思想汇聚起来诉诸文字，就形成了一个个的文本。因此，可以说，文本是以文字的形式表现出来的人们的思想。可见，作者在创造文本的过程中涉及两种基本关系，即：思想和对象之间的关系；语言和思想以及对象之间的关系。这些关系的解决直接制约着历史文本的真实性问题，正是构成上述两种关系的双方之间经常出现的不一致的情形造成了历史文本的真实性的迷局，我们应该如何看待这种经常性的不一致，这是解决历史文本的真实性问题的重要途径。

（一）思想和对象之间的关系

黑格尔在《小逻辑》中曾经指出："据说，事物自身与我们对于事物自身的认识，完全是两回事。这种将思想与事物自身截然分开的观点，特别是康德的批判哲学所发挥出来的，与前些时代认为事情与思想相符合是不成问题的信心，正相反对。"① 康德对于人类认识世界的可能性进行了比较深入的探讨，他在思想和对象的关系问题上发动了一场哥白尼革命，或者更精确地说，康德的认识论革命是受到哥白尼方法的启发而实现的。哥

---

① ［德］黑格尔：《小逻辑》，贺麟译，商务印书馆 1980 年第 2 版，第 77 页。

白尼在观察星体运动时发现，如果让观测者静止，全部星体围绕观测者运动，对天体运动的解释就难以进行下去，会出现许多的矛盾。于是哥白尼转换了观察的视角，他试着让观察者自己旋转，反倒让星体停留在静止之中，由此实现了对于地球中心说的翻转，提出了太阳中心说。于是，康德认为："如果直观必须依照对象的性状，那么我就看不出，我们如何能够先天地对对象有所认识；但如果对象（作为感官的客体）必须依照我们直观能力的性状，那么我倒是完全可以想象这种可能性。"[①] 康德在认识论领域发动的哥白尼革命实质上就是认识视角的转换，人们通常考虑的是人的思想如何与对象相符合，于是就在其中出现若干矛盾。与此相反，康德认为人的思想和先天直观具有优先的权利，它要求对象符合于自己的直观，因此，"理性必须一手执着自己的原则（惟有按照这些原则，协调一致的现象才能被视为法则），另一手执着它按照这些原则设想出来的试验，而走向自然，虽然是为了受教于她，但不是以小学生的身份复述老师想要提供的一切教诲，而是以一个受任命的法官的身份迫使证人们回答他向他们提出的问题"[②]。这就是康德提出的"人为自然立法"的实质所在。

康德在认识论领域实现的哥白尼革命突破了自我的牢笼，在康德那里，人类不再追问自己的思想能否与对象相符合，而是追问对象是如何与我们的思想相符合，由此思想中具有的先天形式就具有了优先地位，认识本身就是一种先天综合判断，即通过人类所具有的先天形式对于自然界现象的综合性认识。这种观点是"人类中心主义"或者"逻各斯中心主义"的表现，在工业化进程中，这种观点造成了人和自然之间关系的困境，气候恶化、环境污染、物种灭绝等环境问题逐步凸显，自然在不断地抗拒人类的"立法"地位。由此人们认识到，人类把自己的意志强加于自然之上是行不通的，人类的认识必须考虑对象本身的性质。这样，一系列古老的问题就又会呈现在思想者的面前，如何突破"我"的界限，在文本中表现出来的一切东西无疑是从我的思想中产生的，但是主要问题就在于我的思想与对象之间的关系是什么，我的思想能不能得到他者的认同，也就是思想是否具有普遍性的问题。

①［德］康德：《纯粹理性批判》，邓晓芒译，人民出版社2004年版，第15页。
②同上书，第13页。

　　思想的普遍性表现为两个方面，一方面表现为思想中揭示的对象的性质具有恒常稳定的表现，在类似的条件下总是出现类似的结果；另一方面在于我与他之间的观察的一致性，也就是说研究对象的性质对我是这样表现出来的，对他也是以同样的方式表现出来。前一方面是对象对于思想的约束，后一方面是主体之间的认同。自然事物之间的恒常稳定的关系，也就是我们通常所说的事物之间的因果关系很少受到质疑，即使是休谟把因果关系归结为心理的联想，他也没有否定对象之间的恒常结合，只要对象之间是恒常结合的，人类对于自然事物进行认识的目的就已经达到了。休谟的意思是说因果关系是一种恒常结合，但并不一定是永恒的结合，在一定条件下会出现关系的断裂；另外，因果关系的这种恒常结合得不到理论上的论证，也就是人们怎么能够认识因果之间的必然联系这是缺乏足够的理论依据的。对此，我们可以说，思想并不追求一种永恒和必然，永恒和必然不是思想能够把握的目标，只要事物之间存在一种恒常结合的现象，人们通过观察把握了这种现象，认识的目的就已经达到。对自然事物的认识实质上就像一部机器，机器总有出现故障和报废的一天，但只要这个机器在一定时期内能够有效运转，那么我们使用机器的目的就已经达到了，对于这种机器要求永恒和必然是非常荒唐的。人类的认识也是这样，一种认识总会有出现故障和报废的一天，在它出现故障之后，能修修补补继续使用就先凑合着使用；如果不能修补，那么就用新的认识去代替它。自然对象之间的恒常结合以及它们的性质的稳定性是在学术共同体中取得一致的基础，我和他之间的沟通相对来说要容易得多，如果遇有他者对自己的研究成果存在疑问，这种疑问完全可以通过实验或观察的途径取得共识。因此，自然科学能够揭示自然事物之间的恒常稳定的关系，进而能够在这种关系的基础上取得学术共同体的一致意见。

　　但是与自然研究状况不同，在历史研究领域达到思想的普遍性存在诸多的困难，首先，从历史研究对象方面来看，人和人的行为通常表现为丰富的个别性，例如世界上只有一个孔子，只有一个苏格拉底，孔子和苏格拉底都是不能被复制的个体。另外还有一些理论家从不同角度否证了人类社会中存在任何形式的普遍性和必然性，其中有人认为，自由意志是人类为自己的行为负有责任的基础，如果在人类历史中存在一种普遍性的话，那就会使人类不必为自己的行为负责，因为他的行为并不是自己自主自愿的行动，而是受到外界因素的制约而被强迫的行为。还有人认为，如果世界具有普遍规律的话，那么人类在掌握了普遍规律之后，就会有意识地利用普遍规律改变人类的现实，从而使人类社会沿着与规律所揭示的不同的方向进行运动，最终使人类社会发展的结果与规律所揭示的内容不同甚至相反，由此得出人类社会中不存在任何形式的普遍规律。其次，从历史研究者的角度来说，一种历史认识成果在历史研究的学术共同体内部很难获得一致性的意见。对于同样的一个问题，历史研究者之间总是存在着明显的差异。

那么，历史文本是否只是作者对于历史人物和事件的想法与意见的表达，而这种想法和意见又深刻浸染着作者的一些主观因素呢？在后现代历史哲学的研究者看来，这些主观因素主要包括作者的情感、政治的和道德的标准以及他特有的写作风格，总之，在他们看来，历史文本只是一种由作者的误解所构成的虚构叙事。对于这种质疑的回答其实也很简单，我们只要考察一下历史学家的思想的产生过程就能回答这种质疑。首先，我们可以看到任何思想都不是能够凭空产生的，思想的产生需要具备一系列必要的条件，其中第一个条件就是需要进行专业训练。黑格尔曾经指出常人所具有的一种错误的看法，在他们看来，如果要想制成一双鞋子，必须具有鞋匠的技术，一个人未经学习专门的手艺，就不敢妄事制作。但是对于哲学的态度却不是这样，人们往往认为对它没有研究、学习和费力从事的必要，只要有脑袋就能进行思考。事实并不是这样，思维也是一种专业技能，只有经过系统化的训练之后，人们才能够进行有效的思维。研究历史和研究哲学一样，没有关于历史学的专业培训和相关技能的掌握，就很难开展历史研究。其次，思想的产生还需要对于自己的研究对象保持专注，这种专注往往不是一小时、一天或者一个月，在有的情况下需要用一生的时间专注于一个对象才能最终有所发现，有所创造。例如美籍华裔哲学家余纪元在一次讲座中提到一位研究亚里士多德的专家，他在阅读亚里士多德的《形而上学》时感觉到非常晦涩难懂，但是当他读不懂的时候，他并不认为亚里士多德的著作是一派胡言，而是认为这本著作必定包含一些真知灼见，于是用半生的时间不断地研读亚里士多德的《形而上学》，最终成为该领域的研究专家。最后，思想的产生还需要借助于语言。语言并不是一个人可以任意加以改变的私人工具，它的基本属性就是社会性。使用语言的过程就是接受社会影响的过程，是在社会的语言结构中进行写作的过程。通过语言，时代和社会的内容在文本中得以体现。

由于上述因素的作用，我们可以看到，任何思想并不是无缘由地来到一个人的头脑之中的，没有广博的关于外界对象的知识和阅历，没有相关语言工具的把握，就不能开展有效的思维。一个两三岁的幼儿很难把一个句子表达完整，小学生为了造句还要挠头皮，中学生在为写一篇800字左右的文章而皱眉头，大学生的写作能力只在3000字左右，硕士生为一篇3万字的论文而左右为难，到了博士阶段，毕业论文起码要在10万字左右。这是一个经过完整的专业培训的人才能完成的任务，没有受过专业的训练，没有对自己研究对象的深刻把握，没有相关的知识和阅历，就不可能完成写作文本的艰巨任务。所以，思想脱离积累，脱离学习，脱离对对象的认识和把握，就不可能产生和发展。思想并不是说虚构就能虚构出来的，或者说思想不可能是虚构，任何思想都有其现实的根源。

（二）语言与思想以及对象之间的关系

思想对于对象的把握是凭借语言而展开的，并且是通过语言进行表述的。因此，在这个过程中就存在语言与思想以及对象之间的关系。语言是人类从传统中继承而来的，它具有很大的稳定性，变化在其中是缓慢进行的；人类的认识必须通过语言来进行表达，脱离语言，人类就不可能开展任何形式的认识。但是语言本身能够容纳所有的认识成果吗？语言提供了足够满足人类表达的所有的符号吗？对于这个问题，我们现在知道，一方面就是我们的思想往往不能通过语言得到全部无遗的表达，我们说出的话不是我们思想的精确再现；另一方面就是语言与对象的性质也不存在精确对应，任何一种现象都不能被语言精确再现。我曾向一位理科的博士提出这样一个问题："自然科学所发现的规律真的是自然对象本身所具有的吗？"对于这个问题，他回答说："自然界中的规律确实是存在的，许多现象都重复出现，但是有的时候明明知道就是那么回事，但是却不能够用语言对之进行表达。"面对语言现象，维特根斯坦曾经也认识到许多事情（主要是指伦理和形而上学命题）是不可言说的，因此，他在《逻辑哲学论》中的最后一个命题便是："凡是不可说的东西，必须对之沉默。"语言现象还具有一个特点，这个特点被某些人概括为"不可说，一说就错"，任何说出来的话都有自身的缺陷，从而造成一定的误解，这是语言现象的不周全性的表现。

既然这样，我们是否就因为语言可能导致错误和悖论而放弃言语和写作的权利呢？显然不是这样，我们可以看到，一方面，语言的缺陷可以通过各种途径加以补救；另一方面，语言除了具有自身的缺陷之外，它还有很大的优势。

语言的缺陷主要表现在两个方面，首先是我们的思想感情或者是认识对象的性质不能通过语言得到精确的表达，也就是人们想说但是由于语言的局限性而"不能说"；其次是语言和思想的明显的偏离，人们在通常的境况下，并不是有什么样的思想就用什么样的语言对之进行表达，语言具有修饰的作用，也就是通常所说的文过饰非，语言和文字所表达的内容并不是说话者和作者的真实想法和态度，人们对之能说但是"不想说"。"不能说"反映出人类语言具有局限性，"不想说"反映出人类语言具有欺骗性。语言的缺陷可以通过语言自身的发展来进行弥补。索绪尔在《普通语言学教程》中除了揭示了语言的不变性之外，还揭示了语言的可变性，他认为，语言发展的"情况是最复杂不过的：一方面，语言处在大众之中，同时又处在时间之中，谁也不能对它有任何的改变；另一方面，语言符号的任意性在理论上又使人们在声音材料和观念之间有建立任何关系的自由。结果是，结合在符号中的这两个要素以绝无仅有的程度各自保持着自己的生命，而语言也就在一切可能达到它的声音或意义的动原的影响下变化着，或者毋宁说，发展着。这种发展是逃避不了的；我们找不到任何语言抗拒发展的例子。过了一定时间，我们常可以看到它已有了明显的转移"①。海德格尔在他与法国学者的讨论班上曾经就语言发展的途径进行了探讨，其中之一是同一个外壳获得了另一个意义，即"旧词新用"；与此不同，人们基于对存在的领悟，也会"自铸新词"。② 除了语言符号的所指与能指关系的转移之外，还会发生语言结构的变化，中国的文言文向白话文的转变就说明了这种语言结构的变迁。可见，语言是处于不断地变化和发展之中的，伴随着新时代、新思想和新意义的出现，也必然带来与之相适应的语言的变化和发展。语言的缺陷是在语言发展中的问题，这些问题

① ［瑞士］索绪尔：《普通语言学教程》，高名凯译，人民出版社1980年版，第113—114页。
② 参见［法］费迪耶等《晚期海德格尔的三天讨论班纪要》，丁耘摘译，《哲学译丛》2001年第3期，第52页。

必然伴随着语言的发展而不断地得到解决，过去不能用语言表达的东西，现在能够用语言表达了；现在不能用语言表达的东西，将来一定能够通过语言得到表达。语言的局限性完全可以在发展中得到解决，语言的欺骗性与人的实践联系起来也是能够得到合理解决的。马克思在《关于费尔巴哈的提纲》中曾经指出："人的思维是否具有客观的真理性，这不是一个理论的问题，而是一个实践的问题。人应该在实践中证明自己思维的真理性，即自己思维的现实性和力量，自己思维的此岸性。关于思维——离开实践的思维——的现实性或非现实性的争论，是一个纯粹经院哲学的问题。"① 语言的欺骗性，也就是语言的非现实性，也就是一个人所说的或所写的与自己所做的之间的不一致性完全可以在实践之中得到合理的解决。不管一个人自我标榜得多么高尚，他的一切语言在自己卑鄙的行动面前都会显得那样的苍白无力。行动和实践是一切谎言的试金石。

　　语言除了具有自身的缺陷（正如上文中指出的那样，这些缺陷是可以通过各种途径得到补救的）之外，它还具有很大的优势。首先，语言是人类交流和对话的重要途径，交流和对话是人类生存竞争和解决冲突的主要手段。动物没有语言，所以它们之间的矛盾主要通过角力的方式进行。而人类与动物相比具有很大的优越性，这种优越性的集中体现就在于人类具有语言。人与人之间也时常会出现冲突和矛盾，但是这种冲突和矛盾在很大程度上都能够通过语言进行化解；如果人类不是凭借语言，而是通过动物的方式解决社会矛盾，那么人类社会就很难得到维系，就会时刻处于崩溃的边缘。其次，语言本身就是一种行动，它将会使人的心理和社会地位产生重要的改变，例如婚礼、判刑、为孩子祈福、下水仪式上对船的命名、诅咒敌人等语言行为。再次，语言还具有治疗的作用，现代精神科学揭示，许多生理方面的疾病都是以心理为基础的，厌食症、进食症、药物依赖等都有一定的心理原因，对于心理疾病最有效的治疗途径就是语言治疗，即：通过与病人进行谈话解除其心理障碍。最后，语言是使一个人的生命得到延续的重要途径。"吾生有涯"是每个人都知道的生命常识，使有限的生命获得意义并得到延续的一个重要的途径就是"立言"，语言使自己的思想在肉体死亡之后还能够被人所理解和怀念，这也可以说语言寄

---

①《马克思恩格斯选集》第 1 卷，人民出版社 1995 年第 2 版，第 55 页。

托着人类的终极关怀，语言可以使人从容地面对死亡，孔子所说的"朝闻道，夕死可矣"，其"闻道"的实质可以理解为对于世界本原（在很大程度上是生死的问题）的语言把握。

综上可见，历史文本是建立在思想与对象的基本一致以及语言与思想或对象的基本一致的基础上的。作者在历史文本中添加的内容不是凭空产生的，不是作者的任意虚构，脱离对象的思想是根本不存在的；脱离思想和对象的纯粹的语言形式也是根本不存在的，有的人希望构建"语言的乌托邦"，那只能是一种纯粹的幻想。因此，不管历史文本里有什么，它都不是纯粹的虚构和误解，它是以一定的真实性为基础的。

二　读者是文本的理解者

作者首先是作为读者而存在的，没有作为读者的过程就不会成为作者。有的人可能会说，这种说法太过于绝对了，在没有文本的情况下产生的第一位作者怎么可能成为读者呢？这是一个鸡—蛋问题。人类历史上的第一位作者很难进行确认，如果说写作的起源的话，那就很可能要上溯到人类在自己走过的路上或去过的地方留下痕迹的本能。动物为了防止迷路也具有这样的本能，例如蚂蚁会从肛门和腿上的腺体内分泌出一种示踪激素，它把这种激素遗留在自己走过的路上，依靠触角对气味的感知找到通往自己巢穴的路；小狗也是这样认路的，它会在沿途小便，然后根据小便的气味找到回家的路。人类也喜欢在自己走过的路上或去过的地方留下自己的痕迹，例如在人们参观一个旅游点之后，总喜欢在旅游点的墙上或树上刻上一行小字："××到此一游"。美国在登上月球之后，也曾经把自己的国旗插在月球之上。可以设想，最初的对于道路的标记行为是非常简单的，也许只是在沿途划上自己可以识别的划痕，这种划痕的不断演变就形成了图画和文字。文本从最广泛的意义上来说，也包括这些简单的标记性的符号。因此，我们不能确切地说，第一位作者是谁或者在何时产生的。从我们现在能够面对的古代文本来说，最古老的应该是埃及发现的纸草文，这种纸草文上的古象形文字已经是对各种文字符号的阅读和综合的产物了，它的作者首先必须是一位读者。我们也可以像自然科学那样设想一种理想状态，在这种理想状态之中，完全没有任何符号和文字，那么我们也可以说最初的符号和文字的作者所阅读的是事物本身，他也脱离不了读者的地位，因为思想不可能在一个封闭的头脑中神秘地产生，作者只有作为读者面对外部的事物时才能产生自己的思想。作者首先必须作为读者而出现的地位和现实标志着作者反映在文本中的任何内容都不可能是纯粹的虚构。

在当今的理论界比较流行的一种观点认为读者对于文本的解读总是与作者的原意存在严重的偏离，从而导致对于文本的一切解读都是误读。在后现代的情景中，尤其是在巴尔特、德里达以及海登·怀特和安克斯密特等人的理论中，所有的历史都是诠释的，而且从来不是名副其实的真实，这正像巴尔特所下的断言那样："历史的话语从没有依据'真实'而言说，它也不再能够指示真实。"① 历史的话语之所以不真实，其主要原因在于历史文本作者的读者地位受到质疑，也就是说当作者还处于读者地位时，他对于以往的历史文本的理解和诠释是不真实的。之所以不真实，是因为他在对历史文本的理解和诠释过程中加入了过多的主观因素，这些主观因素并不是历史对象本身所具有的性质，也不是读者在阅读过程中所产生的，而是在他开展阅读之前就先在地具有的，这些主观因素包括读者的情感、政治的和伦理的标准、意识形态和自己的风格等。在启蒙时代，这些因素构成"偏见"的主要内容，它们是受到传统和权威的影响而形成。这些因素在解释学中不再以"偏见"的名义而出现，而是用"前见""前把握""前见解""前结构"等名称取而代之。"谁试图去理解，谁就面临了那种并不是由事情本身而来的前见解的干扰。"② 除了读者所具有的前见对于理解过程的干扰之外，读者在投入阅读时还具有一定的意义期待，也就是抱着为自己的问题寻求论证的态度去阅读文本。意义期待来自于读者的前见，读者思想中已经具有了一种意义，只是希望在文本中获得明确的支持和说明，于是在阅读过程中，择取对说明这一种意义有利的证据，而放弃其他方面的证据；或者在没有开始阅读一本书之前，就对于作者抱有一定的好感或成见，于是在这种基本态度之下开展阅读，读者从自己对之有好感的作者的文本之中发现的是其论证的合理性，而从自己对之有成见的作者的文本之中随处可见令人厌恶的东西。这些因素都说明读者在开始阅读

---

① [英] 伯恩斯、皮卡德：《历史哲学：从启蒙到后现代性》，张羽佳译，北京师范大学出版社 2008 年版，第 379 页。

② [德] 伽达默尔：《诠释学 I：真理与方法——哲学诠释学的基本特征》，洪汉鼎译，商务印书馆 2007 年版，第 364 页。

之前所具有的意义期待在发挥着作用。由于读者的前见和意义期待等因素的存在，在读者和文本之间总是存在一定的间距，也就是读者的思想与文本的意义之间存在着差异和不同，这种间距的固定化和不可撤销造成了理解的不可能性，读者的理解结果与文本的原意总是存在差距，而这种差距是不可弥补的。由于上述原因，主观主义文本观把一切理解当作一种误解，由这些误解构成的文本就被归结为一种虚构。

上述论述的主要缺陷在于何处呢？其问题的关键所在就是把读者的前见、意义期待以及读者和文本之间的间距进行固定化，读者在阅读过程中，他自己的前见和期待的意义是不可改变的，可以改变的只是文本的意义，文本的意义如果能够和读者的前见和期待的意义相融合，文本就对读者的论证提供了支持；如果文本的意义和读者的前见以及期待的意义相左，那么文本就对读者产生消极的影响，读者就会排斥或放弃文本中的意义。总之，读者的前见和意义期待是不可改变的。但是事实并非如此，在读者头脑中旧的前见不断地被新的前见所取代，期待中的意义也在不断地被新的意义所改变。读者和文本之间的间距不仅不会构成理解的障碍，而且是理解得以展开的必要的条件，没有间距也就没有理解的必要，在理解过程中，读者和文本之间的间距不断缩小，从而出现读者和文本之间的"视域融合"。在此，有必要指出的是，这种"视域融合"不是读者的前见以及期待的意义完全取代文本的内容，也不是文本的内容完全取代读者的前见以及期待的意义，而是读者和文本之间的水乳交融、相互改变和相互接纳。伽达默尔把读者阅读文本的过程称为一种"自身置入"，"这样一种自身置入，既不是一个个性移入另一个个性中，也不是使另一个人受制于我们自己的标准，而总是意味着向一个更高的普遍性的提升，这种普遍性不仅克服了我们自己的个别性，而且也克服了那个他人的个别性。'视域'这一概念本身就表示了这一点，因为它表达了进行理解的人必须要有的卓越的宽广视界。获得一个视域，这总是意味着，我们学会了超出近在咫尺的东西去观看，但这不是为了避而不见这种东西，而是为了在一个更大的整体中按照一个更正确的尺度去更好地观看这种东西。"①

---

① ［德］伽达默尔：《诠释学Ⅰ：真理与方法——哲学诠释学的基本特征》，洪汉鼎译，商务印书馆 2007 年版，第 415 页。

总之，读者对于文本的理解不可能是纯粹的由读者视角出发的虚构，也不可能是以"唯一的绝对正确的方式"去把握作者在文本中体现的原意，理解的结果总是二者融合的过程，这样使理解的结果超越了自我的牢笼，与他者融合为一种具有更高普遍性的认识，从而使我们的认识更加靠近事物本身。最后，我们以海德格尔对赫拉克里特的"残篇第十六"的分析中的一段话作为这一部分的结束：

> 倘若人们把这种对此残篇的神学解说仅仅当作一种不正确的解说来加以拒绝，那会有什么收获呢？那样的话，至多也就会加强一个假象，似乎我们下文的评论持有这样一种意见，即：要以唯一的绝对正确的方式把捉到赫拉克利特的学说。我们要做的努力限于更切近地守住赫拉克利特之箴言的话语。这样做或能有助于我们把一种将来的思想指引到尚未被倾听过的劝说领域中。……我们的全部努力都要投到这样一回事上，即：通过与一位早期思想家的对话把我们自己带到有待思想者的切近。①

三　历史文本的社会定位

曾经做过教师的人可能都会有这种经历，在初上讲台之时，心里不免会产生紧张。于是就会有一些老教师向你传授经验，没什么好紧张的，你只要想一想底下坐的都是一些木头就行了，放心讲好了，他们是不会听出什么问题的。这种方法可以通过心理暗示解决新任教师临场的心理紧张问题，但这是以对受众的消极状态的预设为基础的，这种方法虽然有效但并不值得推广。我们在这里使用这个例子，不是要宣扬这种方法，而是要说明其中存在的一个道理，即：在教学活动开展之前，教师会首先考虑学生的状态，备学生是每位教师备课的一个重要环节，学生的认知状况以及他们对自己教授的内容可能产生的反应先在地制约着教师的授课内容。由教学活动推广开来看，我们就会发现，在人类的一切语言和行为之中都有一个他者存在，他者的理解和接受是自我的语言和行动的目标。人有时候会

---

① ［德］海德格尔：《演讲与论文集》，孙周兴译，生活·读书·新知三联书店2005年版，第284页。

自言自语，这种自言自语实质上是把自我的心灵进行对置的过程；人的对话总是说给对方听的，在每一句话说出之前，都会思量对方对这句话将会产生什么样的反应，或者说都会考虑自己希望这句话在对方心中产生什么样的反应；在产生矛盾的时候有的人喜欢用拳头解决，因为他相信拳头能够征服对方的心理，能够使自己在他者心中占有优势地位；农民种地选择作物品种时，总是会考虑到这种作物在收获之后的价格如何，也就是他人的需求如何；工人在选择自身所要掌握的技能时，也总是要考虑将来每月的工资收入，工资收入的高低反映出他人对于自己劳动技能的需求状况；工厂主生产什么商品以及商人销售什么商品更是以潜在的他人的需求为前提的，他们在从事生产或销售之前，都有自己心中的理想客户。

作者在创作文本之前，首先要预设读者，理想读者的预设时刻改变着文本规划，贯彻于作者写作过程的始终。作者在创作过程中始终会想我是否清楚准确地表达了自己的观点，我的读者对这句话或那句话到底能不能明白。这说明，作者心中的理想读者始终约束作者的写作行为，理想读者的设定意味着文本具有社会定位。任何文本在一定程度上都是历史文本，之所以这么说原因有三，一是因为在文本内部包含着一定的历史因素（或者是对往事的回忆或者是对过去相同研究课题的研究历程的回顾）；二是因为文本在脱离作者产生独立地位之后就成为一种历史；三是因为它能够成为其他人在开展历史研究的过程中对之进行研读的对象。因此，我们也就可以在一般层面上来讲述历史文本的社会定位。历史文本的社会定位能够使文本突破作者的个体性的局限，从而在广大读者中获得普遍性的影响，使本来是个体的认识在视域融合过程中体现为一种普遍性。历史文本的社会定位就是作者从事历史文本创作之初对于文本读者的预设。作者对于理想读者的预设主要有五种类型，我们分别以康德、黑格尔、尼采和马克思（可以代表其中的两种类型）的相关论述为基础进行说明。

（一）裁判型的读者：以康德为代表

康德在《纯粹理性批判》的"第一版序"中指出："我感到用那些仅仅是为了通俗化的目的而必要的实例和说明来使这本书变得更加膨胀是不可取的，尤其是，这本书绝不会适合于大众的使用，而真正的科学内行又并不那么迫切需要这样一种方便，尽管这种方便总是令人舒服的，但在这里甚至可能引出某种与目的相违背的结果来。虽然修道院院长特拉松常云：如果对一本书的篇幅不是按页数而是按人们理解它所需要的时间来衡量的话，那么对有些书我们就可以说，如果它不是这么短的话，它将会更加短得多。……有些书，如果它并不想说得如此明晰的话，它就会更加明晰得多。"① 在这段话中康德说出了以下四个方面的意思：首先，康德所设想的理想读者不是大众，而是真正的科学内行。其次，由于这本书的读者是真正的科学内行，所以在这本书中不会凭借一些实例和说明来使其内容通俗化，这必将增加读者理解这本书的难度。再次，在论证的"骨架"中添加一些实例和说明必将使这本书的篇幅更加膨胀，这种做法是不可取的，因为一本书的生命力并不在于其篇幅的长短，而在于读者对其理解时间的长短。如果一本书的内容低于普通读者的理解水平，是一种通俗化的产物，对于这种书，读者只要读过一遍就不会再加以阅读，甚至可能完全没有阅读它的必要，其生命力就不能持久；有些书，读者读一遍，只能了解一些大概，在每次重读的过程中都会有新发现和新见解，那么这种书必将在读者不断重读的过程中保有其旺盛的生命力。最后，对于真正的科学内行来说，对于一种观点的实例和说明，也就是说对于相关问题的基本概况已经了然于心；他们所要求的明晰性不是对相关的概念和观点举出实例和进行说明，而是要求概念的演进具有逻辑的一致性和连贯性，"不要缺乏任何派生出来的概念，这些概念不能先天地凭跳跃产生出来，而必须逐步逐步地去探寻"②。康德所希望建立的是一种"纯粹的（思辨的）理性的体系"，这个体系正是因为它说得并不那么明晰，所以它才更加明晰得多。可见，康德所设想的理想读者规范了他的写作，或者说，他是按照理想读者的标准来进行写作，读者对于他的文本承担着两个角色，他一方面期待读者的是"一位法官的耐心和不偏不倚"；另一方面他期待读者提供"一位帮手的襄助和支持"，这两种作用也只有真正的科学内行才能提供。

（二）好人型的读者：以黑格尔为代表

黑格尔在《精神现象学》的"序言：论科学认识"中一方面认为他所提出的科学赖以存在的东西是概念的自身运动，这种观点和当时流行的关于真理的性质和形态的见解大有出入，甚至于完全相反，所以他感到他的

---

① ［德］康德：《纯粹理性批判》，邓晓芒译，人民出版社2004年版，第7页。
② 同上书，第8页。

理论和体系是"不会受到读者欢迎的";但是,另一方面他又相信自己的理论体系的"科学性"能够征服读者,"从概念里产生出科学来并以科学特有的原素来陈述科学的这一试图,或许能够由于事情的内在真理性而替自己开辟出道路来。我们应该确信,真理具有在时间到来或成熟以后自己涌现出来的本性,而且它只在时间到来之后才会出现,所以它的出现决不会为时过早,也决不会遇到尚未成熟的读者;同时我们还必须确信,作者个人是需要见到这种情况的,为的是他能够通过读者来考验他的原属他独自一人的东西,并且能够体会到当初只属于特殊性的东西终于成了普遍性的东西"①。在黑格尔看来,科学的理论产生于成熟的时代,这个时代使问题变得成熟起来,同时也会出现理解这个问题的成熟的读者;对于解决时代问题的真理,读者应该能够予以接受;同时,读者对于作者观点的理解和接受是这种观点超越特殊性而具有普遍性的过程,这在真理的发展过程中具有重要的地位和作用。读者能够接受具有科学性的真理,但并不是所有的读者都能接受它,于是黑格尔区分了"读者"和"自命为读者的代表和代言人的那些人",这两种人对待文本的态度有本质的区别,"如果说,读者当遇到一本哲学著作与自己的意见不相投合的时候,勿宁总是好心地归咎于自己,那么相反,这些代表和代言人们则由于深信他们自己的裁判能力,把一切过错都推诿到作者身上"②。黑格尔把后一种人称为死人,并借用《圣经》中的话称抬他们出去的人们的脚已经到了门口。康德心中的理想读者是法官和助手,黑格尔的理想读者则是把过错一味地归咎于自己的好人,他似乎是在说谁同意我的观点谁就是我的读者;如果谁不同意我的观点并且批判我的观点,谁就是死人。

(三)信徒型的读者:以尼采为代表

无独有偶,尼采在《苏鲁支语录》中专辟一节论述了"读与写"的关系。在这一部分之中,他首先论述了作者与读者之间的地位的不同,"我已不和你们同感,我看这下方的云,笑其浓黑与沉重——刚刚这是你们的雨云。你们望着上方,倘若你们希望高超。但我向下看,因为我已在高处。"在尼采看来,作者处于云层之上嘲笑着云层的浓黑与沉重,而读者

---

① [德] 黑格尔:《精神现象学》上卷,贺麟、王玖兴译,商务印书馆1979年第2版,第49页。
② 同上书,第49页。

则处于云层之下，刚刚被作者所嘲笑的云层在他们的头顶降落了一场大雨；作者是站在高处俯瞰世界，而读者是处于低处而仰视世界，二者的地位有本质不同。其次，他论述了作者在文本之中写下了什么，他说："凡一切已经写下的，我只爱其人用其血写下的。用血写：然后你将会体会到，血便是精义。"血写的文字是生命的体现。但时下很多文章都是无关痛痒的应景之作，这些作品或者为了评职称或者为了迎合，其中没有血也没有自己的生命，文字只是为了混口饭吃的工具而已，尼采最恨的就是这样的作品。他认为这样的作品出现是因为读者的普遍化，一切人都能够学读书，这将是精神的灾难和没落，"在从前精神便是上帝，于是化为人，在现在是变了下流"。再次，尼采论述了阅读作者用血写成的作品的读者应该具有什么样的品质，"谁写着心血，写着格言，是不要人读过便完，却是要人背诵的。在山谷间，从这一峰到那一峰是最近底路，但你必须有长腿方能跨越。格言便如峰头，其所诉与的人，应该伟大，高岸"①。只有长着长腿的伟大、高岸的读者才能理解作者用血写成的格言，因此在尼采心中的理想读者具有一种品质，那就是"伟大"和"高岸"。可见，尼采所设想的理想读者与康德近似，他们不是一般的大众，而是与文本相称的那些人们；但二者之间也有所不同，在康德看来读者是法官和助手，而在尼采看来读者永远处于低于作者的地位，他们不仅要去阅读文本，而且要去背诵文本。

（四）自我型的读者与大众型的读者：以马克思为代表

马克思所预设的理想读者有两类，一类是自我型的读者（把自我视为文本的第一位读者），另一类是大众型的读者。马克思预设的理想读者首先是进行严格自我批判的作者本人。马克思与恩格斯为了共同阐述自己的见解，从而与德国哲学的意识形态相区别，也是为了把自己从前的信仰清算一下，共同撰写了他们在哲学领域中最具代表性的著作《德意志意识形态》。这部著作被送到出版社，但是并没有被出版。对此，马克思是这样评论的："既然我们已经达到了我们的主要目的——自己弄清问题，我们

---

① 这里关于尼采的引文均出自［法］尼采《苏鲁支语录》，徐梵澄译，商务印书馆1992年版，第34—36页。

就情愿让原稿留给老鼠的牙齿去批判了。"① 可见，马克思的第一个读者就是自己，"自己弄清问题"，自己说服自己，这反映出一种深刻的自我批判精神。梅林在《马克思传》中曾经就马克思的这种自我批判精神做出评论："不论是在当时，或是在此后的一生中间，马克思的性格的特征都是：不知餍足的求知欲迫使他迅速地投身于最困难的问题，而无情的自我批判精神却妨碍他同样迅速地解决这些问题。"② 说服别人在有些情况下也许是一项简单的任务，最为困难的往往是说服自己，把自我作为自己的第一位读者，这显示了马克思严谨的学术作风。

马克思所设想的理想读者的第二层次是工人和群众，即大众型读者。"哲学把无产阶级当作自己的物质武器，同样，无产阶级也把哲学当作自己的精神武器；思想的闪电一旦彻底击中这块素朴的人民园地，德国人就会解放成为人。"③ 理论的任务就是把现实的压迫和耻辱公开化，从而使人们认识到这种现实的不可忍受，使革命的要求成为群众自己的要求。这正像列宁指出的那样："马克思的哲学是完备的哲学唯物主义，它把伟大的认识工具给了人类，特别是给了工人阶级。"④ 由于马克思的哲学是为无产阶级和群众服务的，因此并不是所有人都能理解马克思的学说。1868 年，马克思在致路·库格曼的信中指出："这无论如何表明，这些资产阶级的传教士们已经堕落到什么地步，工人，甚至工厂主和商人都懂得我的书，并且了解的很清楚，而这些'博学的（！）著作家'却抱怨我对他们的理解力要求过高。"⑤ "博学的著作家"不能理解马克思的哲学，主要是因为马克思高度地肯定了经济的力量，从而使文化成为被经济决定的一种社会因素，这在"博学的著作家"看来是否定自身力量的决定性的倾向，因此他们批评马克思哲学把人类的全部发展归根到底看作"为在食槽旁边占得一个位置而斗争"⑥。马克思的经济力量代表着群众的力量，群众一般被视为没有文化的，经济决定的作用实质上就是群众决定作用的体现。马克思和"博学的著作家"之间的分歧可以归结为他们对自己的理想读者的设想

① 《马克思恩格斯选集》第 2 卷，人民出版社 1995 年第 2 版，第 34 页。
② ［德］梅林：《马克思传》，樊集译，人民出版社 1965 年版，第 36 页。
③ 《马克思恩格斯选集》第 1 卷，人民出版社 1995 年第 2 版，第 15—16 页。
④ 《列宁选集》第 2 卷，人民出版社 1972 年第 2 版，第 443 页。
⑤ 《马克思恩格斯选集》第 4 卷，人民出版社 1995 年第 2 版，第 581 页。
⑥ ［德］李凯尔特：《文化科学和自然科学》，涂纪亮译，人民出版社 1986 年版，第 101 页。

有所不同，也就是他们之间的理论立场的根本差异。

总之，作者所预设的理想读者主要包括五种类型：读者是自我（以马克思为代表），作者作为第一个读者，自己弄清问题；读者是裁判（以康德为代表），把读者看作自己文本的裁判员和法官；读者是好人（以黑格尔为代表），读者在阅读过程中不是要批判否定文本，而是接受文本否定自身；读者是信徒（以尼采为代表），读者的任务不是要阅读文本，而是要背诵文本；读者是大众（以马克思为代表），他们为了实践的需要并且为了解决实践中的问题才去阅读文本。

第三节　历史文本在解释中的生态链

"回到马克思"是由南京大学张一兵教授在 20 世纪 90 年代末提出的马克思主义哲学研究的学术口号，这个口号的诞生引发了中国学术界长达十年之久的关于马克思主义理论创新应该"面向文本"还是"面向实践"的理论争鸣，"一种主张加强对马克思主义经典文本的研究，回到马克思，重新理解马克思；另一种主张面向当代社会实践，加强对现实问题的研究，凸显马克思主义哲学的当代性"①。文本和实践其实并不是两个相互冲突的领域，文本研究完全可以与实践问题相结合，如果没有实践问题的针对性，文本研究就会缺乏现实性；另外，如果要解决实践中的问题，也不能离开文本解读，脱离文本而片面强调对实践问题的解决就会没有历史深度，就不能从根本上解决实践问题。我们在这里讨论的问题与"回到马克思"的口号有关，但我们的侧重点不是围绕"面向文本"与"面向实践"的关系而展开的，而是在于揭示"回到马克思"这个口号的内在困境，进而论证我们自己的观点，即：在历史文本产生之后，人们对它的解释构成了一个有机的生态链；这些解释环绕在历史文本周围形成了一种复杂的链状结构；如果在文本解读中不同时兼顾这些解释，那么"回到文本"将不会产生任何成效。

"回到马克思"的矛头直指苏联、东欧解读马克思的传统模式，张一

---

① 丰子义：《如何看待文本研究和现实问题研究》，《学术月刊》2003 年第 1 期，第 12 页。

兵教授认为这种模式的根本弊病就是"无根性",也就是缺乏马克思的文本依据,不是对马克思文本解读的成果。这种"无根性"并不是指前苏东学者没有读过马克思的著作,而是没有读过马克思的一系列重要的著作。到底他们没有阅读哪些著作呢?这首先需要了解张一兵教授对于马克思文本的分类以及不同种类的文本在理解马克思过程中的作用:

> 马克思理论写作中大体存在着三类不同的各具意义和价值的文本:一是读书摘录笔记与记事笔记;二是未完成的手稿和书信;三是已经完成的论著和公开发表的文献。在我们以往的研究中,得到普遍重视和着力研究的往往是第三类论著,第二类文献得到一定的关注,而第一类文本实际上还没有获得应有的解读和研究地位。而我以为,一定的意义上恰恰是在对第一、二类文本的深入解读中,才有可能发现马克思思想发展和变革的真实心路和源起性语境。①

可见,在张一兵教授看来,苏联、东欧学者不是没有读过上述第三类著作,而是没有给予第一、二类文献以充分的重视,"本世纪 30 年代以前……在不同的论者那里只有一种文本依据,这就是马克思恩格斯公开发表的成熟论著"②。造成这种情况的具体原因为两个方面,首先是在当时 MEGA II 还没有整理出版,马克思的很大一部分的笔记和手稿未能公之于世;其次是他们局限于对于马克思文本的成熟与不成熟的简单划分,认为马克思的科学真理仅仅隐藏在他的那些成熟著作之中,从而没有对于那些不成熟的笔记、书信和手稿给予充分地重视。在张一兵教授看来,这其中隐藏着一个理论困境,即:马克思已经完成的论著和公开发表的论著未必是马克思的真实想法的表达,"马克思在这类文本中考虑较多的已经不是理论逻辑本身的建构,而是其实现的具体条件、形式和体系化表述"③。处于未完成状态的笔记、书信和手稿的内容较为全面和丰富,而已经完成的论著是对这些材料和内容的选择和整理,在选择和整理过程中不是以科学性为尺度,而是受学科主导线索的制约。张一兵教授在这个问题上说得比

---

① 张一兵:《回到马克思——经济学语境中的哲学话语》,江苏人民出版社 1999 年版,第 13 页。
② 同上书,第 1 页。
③ 同上书,第 19 页。

较含糊，如果按照后现代历史哲学的说法，那就是作者关于文本形式和风格方面的考虑改变了内容的真实性。而处于未完成状态的笔记、书信和手稿就不具有这方面的缺点，它们构成第三类文献的支援性背景和隐性的深层结构，人们可以从中发现马克思的知识结构以及"在马克思思想形成中许多没有经过修饰的本真语境和发展过程"，他提出的对于马克思文本的解读方式是"离开了对前一、二类文本的认真理解和深入研究，对马克思的这些正式文献的研讨是不可能获得完整的科学的认识成果的"[①]。可见，"回到马克思"这一口号提倡的回到马克思文本，实质上是回到马克思的第一、二类文本中去。

　　"回到马克思"的文本状况十分可疑，大家可以设想一下法官在判决案件过程中所依据的证据的状况就可以明白这一点，法官判决的依据只可能是当事人双方共同签署的文件，而不可能是那些未完成的文件草稿。面对马克思的文本也存在这样的问题，这里存在的疑问首先就是上述三类文本到底哪一类文本更能真实反映马克思的本真意境。如果在这个问题上更加强调第一、二类文本的重要作用的话，那么就会造成这样的困境，"一是把作者不愿意出版的著作当作他的主要的真实的思想；二是把作者已经删除的话作为作者思想的论据；三是往往自觉不自觉地把马克思恩格斯合写的著作当作马克思一个人的思想，不顾马克思读者对象和境遇的变化，人为地造成马克思与恩格斯的对立"[②]。在这里比较重要的是区分两个重要的概念，即一种思想产生于作者的头脑与作者把一种思想公之于众之间的区别，如果这前后两种思想保持连贯性的话，我们可以把后者视为前者的发展；如果这两种思想存在内在不可解决的矛盾，我们可以相信作者坚持了后一种思想，而放弃了前一种思想，不管促使这种选择的原因是什么，最终结果他还是选择了后一种思想并使之在文本中得到系统化表述。因此，在解读马克思的精神实质时不应该把第一、二类文本放在比第三类文本更加重要的地位，除非只是为了揭示马克思撰写著作时的思想历程，即使是在这种研究语境中也应该强调马克思为什么选择了第三类文本中的思想而放弃了第一、二类文本中的相关思想，而不应该强调第一、二类文本

---

① 张一兵：《回到马克思——经济学语境中的哲学话语》，江苏人民出版社1999年版，第19页。
② 何丽野：《对"回到马克思"的"文本"质疑》，《浙江社会科学》2005年第2期，第112页。

代表了马克思的本真思想。

　　除此之外，"回到马克思"还有一层隐含的意义没有揭示出来，那就是把马克思与苏联、东欧的解读模式的关系隐喻为"龙种"和"跳蚤"之间的关系，在中国的学术语境中，其具体的所指就是从苏联继承而来的传统教科书模式。这种理解模式的实质就是把文本与对其进行的解释进行割裂，直接回到原初的文本解决现实的问题。如果这条路现实可行的话，我们就要问：我们在新中国成立初期为什么没有直接回到马克思，而是经由苏联的解释模式而走了一条曲折迂回的路呢？回顾历史，可以发现原因主要有三点：首先，马克思恩格斯的著作卷帙浩繁，马克思恩格斯的原始文本的翻译工作是一个长期的过程。《马克思恩格斯全集》中文第一版是从1953年中央编译局成立才着手翻译的，到1956年正式出版第一卷，《全集》50卷（53册）的翻译一直持续到1983年才最终完成。新中国成立初期，在没有足够文本依据的情况下，我国很难开展独立的对于马克思恩格斯的思想的研究工作，很难形成与中国国情相结合的系统化理论化的马克思主义哲学教材。其次，马克思恩格斯的理论与中国社会主义革命和建设的实际存在一定的差距，如何弥合这种差距是一个长期的理论研究和探讨的过程。这些差距最典型的表现就是马克思恩格斯提出社会主义革命的多国同时胜利论，这与中国在落后生产力的基础上建立社会主义的实践相冲突，而在这方面，列宁提出的一国首先胜利论正是能够合理地解决这一矛盾和冲突的有效办法。由此可以看到，由于历史条件和民族特点的不同，并不是一切问题都能够在回到马克思的过程中得到有效解决。再次，马克思恩格斯在有生之年没有经历过一次成功的社会主义革命实践，更没有参加过社会主义建设实践，他们的理论主要还是一种革命的理论，而在社会主义革命完成之后，革命的理论就要转化为建设的理论。在社会主义建设过程中，如果要求马克思恩格斯针对现实的社会主义建设问题做出回答，很难取得预期的效果。所以，我们需要坚持的是马克思主义基本原理，而不是马克思恩格斯的某些具体的观点，但是对于适应中国国情的马克思主义基本原理的研究需要一个长期的过程。由此可见，在新中国成立初期直接回到马克思的条件并不成熟，理论研究还需要有一个间接学习和总结的过程。

　　另外，我们还应该注意到没有对文本进行的各种解释，文本的本真意境就很难被发掘出来。安克斯密特就曾经指出："我们不再有任何文本、任何过去，而只有关于它们的解释。"① 因为文本在各种各样的解释中已经变得模糊不清了，成了一幅线条相互交错的水彩画，人们只有穿过解释的丛林才能开辟出一条路来，对文本进行有意义的解读。那么，什么是有意义的解读呢？我们可以看到文本解读的目的并不是发现作者的真实思想是什么，而是去发现作者对自己头脑中的问题是如何进行解决的，这正像我们前边提到的海德格尔的思想那样，"通过与一位早期思想家的对话把我们自己带到有待思想者之领域的切近"。而这个问题的解决并不是作者一人就能够完成的，它是一个不断地进行视域融合的过程，对文本的各种解释在一定程度上来说，都是视域融合的成果，通过这种视域融合把我和作者的思想和观点结合在一起，从而使该问题的解决带有更高的普遍性，也使对于该问题的理解呈现一定的历史递进性，这就像一支军队攻克一座堡垒一样，步步为营，稳扎稳打，不断向着堡垒的切近处移动。

对于文本的解释不是以作者为中心的同心圆，而是以问题为中心的由各种解释所构成的生态链。"问题是公开的、无所顾忌的、支配一切个人的时代之声。问题是时代的格言，是表现时代自己内心状态的最实际的呼声。"② 文本存在的意义就是为解决某种时代问题提供一定的思路，文本的作者开启了这个问题的视域，使这个问题得到一定程度的澄清，使问题呈现为一定的去蔽过程，去蔽同时预示着遮蔽，这就为解释的发生留下了充足的空间。对于文本的解释总是发生于理解问题出现障碍的地方，"凡是我们把事物归并进经验时遇到阻力的地方，凡是回溯到想象的所与物时能为理解指出一个指向的地方，文本这个词就会得到广泛传播"③。文本提供的是解决问题的依据，但是解释者对于文本的内容并不是全盘接受，而是结合自己的经验和看法对于文本作者的观点进行重新发挥和改作的过程，他们提供了对于同一个问题进行解决的不同的视域，从而在问题的周围点亮一盏盏的明灯，这些灯都有自己照亮的领域，有的灯光线微弱，照亮的

---

① ［荷］安克斯密特：《历史与转义：隐喻的兴衰》，韩震译，文津出版社 2005 年版，第 204 页。

② 《马克思恩格斯全集》第 1 卷，人民出版社 1995 年第 2 版，第 203 页。

③ ［德］伽达默尔：《诠释学Ⅱ：真理与方法——补充和索引》，洪汉鼎译，商务印书馆 2007 年版，第 410—411 页。

范围比较狭窄；有的灯光线强烈，照亮的范围也比较广大。每个灯之间照亮的范围有所区别，有所交叉，它们汇合在一起共同驱除问题周围的暗昧。

我们在具体的研究过程中还会体会到，发现文本的本真意境并不能仅仅依靠文本的解读；当然，解读文本也是一个必备的条件，没有对文本的掌握，我们就很难理解该领域涉及的问题的基本概况。但是在掌握文本之后，我们还需要进一步了解其他人对于文本的解释，只有掌握了该领域的研究概况，也就是了解了对于文本的研究进展，我们才能够进一步对于文本的本真意境加以澄清，才能知道如何"接着讲"，只有掌握了"史"，我们才能在"史"的基础上"述"，做到史述结合。我们在自己开展工作之前，对于他人的解释工作不能做一概的否定。具体到马克思哲学的研究，苏东学者对于马克思哲学作出的解释虽然受到广泛的批判，但是我们也不应该否定其自身具有的学术价值，他们对马克思主义哲学的系统化整理的工作功不可没，虽然这个体系包含着各种僵化和简单化的解释趋向，但是我国推行马克思主义哲学教科书改革这么多年以来，人们不是不想变革这个体系，而是变革之后的体系很难突破或超过苏东教科书模式所达到的系统化水平，一些实现变革之后的教科书或者过于偏向学术化，超出学生的理解能力；或者过于碎片化，前后的问题舛误且不连贯，从而不适于课堂讲授，所以现行的各种哲学教科书都在不同层面上留有苏东传统教科书模式的印记。于是，在学术界就造成了这样一种状况，对传统教科书进行攻击的炮火猛烈，但是在拿下阵地之后却无力开展各种重建的工作。究其原因主要在于，我们对于苏东学者的研究工作流于片面的否定，一谈起来总是西方马克思主义和马克思学等时髦的理论，对于苏联、东欧国家的马克思主义哲学研究历程和研究进展却无暇顾及。西马和马克思学的学术性是有的，但是在具体的教学实践中的实用性缺乏；与此相比，苏东的正统马克思主义却是在长期教学实践过程中，经过认真研讨而总结出来的系统化表述，在教学实践领域具有很强的适应性。所以，要发展马克思主义，苏东学者对于马克思主义哲学的解释不容忽视，它是对马克思文本的进行解释的生态链中的重要一环，如果这一环缺失，我们的马克思主义哲学研究进程将会是在苏东学者走过的老路上进行摸索。反之，加强对苏东学者的研究成果的总结和综合将会大大推进我国的马克思主义哲学研究进程。

我们通过对"回到马克思"这个学术口号的总结和分析，得出的是这样一个具有普遍性的结论，即：对于一个文本的理解不能仅仅通过回到文本之中得到解决，我们还需要兼顾对于该文本的各种解释。这些解释不能简单地理解为对于文本的误解，而是应当把它理解为从不同角度对于文本意境的推进，没有这些解释，我们就不能更好地理解文本的意义。正像上文提到的那样，这个结论的得出是主要受到荷兰学者安克斯密特的"解释的丛林"的启发，只有穿过这片丛林，像海德格尔那样开辟出一条"林中路"，我们才能走到有待思想者的切近处。

第五章　历史研究方法及其与真实性的关系

我们在前文中分别围绕历史解释、历史事实与历史文本考察了历史认识的真实性问题，除此之外，历史研究方法也是影响历史认识真实性的重要因素之一。"史无定法"说的是在研究具体的历史问题时没有确定的非如此不可的一种或几种方法，这在一定的意义上是正确的，反映了具体问题具体分析的科学原则。但是"无定法"并不是没有方法，研究任何问题都需要一定的方法，而且方法对于历史研究的过程和结果都具有非常重要的现实影响，相同的方法能够呈现出大致相同的过程，得出大致相同的结果；不同的方法则会把问题的不同层面和内涵揭示出来。从这一方面来说，又反映出"史有定法"，也可以反映出方法对于历史研究的重要性。任何方法都可以应用于具体的历史研究并且产生一些相对确定的结果，但是这些方法之中隐含着一系列深层次的哲学问题，这些问题直接制约着历史认识的真实性，换言之，对于历史研究方法的哲学思考是澄清和解决历史认识真实性问题的重要一环。

第一节　历史研究方法的重要性

一　方法及历史研究方法的概念

在汉语中，"方法"一词的本义是量度方形的法则，由此引申出现有的含义，即指为达到某种目的而采取的途径、步骤、手段等。寻求某种知识的目的在于寻求真理，因此笛卡尔从这一角度出发对方法一词进行了界定，他认为："我所说的方法，是指确定的、容易掌握的原则，凡是准确遵行这些原则的人，今后再也不会把谬误当作真理，再也不会徒劳无功瞎干一通而消耗心智，只会逐步使其学识增长不已，从而达到真正认识心智所能认识的一切事物。"① 简言之，在笛卡尔看来，方法就是为了寻求真理、增长知识而使用的确定的、容易掌握的原则。当然，在笛卡尔这种界定中包含着自身难以解决的矛盾，这主要表现为两个方面，第一是把寻求真理的方法进行固定化的理解，似乎是在说达到真理具有一种固定的原则和途径，不照此而行就不能寻求真理，这种固定的、容易掌握的方法就是他的方法；第二是对方法的作用表现出一种乐观主义精神，这种乐观主义表现为坚信使用一种固定的、容易掌握的方法就能避免谬误而获得真理，就能使我们的学识不断增长，就能认识我们的心智所能认识的一切事物。我们知道，方法与真理之间并没有任何必然性的联系，人们可以在研究一个对象的过程中使用若干种方法，同样，一种方法也可以适用于若干个对象；另外，某一种方法适用于某一对象并不必然地得出一种真理性认识，每种方法都有其自身的适用范围，超出这一范围，这种方法可能就会导致谬误。例如，历史学的考证方法就不适于物理学研究，如果生搬硬套只可能是无果之花。由此可见，笛卡尔在对方法的界定中添加了过多的其本身不能负载的额外的含义。在我们看来，所谓的方法无非是指人们在认识过程中所采用的原则、步骤和手段等。除此之外，在方法的概念之上添加任何其他的规定都是画蛇添足。

历史研究方法是一种在专门学科领域中应用的研究方法，它除了具有一般方法的特征和属性之外还表现出自身所特有的规定性。美国洛约拉大学历史学教授伽拉甘（Gilbert J. Garraghan, S. J.）对于历史学方法的概念进行了合理的界定，他认为："所谓的历史学方法是指那些能够帮助我们有效地收集历史资料、精确地评价这些资料并且综合地呈现我们所获得的研究成果（通常是以书面的形式）的原则和规范。简言之，我们也可以把它界定为'获得［历史］真理的一系列正确的程序'。"② 在研究具体历史问题的过程中不必也不能拘泥于某种固定的研究模式、方法和路线，但这

---

① ［法］笛卡尔：《探求真理的指导原则》，管震湖译，商务印书馆 1991 年版，第 14 页。
② Garraghan G. J. , *A Guide to Historical Method* , New York：Fordham University Press, 1946, p. 33.

并不意味着我们就没有必要对历史研究方法进行理论化和系统化的研究和整理，经过理论化和系统化的历史研究方法有利于提高历史研究中的方法自觉和历史研究者的自律，从而有利于促进历史研究工作的有效开展，对于历史研究方法的研究和总结是开展历史研究的一个重要的层面。综合而言，历史研究方法所关注的问题主要有三个方面："（1）对于历史研究中的认识活动即作为历史学家的技艺的历史科学的思考；（2）对于研究的结果，即作为关于研究领域的一系列陈述的历史科学的思考；（3）对于历史研究的内容，即过去事件这一意义上的历史的思考。"① 上述第一方面大致相当于马克思在《资本论·第二版跋》中所涉及的研究方法，第二方面大致相当于马克思所谓的叙述方法，"在形式上，叙述方法必须与研究方法不同。研究必须充分地占有材料，分析它的各种发展形势，探寻这些形式的内在联系。只有这项工作完成以后，现实的运动才能适当地叙述出来"②。研究方法和叙述方法存在着差异，它们共同构成历史研究方法的两个重要的方面。除此之外，历史研究方法的第三个方面就是研究方法和叙述方法与历史研究内容的关系，即它们能否真实地反映过去的历史事件，这也正是我们这一章所主要关注的问题，即历史研究方法与叙述方法对历史认识真实性的影响问题，我们侧重考察的就是特定的历史研究方法能否真实地反映过去的历史事件及其合理的限制条件的问题。

二　方法在历史研究过程中的重要地位与作用

在当今的科学哲学研究领域兴起一种"反对方法"的思潮，这种思潮以美国科学哲学家法伊尔阿本德为代表，他提出并论证了无政府主义知识论，他认为："科学是一种本质上属于无政府主义的事业。理论上的无政府主义比起它的反面，即比起讲究理论上的法则和秩序来，更符合人本主义，也更能鼓励进步。"③ 由此可见，法伊尔阿本德提出无政府主义知识论的原因主要有两点，首先是传统的对于方法的重视否定和压制的人的个性与自由；其次是科学的方法阻碍了科学的进步，科学的进步在很大程度上

---

① ［波兰］托波尔斯基：《历史学方法论》，张家哲、王寅等译，华夏出版社1990年版，第29页。
② 《马克思恩格斯全集》第44卷，人民出版社2001年第2版，第21—22页。
③ ［美］法伊尔阿本德：《反对方法：无政府主义知识论纲要》，周昌忠译，上海译文出版社1992年版，第1页。

"只是因为某些思想家决定摆脱某些'明显'方法论原则的束缚，或者只是因为他们于无意中打破了这些法则"①。正是由于以上两个方面的原因，法伊尔阿本德认为："无论考察历史插曲，还是抽象地分析思想和行动之间的关系，都表明了这一点：唯一不禁止进步的原则便是怎么都行。"②"怎么都行"，这是一个多么通俗和富有宽容精神的道理，但是这在现实的历史和科学探索中却是不具有任何现实性的方法论主张。在现实生活中做任何事情都需要遵循一定的方法和程序，对这些方法和程序不进行认真的学习和应用，任何一种历史认识成果，任何一项科学的进步都不可能实现。人的个性与自由并不是不要方法，个性是方法的个性，只是在各种可能的方法中选择有别于他人的方法而已，人的自由也受到方法的保障，不学习、不掌握任何方法，想怎么样就怎么样，人就不可能实现任何形式的自由，世界上根本不存在没有任何保障和限制的自由。另外，科学的进步在很大程度上表现为对原有的方法和法则的突破，但是如果一个人不能熟练掌握原有的方法和法则，那么对于他来说就很难实现任何形式的进步，这些原有的方法和法则构成了牛顿所谓的"巨人的肩膀"。

　　反对方法、"怎么都行"在历史和科学研究领域只能是一种不切实际的乌托邦。对于方法的态度，我们还是需要听一听一些古老的教训。笛卡尔曾经认为："寻求真理而没有方法，那还不如根本别想去探求任何事物的真理，因为，确定无疑，这样杂乱无章的研究和暧昧不明的冥想，只会使自然的光芒昏暗，使我们的心灵盲目；凡是已经习惯于这样行走于黑暗中的人，目光必定大大衰退，等到看见亮光就再也受不了了。"③ 没有方法就像在黑暗中行走的人一样，很容易迷失方向；更像在大海中没有航向的船一样，任何方向的风对它来说都是逆风。稍早于笛卡尔、与之观点相悖的培根对于方法的重视并不亚于笛卡尔，其代表著作《新工具》全篇都是围绕科学研究的方法问题而展开，培根认为："赤手做工，不能产生多大效果；理解力如听其自理，也是一样。事功是要靠工具和助力来做出的，这对于理解力和对于手是同样的需要。手用的工具不外是供以动力或加以

---

　　① ［美］法伊尔阿本德：《反对方法：无政府主义知识论纲要》，周昌忠译，上海译文出版社1992年版，第1页。

　　② 同上。

　　③ ［法］笛卡尔：《探求真理的指导原则》，管震湖译，商务印书馆1991年版，第13—14页。

引导，同样，心用的工具也不外是对理解力提供启示或示以警告。"① 培根所谓的工具实质上就是我们一般所说的方法，这种工具和方法为我们的手和心提供适当的助力，扩展我们的活动范围，扩大我们活动的事功。培根曾经把那些试图赤手空拳移动一座巨大的方塔的人讥讽为疯子，他认为不借助工具和方法的助力而试图移动这座方塔是根本不可能成功的；他也曾把那些不注重方法或者使用了错误的方法而埋头寻求知识的人比喻为没有耐性的马匹，它用力咬其衔铁，毫不放松尾追它的对象，竭力与自然相搏。可想而知，这样的搏斗很难产生任何具有现实效果的成就。

方法不能被废除，历史研究方法对于开展历史研究具有重要的意义。首先，历史研究方法对于整理浩繁的历史材料提供了有效的途径和手段。梁启超就曾经感叹中国史料的丰富，"二十四史、两《通鉴》、九通、五纪事本末，乃至其他别史、杂史等，都计不下数万卷，幼童习焉，白首而不能殚"。"我国史界浩如烟海之资料，苟无法以整理之耶？则诚如一堆瓦砾，只觉其可厌。苟有法以整理之耶？则如在矿之金，采之不竭。学者任研治其一部分，皆可以名家，而其所贡献于世界者皆可以极大。"② 其次，对于历史研究方法的研究和总结能够避免大量不必要的重复性劳作，从而提高学者在历史研究过程中的理论自觉，减少盲目性。人类认识的发展往往表现为这样一个过程，首先是从事一系列的盲目的重复性程序和步骤，然后明确认识到这种程序和步骤的内容到底是什么，然后针对其真实所是展开必要的理论反思，充分认识这种程序和步骤的缺陷和不足，在此基础上发展出弥补的措施，推动理论和方法的进步。对于研究方法的自觉是其中极为重要的一环，只有实现了这种自觉之后，人们才能改正研究过程中的一些重复性错误。这也就是说"唯有史学方法成为专门的学问以后，才能充分保留此类史学原理与技术于长远，以避免重复。积昔哲的遗产，启后学的智慧，史学方法的功用，殆莫与京"③。再次，历史研究方法对于其他学科门类，例如哲学、文学、教育学、经济学等，都有极为重要的借鉴意义。人类在开展长期的历史研究过程中积累了丰富的关于史料考证的知识，这对于以文本研究为主的各门学问具有极为重要的襄助的作用；历史

---

① [英] 培根：《新工具》，许宝骙译，商务印书馆1984年版，第8页。
② 梁启超：《中国历史研究法》，上海古籍出版社2006年版，第3—4页。
③ [美] 杜维运：《史学方法论》，北京大学出版社2006年版，第2页。

研究是针对过去事件而展开的认识活动，它发展了一系列关于如何保证对于过去事件的认识的真实性的方法和原则，而人类的过去是众多人文社会科学的共同的研究主题，历史研究在这方面作出的贡献值得其他学科进行学习和借鉴；另外，通常我们也知道"文史哲不分家"，它们之间存在着密切的联系，历史事件是文学的一个重要的材料来源和研究对象，从哲学就是哲学史的意义上来说，历史因素在哲学研究中也具有重要的地位和作用。

历史研究方法具有如此重要的地位和作用，但是在有些人眼中却认为研究历史不需要进行专门的学习和训练，这是一种错误的主张。这种观点也曾经在哲学的身上发生过和正在发生着，在这些人看来，仿佛一个人有脑袋就能思想，会思想就能懂哲学讲哲学，哲学并不是一门需要费力去从事、去学习的学问。对于这种看法，黑格尔曾给予严厉的批评：

> 常有人将哲学这一门学问看的太轻易，他们虽从未致力于哲学，然而他们可以高谈哲学，好像非常内行的样子。他们对于哲学的常识还无充分准备，然而他们可以毫不迟疑地，特别当他们为宗教的情绪所鼓动时，走出来讨论哲学，批评哲学。他们承认要知道别的科学，必须先加以专门的研究，而且必须对该科有专门的知识，方有资格去下判断。人人承认要想制成一双鞋子，必须有鞋匠的技术，虽说每人都有他自己的脚做模型，而且也都有学习制鞋的天赋能力，然而他未经学习，就不敢妄事制作。唯有对于哲学，大家都觉得似乎没有研究、学习和费力从事的必要。①

历史学的境遇类似于哲学，好像没有必要经过专门的学习和训练就能从事历史研究。这种态度是非常不正确和草率的，一个人如果不掌握正确的方法，不经过艰苦的训练，他就很难有效地开展历史研究工作。开展历史研究和制作一双鞋子的过程有些类似，这种类似表现为一个人首先需要熟悉自己所从事的工作的方法和程序，这是入门的功夫，掌握了基本的方法和程序还远远不能成为一个合格的从业者，他还必须经过不断地训练，

___
① ［德］黑格尔：《小逻辑》，贺麟译，商务印书馆1980年第2版，第42页。

对于历史研究者来说就是从事大量的实际的历史研究，在实际的研究工作中不断地锻炼自身的业务熟练程度，也就是说，在掌握了一定的技巧和方法之后还需要在实践中不断地加以应用，这样才能做到得心应手，这就像一个人只知道制作鞋子的过程和方法——知道要先有鞋样，然后开始制作鞋底、鞋帮的基本程序，但他还是不能制作出一双完整且合脚的鞋子一样，需要不断在实践中进行训练，才能掌握和熟练应用那些基本的技能。

第二节　对各种历史研究方法的理论考察（一）

在展开具体论述之前，我们首先要对这一部分分节的依据进行简要的说明。本节所涉及的历史研究方法，马克思在历史研究过程中也曾经使用，并且在一定程度上也对之进行过分析和论证，但是它们并没有留有马克思的明显的印记，马克思主义之外的历史研究者同样也在使用这些方法。与本节不同的是，第三节中所论述的方法明显地带有马克思的印记，不支持或者反对马克思主义的历史研究者大多对这些方法持有反对或批评态度。我们姑且可以把本节论述的方法概括地称为一般性的历史研究方法，而把下文第三节中的方法概括地称为马克思主义的历史研究方法。另外，还需要说明的一点是，不管是对于一般性的历史研究方法还是对于马克思主义的历史研究方法我们都不是进行充分地列举和分析，也就是说并不是开列完全的清单，然后对所有方法进行详尽的说明，这样的计划是我们在一章的内容之中难以做到的，即使能够做到，这对于我们的研究主题来说也是没有必要的。因此，我们在本章第二节和第三节中所开列的几种方法只是众多的方法中比较重要的几个，我们将针对这些方法与历史认识真实性问题的关系进行必要的理论论证。根据这一主题的要求，我们在具体分析问题的过程中，侧重点将不是这些方法得以实现的步骤和措施，而是侧重于对这些方法进行哲学层面的分析，也就是说从历史认识与历史实在的关系问题出发对这些历史研究方法展开分析和论证。

一　史料考证的局限性及其对历史认识真实性的影响

当代宋史研究专家漆侠在其研究著作中认为："古往今来的历史学著

作，凡足以名家的，都有其共同点，即：具有丰富的内容，这种丰富的内容一是材料多，二是材料的准确。"① 可见，占有材料、使用材料以及分析材料是历史研究的基本功，没有材料就不可能有历史学，傅斯年所谓的"史学只是史料学"正是从这个角度出发而进行言说的。历史研究离不开各种历史材料，这也就规定了历史研究的基本方法是收集史料和考证史料的方法。史料考证是历史学家需要具备的基本技能，在长期的史学实践过程中考证史料的方法也得到了不断的总结和提升，方法也在不断地系统化。但是就现有格局来说，各种史料考证方法在一定程度上具有自身的局限性，并且由于这些局限性的存在，它们又对历史认识的真实性产生了非常重要的影响。

我曾经向一位研究先秦史的同学咨询他在历史研究中所使用的主要研究方法是什么，他经过认真的思考首推"二重证据法"。"二重证据法"是王国维在特定历史阶段上提出的研究中国古史的重要方法，这种方法是伴随着考古新发现和一系列新史料的面世而提出来的，这些考古新发现和新史料主要包括甲骨文的发现、敦煌藏经洞的发现、清宫内阁大库档案的发现，等等。在这样的历史背景下，王国维认为："吾辈生于今日，幸于纸上之材料外更得地下之新材料。由此种新材料，我辈固得据以补正纸上之材料，亦得证明古书之某部分全为实录，即百家不雅驯之言亦不无表示一面之事实。此二重证据法惟在今日始得为之。虽古书之未得证明者不能加以否定，而其已得证明者不能不加以肯定，可断言也。"② 地下材料的发现无疑给历史结论提供了新的证据，纸上材料和地下材料的互证是开展历史研究的一种有效的新途径，这种方法的功效主要表现在两个方面，其一是使纸上材料得到地下材料的印证，增强了纸上材料的可靠性；其二是扩展了历史研究的领域，丰富了历史研究的内容，这表现在纸上材料没有加以记载的东西但是地下材料进行了记载和描述，从而使历史研究的领域和内容逐步丰富和发展起来。但是这种方法也有其自身难以克服的局限性，这也表现在两个方面，一方面并不是全部纸上材料都能得到地下材料的证实，地下材料与纸上材料相比只是很小的一部分，"二重证据法"很难在

---

① 漆侠：《历史研究法》，河北大学出版社 2003 年版，第 78 页。
② 王国维：《古史新证》，清华大学出版社 1994 年版，第 2—3 页。

历史研究中广泛地发挥效力；另一方面的局限，王国维本人就已经在上文中揭示了出来，即："古书之未得证明者不能加以否定"，也就是说地下材料只能对纸上材料进行证实，而很难起到证伪的作用。当纸上材料与地下材料的记述出现抵牾时，我们就不能说纸上材料就必然是错误的。当然，还有一种情况就是纸上材料原本就有两种或两种以上相互冲突的观点，而地下新材料给其中的一种观点提供了证据，增强了这种观点的可信性，这种地下材料对于其他观点能够起到一定的证伪的作用，但这也不是终极性的证伪，因为通说并不是认识真理性的检验标准①。可见，二重证据法的证伪的效力是很有限的，甚至在一定程度上也不能说它就达到了证实的效果，只能说某种地下材料的出现增强了与之相一致的纸上材料的可信性和真实性。在"二重证据法"的基础上出现的"三重证据法"②的效力与此相类似，在此就不再赘述。

在中国近代的史学方法论研究领域，除了王国维提出"二重证据法"之外，梁启超也提出了积极史料和消极史料的划分，他认为："尤有一种消极性质的史料，亦甚为重要。某时代有某种现象，谓之积极的史料；某时代无某种现象，谓之消极的史料。"③他曾经使用消极史料论证这样一个观点，即："春秋以前金属货币未通用"，他的证据是他所谓的记载春秋以前的事迹的文字（包括钟鼎款式、《诗经》、殷墟古物、《左传》、《国语》、《论语》等）中"绝无用金属（充当货币——笔者注）之痕迹"。他的论证思路大略是这样的，只要文字没有记载某种现象，即可认定历史之中没有这种现象，或者在历史之中没有普遍出现这种现象。如果这种思路能够成立的话，我们似乎也就可以说，只要历史中出现某种现象，或者更加谨慎地说在历史之中普遍出现某种现象，文字就能够对之加以记载。显然这

---

① 把"通说"作为认识真理性的标准是真理融贯论的表现，所谓"通说"也就是大多数人的意见。地下材料所提供的说法只是众多意见中的一种，大多数人的意见并不必然就是真理。有人曾经认为二重证据法带有近代实证的色彩（赵吉惠持有这种观点），仿佛某种史学观点得到地下材料的支持就得到了证实，这是不正确的。地下材料与纸上材料相比，并不因为它曾被埋在地下而具有某种优先性，当二者出现抵牾时，我们并不能只相信地下而不相信纸上，地下材料与纸上材料具有同等的地位和效力，它的出现只能够说明赞成某种说法的观点又多了一个而已。

② 饶宗颐曾提出三重证据法，他的三重证据是指有字的考古资料、无字的考古资料和史书上之资料。叶舒宪的三重证据法是考据学、甲骨学和人类学互相沟通结合的结果。二人或者把二重证据法细化，或者在其上增加新的领域，其结果与二重证据法大同小异。

③ 梁启超：《中国历史研究法》，上海古籍出版社 2006 年版，第 64 页。

种思路是没有根据的，根据常识我们就可以知道，历史中出现的现象如果是冰山的话，文字记载下来的历史现象只是那个极微小的露出海面的冰山一角，大量的历史事实和现象并没有得到文字的记载；即使那些曾经得到文字记载的历史事实和现象，也可能伴随文字载体的灭失而消失大半，历史中这种现象屡见不鲜，秦始皇焚书、项羽火烧阿房宫、清朝编撰《四库全书》等皆属此类。所以，文字的记载和历史中的现象（即使是普遍流行的现象）并不是一一对应的关系，文字没有记载并不能够说明历史中就没有这种现象。消极史料的使用有其限度，消极史料并不能说明历史中没有此类现象，而只能说明这类现象没有得到文字的记载，之所以没有得到记载，原因有三：其一，历史中确实没有出现此类现象；其二，虽然出现了此类现象但是并没有引起文字作者的注意；其三，这种现象引起了作者的注意并且也对之进行了记载，但是由于种种原因，文字的载体最终灭失了，没有遗留到现在，所以我们从文字中难以发现其痕迹。可见，消极史料很难说明任何重要的历史问题。

　　研究古代史的学者比较推重"二重证据法"，而研究近现代史的学者则侧重对于包括档案文献在内的第一手资料的研究与发掘，这种学术路线与德国历史学家兰克的名字紧密联系在一起，构成客观主义史学方法论的主要内容。兰克要求历史学家"如实直书"，而"如实直书"的重要保证就是在能够使用第一手史料的情况下绝不使用第二手史料；所谓第一手史料是指历史著述者对自己亲身经历过的事情的记录，而第二手史料是指那些他未曾亲身经历过的事情的记录，是那些从别人的著述中转述过来的内容；第一手史料是可信的、真实的，而第二手史料是值得怀疑的、需要加以考证的。① 虽然第二手史料具有诸多局限性，但历史学家在从事历史著述的过程中并不是要杜绝使用第二手史料，而是要视它与第一手史料的关系如何，在谨慎考证之后加以使用。兰克认为："人们使用他的著作以前，必须先问问，他的材料是不是原始的；如果是抄来的，那就要问是用什么方式抄的，收集这些材料时用的是什么样的调查研究方法。"② 兰克希望在第一手史料的基础上构建历史研究的客观性，但是这种对于第一手史料的

---

① 参见易兰《兰克史学研究》，复旦大学出版社 2006 年版，第 102—106 页。

② Ranke L, *Critique of Guicciardini*, in Wines R, Ed. *The Secret of World History*, New York: Fordham University Press, 1981, p. 84.

依赖并没有消解人们对于历史研究的客观性的质疑，反而使历史研究的客观性问题更加扑朔迷离，致使现代历史哲学对于历史研究的客观性产生普遍性的怀疑。这一状况产生的重要原因在于第一手史料本身，我们认为，第一手史料普遍包含主观性因素。在兰克那里，第一手史料主要是指一些官方档案文献，当事人的书信、回忆录等。这些材料都是由当事人或见证人制作而成的，当事人和见证人是某一事件的利益相关方，他们对事件过程的描述以及对于历史人物的评价不可避免地包含着自身的趋向性（这种趋向性是由记述者自身的立场、政党偏见、价值观念以及意识形态所造成的），他们必然戴着有色眼镜来看待这一事件，使呈现于记录中的历史事件呈现出一种与其本来面目不同的"色彩"，古语所谓的"当局者迷"就是这个意思。另外，兰克所主张的第一手史料比第二手史料更真实、更可信的观念也值得怀疑，黑格尔、狄尔泰、马克思、汤因比等人都在不同程度上主张某一事件的意义和价值只有在这一事件完成其发展过程之后才能在事后反思的过程中完全呈现出来；一般历史学家也确信，历史观念以及对某一历史事件的认识也是随着时间的推移而逐步清晰和明确起来的，时间就是淘金器，使清者自清、浊者自浊；时间也是历史认识的检验装置，使人们在不同的历史阶段总结出来的各种历史规律和结论或者不攻自破，或者示范群伦，发挥其应有的效力。可见，第一手史料只是对于历史事件的初级反省（这种初级反省的意义就在于记录历史事件的大致发展过程，为第二手史料的总结和提升提供一个必要的基础），第二手资料才是历史认识的不断深化的结果，是在不同的历史阶段对历史进行改写的成果。因此，在进行历史解释的过程中，我们决不能片面强调第一手史料的意义和价值，而忽视第二手史料的重要作用；对第二手史料的忽视是严重违背历史原则的，也就是说没有把对某一历史事件的认识放在动态发展的视域中去加以观照。

至此，人们头脑中可能会产生这样的疑问，即：历史的本来面目真的隐藏在史料之中吗？或者说，我们通过史料考证的工作真的能认识历史的本来面目吗？这个问题实质上可以拆分为两个小问题，首先，对于一个历史事件的发生和发展过程，人们能不能认识？其次，在认识之后，人们能不能以文字的形式把这一历史事件表现出来？关于第一方面的问题我们已经在第三章第三节中充分展开了论述，我们看到人类本身具有对于各种记忆碎片进行整体拼合的能力、具有根据局部特征还原事件的整体面貌的能力，除此之外，还同时具有相互理解的能力，在这三种能力的基础上，人们完全可以对某一历史事件的发生和发展过程加以认识。至于上述第二方面的问题，我们知道，并不是所有的历史事件都得到了文字记录，也并不是一个历史事件的全部细节都得到了文字记录，文字记录下来的东西只是全部事件中以及一个事件发生发展过程中极微小的一部分，即使是这些极微小的部分也已经构成了遗存至今的史料之海。思想和认识离不开语言符号，二者基本上是同一的关系，索绪尔曾经指出："哲学家和语言学家常一致承认，没有符号的帮助，我们就没法清楚地、坚实地区分两个观念。思想本身好像一团星云，其中没有必然划定的界限。预先确定的观念是没有的。在语言出现之前，一切都是模糊不清的。"① 在思想中产生一个观念必须借助于符号的助力，一个符号代表着一个或几个观念；能够认识一件事也就同时隐含着能够用符号对之进行表达；可见，在一个人掌握了文字之后，完全可以用文字来表达自己的思想和认识。也就是说，一个历史事件的发生发展过程完全可以文字的形式表现出来。

有的人可能还会继续追问：即使你以上的论证能够成立，那也不过是解答了人们能够知道历史人物"怎么做"的问题，更深层次的历史研究应该是告诉人们历史人物"怎么想"，那么，我们怎么能够知道历史人物"怎么想"呢？把历史人物的行为分为"怎么做"和"怎么想"两个层面，并把历史研究的目标定位于后一层面，柯林武德就曾经这样做过，他把一个事件分为事件的外部和内部，历史研究就是要深入事件的内部，得以深入事件的内部的方法就是移情或者说设身处地。② 这种目标和方法都是值得怀疑的，我们知道在台上演戏和在台下看戏的人之间存在明显差异，演戏的人处于高度紧张状态，对自己所处的情境有高度的自觉，应该做什么以及做到什么程度都受到剧场环境的影响；而在台下看戏的人能够看到演员的一举一动但是不能知道演员的内心感受，因为其自身并没有处于特定的舞台环境之中。我们可以说历史人物就是那个演员，而研究者就是那些观众，历史环境和事件发展的态势相当于舞台环境，历史环境和事

---

① ［瑞士］索绪尔：《普通语言学教程》，高名凯译，商务印书馆1980年版，第157页。
② 参见柯林武德《历史的观念》，何兆武、张文杰译，商务印书馆1997年版，第300—305页。

件发展的态势是无法复制和还原的，因此研究者很难在相同的历史环境和事件发展态势中体会历史人物的内心活动，移情或设身处地的方法很难发挥其效力，只能依靠在思想中对于理想环境进行再造，而理想环境和现实环境存在明显的差异，在理想环境中的研究者不可能体会到在现实环境中的历史人物的真实想法，这是必然的。可见，试图通过移情或设身处地的途径认识历史人物的内心活动的想法只能是人们在平地上建造的巴别塔①而已。

我们对于历史人物思想的认识不可能是历史人物的本来想法，这是确切无疑的；但是这并不意味着在历史研究中就要放弃或杜绝对于历史人物思想意图的理解和想象，这种理解和想象正是历史研究的重要目标之一。那么这就会产生这样一个问题，那就是历史学家对于历史人物思想的构建与历史本来面目可能出现严重的偏离，那么从这一角度出发如何还能谈论历史认识的真实性呢？历史岂不是毫无根据的空穴来风吗？这是不对的。我们可以把历史认识的真实性分为两个层面，第一个层面是合事实的真实性，这种真实性追求与历史事件的发生发展过程相吻合。我们知道，一个历史事件一般包含以下几个要素，即时间、地点、人物、行为、结果与影响，这些都是我们可以通过经验观察而掌握的，对这些方面的研究和说明我们完全可以要求合事实的真实性，也就是与历史事件的本来面目相吻合的历史认识的真实性。第二个层次是合理的真实性，这种真实性并不追求与历史事件的本来面目相吻合，而是要求一种逻辑或理念上的真实性。一种对历史人物的思想意图的设想或猜测不与事实相冲突，符合历史人物的地位和性格，符合在特定历史条件下的人们的思维逻辑，那么我们就可以认为这种认识成果达到了合理的真实性的要求。可见，历史学家对于历史人物"怎么想"的构建并不违背历史认识的真实性原则，它只是在合事实的真实性的基础上追求一种别样的真实性而已。

结合以上论证，我们可以看到，文献考证是达致历史认识的真实性的重要途径。但是，在进行文献考证的过程中需要注意以下四个方面。

（1）孤证不足采信。"史学家应该最忌孤证，因为孤证若是来源有问

---

① 出自《圣经·创世记·第11章》，巴别塔又称通天塔，代表着混乱和不切实际。

题，岂不是全套议论都入了东洋大海吗?"① 没有对证的孤证的真实性值得怀疑。一个人的看法不足为信，如果坚持以一个人的看法为依据的话那么很可能会导致偏听偏信，背离事实的真相；两个人或者更多的人都持有相同的说法（注意：这许多人的说法应该不是同一个来源，如若是同一来源的话，也应当被视为孤证），那么无疑会增加这件事的可信度。

（2）不能赋予一种史料（例如，地下材料或某一学科领域的权威所著述的材料等）以优先的地位，简单地以这种史料去否定其他史料的真实性。我们在进行文献考证过程中，如果两种史料出现一致，且两种史料之间没有相互抄袭的情况，这将会增强该史料所反映内容的真实性；如果两种史料出现不一致，我们可以依据作者与该事件的关系（这其中包括他是不是该事件的当事人或见证人，是不是有可靠的渠道获得事件的内幕，作者与该事件的利益关系以及该作者的学术品质等方面）进行分析，也可以依据其与其他已经确定的历史事实的关系来进行分析，即通过考察一种历史叙述与其他的已经证实的历史事实是否矛盾来确定这一历史叙述是否具有真实性，通过上述两个方面的考察我们才能初步确定哪一位作者的叙述更具有真实性。除此之外，材料是否出自于地下或者某一学科领域的权威并不能成为判断这一材料真实性的依据。

（3）充分利用积极史料，谨慎使用消极史料。正像我们在上文中论述的那样，文字和事实之间并不存在对应的关系，文字没有记载并不能够说明历史之中不存在此种现象，消极史料并不能够说明任何重要的历史问题。消极史料必须与积极史料相配合来发挥其应有的效力。例如梁启超曾经考证的"春秋以前未有金属货币"，这一结论的得出，如果仅仅以消极史料为依据，其结论是很值得怀疑的，但是如果结合古钱币的实物，证明最早的金属货币何时出现，然后通过消极史料证明在此之前的文字记录中没有见到使用金属充当货币的痕迹，这将增强论证的可信度。但是这种论证依然可能伴随着考古新发现而被证明是一种错误的论证。

（4）在重视第一手史料的同时还要兼顾对第一手史料的解释。如果仅仅追求合事实的真实性，那么无疑第一手史料是最为权威的，后人获知某一历史事件的梗概只能通过当事人或见证人的记录，除此之外，别无其他

① 《傅斯年全集》第2卷，湖南教育出版社2003年版，第341页。

途径可循，这就充分显示了第一手史料的重要性，没有这些第一手史料，人类将无法对过去的历史事件进行言说。但是，我们除了要追求合事实的真实性之外，我们还要追求合理性的真实性，这就是对于历史事件背后所隐藏的思想和理念的合理建构，这种思想和理念是随着时间的推移而逐步清晰起来的，在这种情况下，第二手史料的重要性就凸显出来了。第二手史料必然是对于第一手史料的解释，而第一手史料所包含的意义和价值也在这种解释过程中呈现出不同的色彩，不研究第二手史料就很难清晰准确地理解第一手史料所包含的意义和价值。所以在开展历史研究过程中，需要重视第一手史料，但是绝对不能忽视第二手史料所具有的重要的研究价值。

二 抽象分析方法在历史研究过程中的效力

历史研究的对象是过去，过去就是那些在现实中已经结束其发展过程的事件和人物，它具有不可复制和一去不复返的特征。人们也许可以在戏剧舞台上模仿历史事件或历史人物，但是没有人会相信这种模仿就是历史本身，历史研究者绝对不会以这种模仿为根据展开历史研究。历史研究对象的这个特点决定了历史研究不能采用自然科学研究中的实验方法，正如马克思在《资本论》"第一版序言"中就分析经济形式的方法所指出的那样："既不能用显微镜，也不能用化学试剂，二者都必须用抽象力来代替。"① 抽象分析方法是开展历史研究的基本方法。

抽象分析方法的基础是逻辑与历史的统一。逻辑与历史之间存在的统一关系在黑格尔哲学中被充分地揭示出来。列宁在阅读黑格尔《逻辑学》一书的笔记中特别注意到黑格尔关于思维形式与内容之间的关系的论述，黑格尔认为把思维形式只看作供使用的手段，或者把思维形式只视为"外在形式"，只是附着于内容而非内容本身的形式，这都是不正确的。② 针对这样的观点，列宁用自己的理解阐述了黑格尔的逻辑："黑格尔则要求这样的逻辑：其中形式是富有内容的形式，是活生生的实在的内容的形式，是和内容不可分离地联系着的形式。"③ 列宁所阅读的是黑格尔的《大逻

① 《马克思恩格斯全集》第 44 卷，人民出版社 2001 年第 2 版，第 8 页。
② 参见黑格尔《逻辑学》上卷，杨一之译，商务印书馆 1966 年版，第 13—14 页。
③ ［苏联］列宁：《哲学笔记》，人民出版社 1993 年第 2 版，第 76—77 页。

辑》，后来黑格尔在作为《哲学全书》第一部分的《小逻辑》中又进一步阐述了这一思想，他认为："内容采取最能配得上它自己本身的形式，概念的形式，必然性的形式，这形式结合一切内容与思想，正解放内容与思想。"① 可见，在黑格尔看来，思维形式（逻辑）与内容（历史和现实）存在着内在的统一关系。类似的思想在黑格尔的著作中到处都可以发现。黑格尔在《历史哲学》一书中所意欲说明的主要原则就是"理性向来统治着世界、现在仍然统治着世界，因此也就统治着世界历史"②。在他看来，世界历史无非是"自由"意识的进展，他所谓的历史哲学实质上就是哲学的世界历史，是为了证明他所主张的概念或理念在世界历史中的绝对支配地位。黑格尔在《法哲学原理》中曾经提出过一个著名的命题："凡是合理的都是现实的，凡是现实的都是合理的。"③ 黑格尔这一命题进一步揭示了逻辑和现实之间的关系，凡是符合逻辑的东西都具有一定的现实性，都能够在人类现实生活中得到实现；凡是在人类现实生活中得到实现的东西都有其合理的依据，它在一定程度上是符合理性，符合逻辑的。黑格尔重视逻辑和历史的一致性关系，却以逻辑的关系统摄了历史和现实，最终造成把自己的发明和先天的虚构放到了历史当中，他的历史哲学也随之恶名昭著。但是黑格尔的罪过并不在于逻辑与历史相一致的原则，而在于他围绕绝对精神所建立起来的哲学体系。因此，我们需要把逻辑与历史相一致的原则从这个封闭的哲学体系中解放出来，在现实的历史中建立其基础。逻辑与历史的统一的基础不是绝对精神，而是具有思想和分析能力的人的生活；人的生活是人的有目的的、理性的活动，由这些活动所构成的人的历史体现着人的目的和理性，历史也就是可以进行分析，符合逻辑的。另外，从人所具有的主观能动性的角度也可以发现这个过程，人按照自己的理想设计自己的生活，生活不断地符合于人们的理性设计，人们所想的（逻辑）在历史中得到实现，理性创造着历史，历史体现着理性，逻辑和历史在人的能动性实践的基础上实现着统一。符合逻辑的东西在历史中实现，在历史中的东西符合逻辑，只有逻辑体现于历史，历史符合逻辑，抽

---

① ［德］黑格尔：《小逻辑》，贺麟译，商务印书馆1980年第2版，第17页。
② ［德］黑格尔：《历史哲学》，王造时译，世纪出版集团2006年版，第10页。
③ ［德］黑格尔：《法哲学原理（影印本）》，Nisbet H. B. 译，中国政法大学出版社2003年版，第20页。

象分析方法在历史研究领域中的运用才具有坚实的基础。

抽象分析方法内在地包含着两个过程，也就是从具体到抽象，再从抽象到具体的发展过程，"在第一条道路上，完整的表象蒸发为抽象的规定；在第二条道路上，抽象的规定在思维行程中导致具体的再现"①。"如果我从人口着手，那么，这就是关于整体的一个混沌的表象，并且通过更切近的规定我就会在分析中达到越来越简单的概念；从表象中的具体达到越来越稀薄的抽象，直到我达到一些最简单的规定。于是行程又得从那里回过头来，直到我最后又回到人口，但是这回人口已不是关于整体的一个混沌的表象，而是一个具有许多规定和关系的丰富的总体了。"② 我们的思维总是从现实中的具体开始，而这个具体是没有经过思维梳理的混沌的表象，它具有多种多样的规定性，也具有多种多样的差别，这些规定性和差别以混杂的形式呈现在我们的表象当中，我们要认识事物的本质就必须经过抽象和舍象的过程，把那些本质的共同的现象抽出来，而把那些非本质的个别的现象舍弃掉，于是我们就得到了关于事物的性质越来越简单、越来越稀薄的认识，最终获得事物的真正的共同的本质。我们的思维运行到这里只是完成了抽象过程的一半，得出了一个一般化的结论，但是这个结论是否可靠，还需要进行下一个步骤，那就是从抽象到具体的过程，抽象是事物最简单的规定，我们还需要把这种最简单的规定丰富起来，使它应用于说明具体事物和实践，"从抽象上升到具体的方法，只是思维用来掌握具体、把它当作一个精神上的具体再现出来的方式"③。这就是抽象向思想总体发展的过程，是在思想中把握到的事物的总体性。如果说上述第一条道路是人们在经验基础上对于事物的研究方式的话，那么第二条道路就是在思维过程中发生的对于事物的叙述方式。对于事物的研究是从具体总体出发达到思维的抽象，获得关于事物的最简单的规定性；与此相反，对于事物的叙述是从最简单的关于事物的抽象规定出发叙述思想总体，也就是思想中的具体。

第一条道路也可以被视为归纳的过程，即由事物的多样性、特殊性上升到关于事物的一般性和普遍性的过程；第二条道路则可以被视为演绎的

①《马克思恩格斯全集》第 30 卷，人民出版社 1995 年第 2 版，第 42 页。

② 同上书，第 41 页。

③ 同上书，第 42 页。

过程，即由事物的一般性和普遍性还原事物的多样性和特殊性的过程。归纳和演绎是人类所具有的两种基本的思维形式，它们具有各自的优势，但同时也具有自身难以克服的缺陷。"演绎逻辑推理的特征是，推理的结论不超出前提的内容，因此，可以要求这个结论具有前提所具有的那种确实性。""凡是其结论的内容超出前提的内容，因此不能要求结论具有前提所具有的那种可靠性的一切推论，都属于归纳推论。"① 可见，归纳推理能够产生新知识，但是因为所有的归纳都是不完全归纳，所以其结论缺少可靠性；演绎推理能够保证结论具有与前提一样的确实性，但是因为结论不超出前提的范围，所以它并不产生新知识。有的人认为归纳是完全可靠的，从而排斥演绎；还有的人认为演绎是可靠的，从而排斥归纳，培根和笛卡尔之间就表现出这种对立。把归纳和演绎抽象地对立起来并不是一种科学的做法，我们认为，归纳和演绎各有自己的优缺点，二者并不是相互排斥的，而是可以结合在一起的。恩格斯就曾经在《自然辩证法》中指出："归纳和演绎，正如综合和分析一样，必然是属于一个整体的。不应当牺牲一个而把另一个捧到天上去，应当设法把每一个都用到该用的地方，但是只有记住它们是属于一个整体，它们是相辅相成的，才能做到这一点。"② 归纳所得到的结论可以应用于演绎，把归纳的结果作为前提进行演绎推理，从演绎的结果的正确与否出发可以检验归纳的结论是否正确；同样，演绎的结果也可以通过归纳的方法进行检验，看看使用归纳的方法能否得出同样的结果。归纳是从特殊到一般的过程，这大致相当于抽象分析方法的第一步骤，即从具体总体到思维抽象的发展过程；演绎是从一般到特殊的过程，这大致相当于抽象分析方法的第二步骤，即从思维抽象到思维具体的发展过程。把这两个过程结合起来，才能形成一个完整的认识过程。

抽象分析方法是进行历史研究的基本方法，但要注意的是在运用抽象分析方法的过程中，不要把抽象分析方法的两个步骤，即从具体到抽象，再从抽象到具体这两个紧密相关的步骤分割开来，也不要把归纳和演绎两个方面割裂开来，只有在二者的紧密结合中我们才能够有效地认识历史。

———————————

① ［联邦德国］施太格缪勒：《当代哲学主流》，王炳文、燕宏远等译，商务印书馆 1986 年版，第 469—470 页。

② 《马克思恩格斯选集》第 4 卷，人民出版社 1995 年第 2 版，第 335 页。

三 历史分期思想：一种再思考

把一个事物的发展过程分为几个阶段加以研究是历史研究的一个重要方法，维柯、黑格尔、孔德、斯宾格勒、汤因比等人都曾对人类历史发展进行分期。① 马克思也曾对人类历史发展进行分期，马克思的历史分期思想也被称为社会形态理论，他提出的人类历史的社会形态理论主要包含三种模式，其中一种是所谓的"五形态说"，两种是"三形态说"。他在《〈政治经济学批判〉序言》中指出："大体来说，亚细亚的、古代的、封建的和现代资产阶级的生产方式可以看作是经济的社会形态演进的几个时代。"② 后来，苏联和中国的学者由此概括出社会形态演进的"五形态"说，即原始社会、奴隶社会、封建社会、资本主义社会和共产主义社会。后来马克思在《政治经济学批判（1857—1858 年手稿)》又提出了"三形态说"，他指出："人的依赖关系（起初完全是自然发生的），是最初的社会形式，在这种形式下，人的生产能力只是在狭小的范围内和孤立的地点上发展着。以物的依赖性为基础的人的独立性，是第二大形式，在这种形式下，才形成普遍的社会物质变换、全面的关系、多方面的需要以及全面的能力的体系。建立在个人全面发展和他们共同的、社会的生产能力成为从属于他们的社会财富这一基础上的自由个性，是第三个阶段。第二个阶段为第三个阶段创造条件。因此，家长制的、古代的（以及封建的）状态随着商业、奢侈、货币、交换价值的发展而没落下去，现代社会则随着这些东西同步发展起来。"③ 马克思在不同时期提出的"五形态说"和"三形态说"并不是相互隔绝孤立的论述，而是处于紧密联系之中的两种社会

---

① 维柯认为每个民族在其历史发展的过程中，都要经过三个阶段，即神祇时代、英雄时代和人的时代，这三个阶段并不是经过一个循环就终止了，而是一个不断复演的过程。黑格尔以政治为主线，把人类历史的发展分为一个人的自由、一部分人的自由以及一切人的绝对自由三个阶段。孔德则认为人们的思想或每一个知识部门，都先后经过三个不同的理论阶段：神学阶段，又名虚构阶段；形而上学阶段，又名抽象阶段；科学阶段，又名实证阶段。斯宾格勒认为每种文化都可视为一个有机体，就像一切有机体那样，也具有生、长、盛、衰等规律性和可测性的过程，它也经历着春、夏、秋、冬四季的更替。汤因比以文明作为历史研究的基本单位，把文明的发展和衰落划分为四个阶段加以研究，这四个阶段分别是文明的起源、文明的成长、文明的衰落和文明的解体。

② 《马克思恩格斯选集》第 2 卷，人民出版社 1995 年第 2 版，第 33 页。

③ 《马克思恩格斯全集》第 30 卷，人民出版社 1995 年第 2 版，第 107—108 页。

形态理论，人的依赖关系阶段大致相当于原始社会、奴隶社会和封建社会阶段；以物的依赖性为基础的人的独立性阶段大致相当于资本主义阶段；自由个性阶段大致相当于人类的共产主义阶段。"三形态说"也可以理解为把社会发展的五种形态进一步概括为人与物的关系发展的三个阶段，反映出人类社会的发展是人从被物所奴役的关系中逐步得到自由的过程。除此之外，马克思在《给维·伊·查苏利奇的复信》中还提到了另一种社会发展三形态的理论，他认为："各种原始公社（把所有的原始公社混为一谈是错误的；正像在地质的层系结构中一样，在历史的形态中，也有原生类型、次生类型、再次生类型等一系列的类型）的衰落的历史，还有待于撰述。"① 在这里，马克思把一个社会的发展阶段概括为三期，即原生类型、次生类型和再次生类型。这种概括侧重于强调一个社会的历史形态演进的连续性和特殊性，从而不能把各国所经历的社会发展阶段混为一谈，西欧的原始公社不同于俄国当时存在的农村公社，因此也就不能像西欧原始公社走向消亡那样要求消灭俄国的农村公社，俄国应该在农村公社的基础上跨越资本主义的卡夫丁大峡谷从而直接实现无产阶级革命的要求。

马克思的社会形态理论具有很强的合理性和现实性，能从不同角度反映人类社会的发展过程和历史阶段。但是这种理论依然不同程度地受到理论界的质疑，其中问题主要集中于社会发展的"五形态说"，反对"五形态说"的依据主要有两个方面：其一，各民族、各地区、各国的具体发展道路没有严格按照五种社会形态的顺序进行演进；其二，提出"五形态说"的理论依据主要是西欧地区的历史材料，这些材料的普遍适用性值得怀疑。这两方面的问题其实主要集中于一点，即对"五形态说"的普遍有效性和适用性提出质疑。反对的声音似乎是在要求一种社会演进规律能够统筹一切历史现象，一种社会形态学说能够适用于世界上所有民族、国家和地区，只要出现一个例外，那么它就像澳大利亚的黑天鹅一样具有极强的爆破力量，相应的社会形态理论就不能成立。这样的要求也许适用于自然规律，但是在社会历史领域却很难适应，我们在社会历史领域经常性地会发现康德曾经指出的"二律背反"，这种社会历史领域的二律背反甚至可能达到这样的程度，即一个人所得出的任何一个结论都存在反面的例

---

① 《马克思恩格斯选集》第 3 卷，人民出版社 1995 年第 2 版，第 771 页。

证;只要一说就错,除非你不进行任何形式的言说。出现这样的状况,我们难道就要废除语言了吗?不会的,该说还是要说,尽管是不周全地说。马克思提出的"五形态说"只是涉及一般的社会形态演进过程,其中并不否定特殊和例外。马克思在《给维·伊·查苏利奇的复信》中曾经就此问题做出过解答,他认为在对农民进行剥夺的基础上实现资本主义的历史过程只是在英国才彻底完成了,西欧的其他一切国家都正在经历着同样的运动。"可见,这一运动的'历史必然性'明确地限于西欧各国","在这种西方的运动中,问题是把一种私有制形式变为另一种私有制形式。相反地,在俄国农民中,则是要把他们的公有制变为私有制。"发生在西欧各国的对农民的剥夺过程并不适用于俄国,与西欧各国必须对农民进行剥夺的过程相反,"这种农村公社是俄国社会新生的支点;可是要使它能发挥这种作用,首先必须排除从各方面向它袭来的破坏性影响,然后保证它具备自然发展的正常条件"。① 因此,俄国并不需要走西欧各国社会形态演变的老路,"它有可能不通过资本主义制度的卡夫丁峡谷,而占有资本主义制度所创造的一切积极的成果"②。可见,五种社会形态并不是每个民族、国家和地区都必须依次经历的发展阶段,具体经历哪些发展阶段要视这些民族、国家和地区的具体情况而定,它们有可能会跳过其中一个或多个社会形态而直接向下一个社会形态迈进,这样的发展过程符合历史的辩证法,符合人类社会形态演进的现实状况。马克思的"五形态说"以西欧国家为典型揭示了一个社会正常的和完全的发展诸形态,虽然有些民族、国家或地区并没有依次经历这五种社会发展形态,但它们的历史发展总方向依然符合马克思的"五形态说",也就是说它们虽然跨越了其中一个或两个以上的发展阶段,但是总的发展方向却是不可逆转的,它们可能由奴隶社会直接进入资本主义社会,却不可能先出现资本主义社会,然后逆转出现封建社会或奴隶社会,也就是说所谓的特殊和例外依然可以看作马克思"五形态说"的简化表现形式,马克思对于人类社会发展的分期研究依然具有很大的合理性。

　　以上我们以马克思的社会形态理论为例说明了历史分期对于特殊和例

---

① 《马克思恩格斯选集》第 3 卷,人民出版社 1995 年第 2 版,第 774—775 页。
② 同上书,第 769 页。

外的包容性。我们知道，特殊和例外的存在是有些人反对历史分期方法的主要依据之一，他们认为任何历史分期都是不周全的，正是因为这种不周全性的存在，人们对历史进行分期研究是不可能实现的。这种说法是一种责备求全的表现，是以自然规律的特性来规范社会规律的表现，而社会规律本身是必然包含差异性因素在内的①，否定社会规律中的差异性因素的存在必然会在历史研究中导致独断论和教条主义，因而反对历史分期方法的这种理由是没有能够说服人的充分根据的谬论。

　　除此之外，还有人根据其他的理由反对历史分期方法，这其中最主要的就是认为人们无法合理地确定一个历史时期的开端和结尾，一个历史事件往往没有明确的开端，也没有明确的结尾，开端之前还有开端，寻求最初开端只可能是一种无限追溯的过程；对于一个历史事件的结尾的寻求也是这样，看似已经结束的事件在平地之上又起波澜。于是，这些人认为所谓的开端和结束只是人们在自己的思想中臆造出来的，并没有什么现实的基础。克罗齐就曾经认为："各种学说，不必细论其数字的和编年的体系，都把各国的历史看成是按个人的发展阶段、按个人的心理发展阶段、按精神各范畴的发展阶段或按其他事物的发展阶段进行的；它们都起因于同一错误，就是，把分期看成外在的和自然的。"② 与此相反，克罗齐主张："思索历史当然就是把历史分期，因为思想是肌体、是辩证、是剧，作为肌体、辩证和剧，它就有它的时期、有它的开始、有它的中间、有它的结尾、有剧所含有的和要求的其他理想段落。但那些段落是理论的，因而是与思想不可分割的，它们和思想是一件事，如同影子和身体、沉默和声音是一件事一样：它们和思想是等同的，是可以和它一同变化的。"③ 可见，克罗齐反对把历史分期看成外在于思想、由历史本身所具有的东西，反对的原因主要在于思想对于历史事件的把握是以理想形态呈现出来的，思想中的历史事件的开始、中间和结尾都是人类想象的结果，它随着思想的发展而随时处于变动之中。就因为历史分期不是固定不变的，就反对历史分期的外在性和客观性，这种观点是站不住脚的。我们知道历史分期之所以处于不断地变动之中，并不是因为它没有反映历史事件的自然属性，而是

① 这将是我们在下一节主要论述的内容，具体的论证和说明详见本章第三节第一部分。
② ［意大利］克罗齐：《历史学的理论和实际》，傅任敢译，商务印书馆1982年版，第89页。
③ 同上书，第86页。

因为思想对于对象性质的把握并不是一次就能完成的，它只有在不断地变动中才能不断地接近事物的本质，反映事物的自然属性的一成不变的思想是不存在的，人类对于事物性质的任何认识都是不完善的，思想的变动性反映出思想与对象的不断接近的过程。

思想中的历史分期并不一定与历史发展的自然过程完全一致，但这并不能说明历史分期只是一种内在于思想的东西，它本质上还是一种外在的、自然的东西。我们在观察事物发展的过程中经常可以看到，事物的发展有明显的开始和结局，自然物质的开始和结束也许并不明显，动辄需要数十万年、数千万年甚至上亿年的时间才能改变其原初的形态，即使如此它也有产生和毁灭的过程，太阳和地球等都是这样；与自然物质相比，有机体的开始和结局就要明显得多了，"朝菌不知晦朔，蟪蛄不知春秋"①，生命的孕育和结束都有一个明显的界限。同时，生命的发生和发展具有明显的阶段性，例如蚕的生长过程就明显地分为四期，即卵、幼虫、蛹和成虫四个阶段，在每个阶段生命个体的特征和性质都有明显差异。有机体的生长发育呈现出明显的阶段性，人也同样如此，生、老、病、死是每个人都无法避免的客观过程；每个人在童年、少年、青年、中年和老年具有不同的身体特征和智力水平。人类社会的发展也具有阶段性，从遗存到现在的器物和文字记载中，我们知道在不同的历史阶段人们使用的生产工具、社会组织方式以及人们的思想状态等方面都具有明显的差异性，例如欧洲人把历史分成古代、中世纪、近代，这种分期在很大程度上符合欧洲各国的社会发展和意识形态的状况，从西罗马帝国灭亡到文艺复兴这段时间的历史属于中世纪，中世纪的特征明显区别于古代和近代，宗教思想占有绝对的统治地位，社会结构和社会状况也与宗教存在极为密切的关系。克罗齐认为这种历史分期是不公正的，之所以不公正，他认为有两方面的原因，它"既没有伟大的名字的权威性，也没有征求过哲学家和方法论者的意见。但是它支持下来了，只要我们的意识停留在现在的状态，它仍会支持下去，它之所以不知不觉地形成这一事实，与其说是一个缺点，不如说是一个优点，因为它的形成表示它不是出于某一个人的任性而是随着近代

---

① 出自《庄子·逍遥游》。

意识本身的发展而出现的"①。我们可以看到，克罗齐反对这种历史分期的两个原因，一个来自于权威标准，另一个来自于通说标准，而这两个标准作为检验历史认识真实性的标准都是站不住脚的。克罗齐还认为这种历史分期是与近代意识存在密切关系的，随着它出现也会随着它消失，但是我们知道，在当今，近代意识已经成为历史，但是这种历史分期并没有崩溃，而是在这种分期之后又附加了现代和后现代，原有的历史分期框架仍在延续。这正如德国历史学家特奥多尔·蒙森（Theodor Mommsen，1817—1903）在《罗马史》第一卷的"引论"中指出的那样："古代史和近代史的分别并不是纯粹偶然的，也不是纯粹为了编年上的便利。"② 它是符合历史发展的实际的。

至此你也许会同意人类社会的历史发展具有一定的阶段性，但是你还会质疑：虽然历史之中包含着一定的阶段性，但是我们不能明确地确定各个阶段的起始点和结束点，这正像谷粒如何变成谷堆，秃头如何变成非秃头一样，处于关节点的模糊状态。这种想法似乎是在追求一种绝对的开端和结尾，但是这种开端和结尾的绝对性是不存在的，这正像水在摄氏零度转化为冰一样，其实水在零度只是处于一种冰水混合的状态而已，零度并不是水转化为冰的绝对界限。自然物质的临界点是这样一种状况，人类历史发展的临界点就更加复杂了，往往只是存在相对的界限。德罗伊森就曾说过："一切历史的现象都是如此，它们的开端不仅是一个开端，而且同时是一个结尾，一个脉络的终端。如果有人认为研究工作可以使人找到一个非相对性的开端，可以置于某发展脉络的头上作为绝对的一点，这样的看法实际上只表现出方法上的无知。没有任何开端不是从一连串事情中回溯找出的、相对的开端。'开端'是我们在事情相互关系确定之后，拣选安排出来的。"③ 在对历史进行分期的过程中，我们并不追求绝对的界限，而是在历史发展过程中确定一个相对的界限就达到了目的，这个相对界限的确定往往是这样一个过程：上一个历史阶段向下一个历史阶段的转化并不是一次性完成的，而是有一个持续的时间段，在这个时间段中发生了许多的历史事件，我们在这许多的历史事件中选取最具代表性的历史事件作

---

①［意大利］克罗齐：《历史学的理论和实际》，傅任敢译，商务印书馆1982年版，第87页。

②［德］蒙森：《罗马史》第1卷，李稼年译，商务印书馆1994年版，第3页。

③［德］德罗伊森：《历史知识理论》，胡昌智译，北京大学出版社2006年版，第30页。

为上一阶段结束的标志以及下一阶段开始的标志。例如新中国的成立是中国共产党和中国人民一起艰苦奋斗二十八年结果，在这期间发生了许多历史性事件，即使是在新中国筹备建立期间也有许多重要的历史活动，但是最终新中国的成立是以开国大典的举行为标志的，开国大典只是历史发展过程中的一个标志性的事件，新中国的机构以及性质在开国大典之前已经确定，也就是新中国成立的事实在于开国大典之前，它只是一系列历史事件中最具代表性的事件而已。由此可见，历史发展过程中并没有绝对的界限，但是相对的界限还是可以确定的。

总之，历史分期方法是历史研究中的一个重要方法，它是历史发展实际状况的反映，并不是人们为了编年的便利而虚构出来的主观设想。

第三节　对各种历史研究方法的理论考察（二）

自从马克思提出和论证了自己的理论与方法以来，历史学家在研究历史的过程中总是要以不同的方式面对马克思，或者赞同或者批评，不面对马克思简直就难以并展有效的历史研究。鉴于这种情况，福柯就曾指出："当今，不应用直接或间接与马克思的思想相联系的一整套观念，不将自己置身于马克思所确定和描绘的思想范畴，要想书写历史是不可能的。人们甚至想知道做一名历史学家与做一名马克思主义者之间到底会有什么样的区别。"① 福柯的观点在很大程度上反映了历史研究的现实状况，这足以说明马克思主义的历史研究方法对于历史学家开展历史研究的重要性。

一　历史规律与差异以及马克思对待差异性因素的基本态度

马克思明确认为在人类历史发展过程中是有规律存在的，并且对于人类历史发展规律进行了系统的论述，这就是马克思在《〈政治经济学批判〉序言》中所谓的"我所得到的、并且一经得到就用于指导我的研究工作的总的结果"：

---

① 转引自［美］埃伦·梅克辛斯·伍德《保卫历史》，郝名玮译，社会科学文献出版社2009年版，第213页。

人们在自己生活的社会生产中发生一定的、必然的、不以他们的意志为转移的关系，即同他们的物质生产力的一定发展阶段相适应的生产关系。这些生产关系的总和构成社会的经济结构，即有法律的和政治的上层建筑竖立其上并有一定的社会意识形式与之相适应的现实基础。物质生活的生产方式制约着整个社会生活、政治生活和精神生活的过程。……社会物质生产力发展到一定阶段，便同它们一直在其中运动的现存生产关系或财产关系（这只是生产关系的法律用语）发生矛盾。于是这些关系便由生产力的发展形式变成生产力的桎梏。那时社会变革的时代就到来了。随着经济基础的变更，全部庞大的上层建筑也就或快或慢地发生变革。……无论哪一个社会形态，在它所能容纳的全部生产力发挥出来以前，是决不会灭亡的；而新的更高的生产关系，在它的物质存在条件在旧社会的胚胎里成熟以前，是决不会出现的。……大体说来，亚细亚的、古代的、封建的和现代资产阶级的生产方式可以看作是经济的社会形态演进的几个时代。①

后来，恩格斯在概括马克思一生的两个重大发现时，用更加简练的语句把上述历史发展规律概括为：

人们首先必须吃、喝、住、穿，然后才能从事政治、科学、艺术、宗教等等；所以，直接的物质的生活资料的生产，从而一个民族或一个时代的一定的经济发展阶段，便构成基础，人们的国家设施、法的观点、艺术以致宗教观念，就是从这个基础上发展起来的，因而，也必须由这个基础来解释，而不是像过去那样做得相反。②

李凯尔特曾经在《文化科学和自然科学》一书中对唯物史观进行过批评，他的论证思路和理论依据主要表现在以下几个方面：（1）"在宗教、国家、科学、艺术的历史中，一次性的个别决不可能是'非本质的'。在这里，对创造新的文化财富的推动几乎总是来自个别的人物。"（2）唯物史观"企图把历史仅仅当作经济史，因而当作自然科学的作法"是没有根

---

① 《马克思恩格斯选集》第2卷，人民出版社1995年第2版，第32—33页。
② 《马克思恩格斯选集》第3卷，人民出版社1995年第2版，第776页。

据的。(3)"这种做法是建立在一条完全随心所欲地选择出的区分本质成分和非本质成分的原则之上,而且从起源上说这条原则之所以受到偏爱应当归因于一种完全不科学的政治的政党偏见。"他认为,唯物史观在很大程度上取决于一种特殊的社会民主主义愿望。唯物史观出于这种社会民主主义愿望,从而把伟大人物的历史作用看成非本质的,而只把群众的历史作用视为有意义的,结果只有那种与群众直接相关的事物,即经济生活才是本质的,这主要考虑的是"动物的价值","人类的全部发展归根到底被看作是'为在食槽旁边占得一个位置而斗争'"。(4)唯物史观设定了一种绝对价值,这种绝对价值就是经济生活,而经济生活之外的其他一切都变成了纯粹的"反映",这种观点实质上是一种形而上学的观点,从形式方面表现出柏拉图唯心主义或概念实在论的结构,二者之间的区别"仅仅在于肚子的理想代替了脑和心的理想"。因而,唯物史观"根本不是一种经验的、与价值相联系的历史科学,而是一种以粗暴的和非批判的方式臆造出来的历史哲学","任何试图把一切现象同那被当作唯一的本质成分的经济史联系起来的作法,必定要被归入迄今为止所进行的最随心所欲的历史解释之列"①。从上述论述可以看出,李凯尔特主要反对的是马克思的经济史观和群众史观,并认为这些观点具有以下四个方面的缺陷:第一,它们是与柏拉图唯心主义或概念实在论没有本质区别的形而上学的观点;第二,它们是最随心所欲地"以粗暴的和非批判的方式臆造出来的历史哲学";第三,它们是政党政治的产物;第四,经济的单向决定论,也就是"企图把历史仅仅当作经济史,因而当作自然科学的作法"。李凯尔特的这些观点在很大程度上与事实不符。

我们知道,马克思在自己的著作中多次明确地反对唯心主义和概念实在论,他在《1844年经济学哲学手稿》中对于黑格尔的辩证法和整个哲学的批判、在《德意志意识形态》中对费尔巴哈、布·鲍威尔和施蒂纳所代表的现代德国哲学的批判以及在《哲学的贫困》中对蒲鲁东所提倡的"适应观念顺序的历史"的批判等无不反映出马克思对于唯心主义和概念实在论的坚决的批判态度,李凯尔特却把马克思的观点与他所坚决反对的唯心

---

① 以上引文全部出自〔德〕李凯尔特《文化科学和自然科学》,涂纪亮译,商务印书馆1986年版,第98—102页。

主义或概念实在论相提并论，这违背了基本的理论常识。此外，我们知道形而上学是以一种超验的方式对于世界本原的把握，而马克思则主张以经验的方式去把握世界，并且对于世界历史的可以经验的现实前提进行了说明，这个现实前提"是一些现实的个人，是他们的活动和他们的物质生活条件，包括他们已有的和由他们自己的活动创造出来的物质生活条件。因此，这些前提可以用纯粹经验的方法来确认"①。再者，从哲学自身的发展脉络来看，形而上学形成于柏拉图哲学，亚里士多德对之进行了系统化，在黑格尔那里达到了它发展的顶峰。在黑格尔之后，伴随着近代哲学向现代哲学的转变，形而上学不仅在实践上而且在理论上都已经威信扫地，马克思认为："在黑格尔天才地把17世纪的形而上学同后来的一切形而上学及德国唯心主义结合起来并建立了一个形而上学的包罗万象的王国之后，对思辨的形而上学和一切形而上学的进攻，就像在18世纪那样，又跟对神学的进攻再次配合起来。这种形而上学将永远臣服于现在为思辨本身的活动所完善化并和人道主义相吻合的唯物主义。"② 当时的马克思应该可以被视为处于冲锋前线的勇敢的爆破手，他的理论矛头直指形而上学的大本营，即作为"一个形而上学的包罗万象的王国"的黑格尔哲学。可见，在马克思那里，反对形而上学已经是一种理论自觉，把马克思的理论观点视为一种形而上学观点的表达是难以成立的。

李凯尔特指责马克思的唯物史观是最随心所欲地"以粗暴的和非批判的方式臆造出来的历史哲学"是难以令人信服的。马克思的理论观点是在严格的自我批判和艰苦的理论探索过程中形成的，批判是马克思开展理论研究的特色之一，仅在《神圣家族》一部著作的目录中就出现了58个"批判"，这是一部名副其实的批判著作；以"批判"为书名的著作还包括《黑格尔法哲学批判》《政治经济学批判》《哥达纲领批判》等；其他的虽未在书名中出现"批判"字样但是以批判为主要任务的著作还包括《1844年经济学哲学手稿》《德意志意识形态》《哲学的贫困》等，这些著作都在执行着批判的任务，怎么能够说马克思的理论是"非批判的"呢？至于指责马克思的理论是最随心所欲的，那就更是一种诬蔑了，马克思对待知

① ［德］马克思：《德意志意识形态（节选本）》，人民出版社2003年版，第11页。
② 《马克思恩格斯全集》第2卷，人民出版社1957年版，第159—160页。

识的态度向来是严格严谨的。对于自己没有了解的知识理论，他向来采取谨慎的态度，在担任《莱茵报》的编辑时，他就曾经面对自己的论敌坦率承认："我以往的研究还不容许我对法兰西思潮的内容本身妄加评判"①；他在《〈政治经济学批判〉序言》中曾经指出他回顾自己研究政治经济学的经过的目的在于证明"我的见解，不管人们对它怎样评论，不管它多么不合乎统治阶级的自私的偏见，却是多年诚实研究的结果"②。另外，我们也可以从《马克思恩格斯全集》中所罗列的大量手稿和笔记看出马克思的理论是"多年诚实研究的结果"，这种结果绝对不可能随心所欲地得出。最后，马克思的理论也不可能是臆造的，我们知道，马克思除了从事理论创作之外，还积极参加无产阶级的革命实践，他主张："哲学家们只是用不同的方式解释世界，而问题在于改变世界。"③ 能够应用于实践，从而改变世界的理论（事实上他的理论也改变了整个 20 世纪的世界格局）难道能够说是一种纯粹出于人类幻想的臆造吗？

李凯尔特认为唯物史观是政党政治的产物，这种观点具有一定的合理性，马克思本人也从来没有讳言自己学说的阶级性，他在《共产党宣言》中明确地指出："共产党人的最近目的是和其他一切无产阶级政党的最近目的一样：使无产阶级形成为阶级，推翻资产阶级的统治，由无产阶级夺取政权。"④ 马克思的学说具有浓烈的阶级色彩，但是并不能说这种学说就是政党政治的产物，并且由于这种政治倾向性就否定这种学说的科学性。实质上，每种理论都具有一定的政治倾向性，它们或者是无政府主义的，或者是保守主义的，或者是激进主义的，或者是自由主义的。兰克的理论标榜一种超越党派政治的客观中立，但是他还是具有明显的政治保守主义倾向，这就是一个证据。李凯尔特本人也是这样，他反对唯物史观，强调伟大人物的历史作用，否定包括无产阶级在内的群众的历史作用，认为他们所提出的经济要求"多半是动物的价值"，他们为争取自身的经济利益而从事的斗争只是"为在食槽旁边占得一个位置"而已。从这种评论中，我们可以看出李凯尔特绝不是站在无产阶级的立场上为劳苦大众而著书立

① 《马克思恩格斯选集》第 2 卷，人民出版社 1995 年第 2 版，第 32 页。
② 同上书，第 35 页。
③ 《马克思恩格斯选集》第 1 卷，人民出版社 1995 年第 2 版，第 61 页。
④ 同上书，第 285 页。

说的，他的政治倾向也已经是非常明确的了。社会科学的科学性在很大程度上反映了这种理论学说的阶级性。在一个特定的历史阶段上，某个特定的阶级代表着历史发展方向，为这个代表着历史发展方向的阶级进行服务的学说才有资格成为一种科学。奴隶主、地主、资产阶级都起过积极的历史作用，在特定的历史阶段上，他们的利益和需求就代表着历史趋势，反映他们的利益和需求的理论学说就能符合历史发展趋势，而合理地反映和说明历史发展趋势的学说才具有科学性；也就是说，一种社会科学理论并未因为它具有一定的阶级性而丧失科学性，而正是因为它合理地反映了一定阶级的政治诉求和经济利益而具有科学性，马克思所提出的唯物史观正是这样一种学说。

李凯尔特对于唯物史观的第四方面的批评，即把唯物史观视为一种"企图把历史仅仅当作经济史，因而当作自然科学的作法"，这在实质上是对马克思关于历史规律与差异之间的关系的基本论述的歪曲。李凯尔特与马克思之间的区别在于，他认为自然科学认识对象的方法是把对象改造为同质的连续性，可以用普遍性的规律加以总结；而历史的文化科学则是把历史文化现象改造为异质的间断性，它们只是对具有特殊性和单一性的一次发生事件进行研究，在社会历史领域并不存在任何形式的规律，因而自然科学方法和历史方法具有明显的区别，在李凯尔特那里，规律和差异之间存在明显的对立。与李凯尔特的观点不同，马克思认为在社会历史领域是存在着规律的，但是这种规律并不是像自然规律那样排斥差异性因素。我们知道，只要出现差异性因素，自然规律就会被证伪，例如一个全称判断"所有天鹅都是白天鹅"，但是当澳大利亚发现黑天鹅时，这个判断就不能够成立了。而在社会历史领域并不是这样，规律之中也包含着丰富的差异性因素，马克思在《〈政治经济学批判〉导言》中论述"生产一般"时曾经认为：

> 生产的一切时代有某些共同标志，共同规定。生产一般是一个抽象，但是只要它真正把共同点提出来，定下来，免得我们重复，它就是一个合理的抽象。不过，这个一般，或者说，经过比较而抽出来的共同点，本身就是有许多组成部分的、分为不同规定的东西。其中有些属于一切时代，另一些是几个时代共有的。[有些]规定是最新时

代和最古时代共有的。没有它们，任何生产都无从设想；但是，如果说最发达的语言和最不发达的语言共同具有一些规律和规定，那么构成语言发展的恰恰是有别于这个一般和共同点的差别。对生产一般适用的种种规定所以要抽出来，也正是为了不致因为有了统一（主体是人，客体是自然，这总是一样的，这里已经出现了统一）而忘记本质的差别。那些证明现存社会关系永存与和谐的现代经济学家的全部智慧，就在于忘记这种差别。①

马克思的这段话包含这样几个基本思想：（1）在社会历史领域存在着一般性和普遍性的共同标志和共同规定，也就是社会历史规律；（2）社会历史规律具有不同的适用范围；（3）社会历史规律并不排斥差异性因素，正是这些差异性因素构成了人类社会的发展；否定这些差异性因素的存在是那些论证某种社会关系的永存与和谐的观点的致命缺陷。可见，马克思的规律并不是绝对的单向决定论，也就是说人类历史并不"仅仅是"经济史，同时，马克思的规律也绝对不是自然科学意义上的规律，它的内部包含着丰富的差异性因素。这些差异性因素对于历史研究具有重要的理论和现实意义，首先，只有存在差异，才有人类社会的发展。不同社会形态之间的过渡和发展的基础就在于它们彼此之间存在着差异，资本主义社会与封建社会相比，它的生产力和生产关系状况以及建立在经济基础之上的政治的和思想的上层建筑都存在着明显的差异，这种差异表明社会在发展、在进步。其次，对于历史事件本身来说，只有它与其他事物存在差异，它才能体现出个体的存在价值。马克思曾经把 19 世纪法国农民的状况比喻为装在口袋里的一个个马铃薯，他们只是一些同名数的简单相加，个体与个体之间的差异并不明显，这些不存在多大差异的个体最终就不会在历史的长河中留下任何痕迹。再次，对于一个研究项目来说也是这样，差异性（创新性）是这项课题的研究价值所在。开展一项研究不能是前人的简单重复，这是一个研究人员所具有的基本常识。所以，不管是对于一个事物的存在与发展，还是对于一项研究的理论价值来说，差异性因素都是不能够被忽视的。

---

① 《马克思恩格斯全集》第 30 卷，人民出版社 1995 年第 2 版，第 26 页。

那么，包含着差异性因素的规律到底是什么样的一种规律呢？我国学者何兆武对于规律进行划分的观点有利于进一步说明这个问题。他认为规律可以区分为两种，一种是"描叙性的"，另一种是"规范性的"，前者只是在陈述事实上的前后相续；后者则是绝对命令式的规定，是必然的、给定的、非如此不可的。马克思确实提到五种社会形态的相续，他的这一提法只是对西方历史发展历程的描述性的说明，并无意以此为一种所谓不以人的意志为转移的（亦即"非如此不可"的）普遍必然的规律，即类似于19世纪实证主义者所设想的（并且刻意追求的）那种自然科学意义上（尤其是经典物理学那种意义上）的绝对不可更改的规律。① 我们在前文中也曾经提到，马克思针对俄国能否在农村公社的基础上实现社会主义革命的问题，提出俄国可以跨越资本主义制度的卡夫丁峡谷的论断。在马克思逝世之后，1890年9月，恩格斯在一封写给约·布洛赫的信中认为："根据唯物史观，历史过程中的决定性因素归根到底是现实生活的生产和再生产。无论马克思或我都从来没有肯定过比这更多的东西。如果有人在这里加以歪曲，说经济因素是唯一决定性的因素，那么他就是把这个命题变成毫无内容的、抽象的、荒诞无稽的空话。经济状况是基础，但是对历史斗争的进程发生影响并且在许多情况下主要是决定着这一斗争的形式的，还有上层建筑的各种因素。"② 可见，李凯尔特认为唯物史观把历史"仅仅"看作经济史，并且试图得出自然科学意义上的社会历史规律，这种观点是没有根据的错误论断。他之所以得出这种错误论断的原因在很大程度上在于他没有认真阅读马克思恩格斯的著作，而只是根据一个不太著名的马克思主义"理论家"拉萨尔的论断就草率地作出了结论，这种做法只能导致在理论上尽说空话。

我们在上文中通过分析李凯尔特对于唯物史观的批判得出这样的结论：马克思主张社会历史领域之中存在着规律，但这种规律并不是在自然科学意义上的毫无例外的必然规律，而是在其内部包含着丰富差异性因素的"描述性的"规律，李凯尔特的那种视唯物史观为单向的经济决定论的观点是毫无根据的无的放矢。

---

① 何兆武：《社会形态与历史规律》，《历史研究》2000年第2期。
②《马克思恩格斯选集》第4卷，人民出版社1995年第2版，第695—696页。

二 阶级分析方法的现实性与重要性的解读

作为结构主义运动主要代表者之一的法国思想家和理论家罗兰·巴尔特认为阶级的分裂造成了语言的分裂，"在像法语这样一种民族性规范系统的内部，各个集团中的说话方式彼此不同，而每个人都是他自己语言的囚徒。除了人的阶级以外，是主要的字词在标志着、充分定位着和表现着人及其全部历史"①。为了打破文学语言的牢笼，建造"语言的乌托邦"，巴尔特提出了超越这种社会现实语言的"零度写作"的主张，零度的写作又被称为白色写作、直陈式写作、新闻式写作、毫不动心的写作、纯洁的写作以及中性的写作，"它摆脱了特殊语言秩序中的一切束缚"，"在某一对级关系（单数与多数，过去时和现在时）的两项之间建立了一个第三项，即一中性项或零项"，"这种中性的新写作存在于各种呼声和判决的环境里而又毫不介入其中；它正好是由后者的'不在'所构成。但是这种'不在'是完全的，它不包含任何隐蔽处或任何隐秘"②。细究起来，巴尔特的主张实质上是政治上的第三条道路在文学写作领域中的反映，他试图在文学激进主义和保守主义之外寻求一种文学的中立主义，这种中立主义在一定程度上是一种无阶级立场的写作方式，那么，无阶级立场的写作方式是否具有现实可能性呢？对于这个问题的分析需要依次解决以下三个问题：一个人能否孤立于社会之外而存在？在社会之中生存的人能否不归属于任何阶级？归属于特定阶级的人能否超越阶级而进行一种无阶级立场的写作？

（一）孤立的个人是不存在的

马克思曾经在《〈政治经济学批判〉导言》中追溯"单个的孤立的个人"的历史起源，认为斯密和李嘉图对于"单个的孤立的个人"的设想"属于 18 世纪的缺乏想象力的虚构"，他是这样分析的：

> 我们越往前追溯历史，个人，从而也是进行生产的个人，就越表现为不独立，从属于一个较大的整体；最初还是十分自然地在家庭和

---

① ［法］巴尔特：《写作的零度》，李幼蒸译，中国人民大学出版社 2006 年版，第 51 页。
② 同上书，第 48 页。

扩大成为氏族的家庭中；后来是在由氏族间的冲突和融合而产生的各种形式的公社中。只有到 18 世纪，在"市民社会"中，社会联系的各种形式，对个人来说，才表现为只是达到他私人目的的手段，才表现为外在的必然性。但是，产生这种孤立个人的观点的时代，正是具有迄今为止最发达的社会关系（从这种观点看来是一般关系）的时代。人是最名副其实的政治动物，不仅是一种合群的动物，而且是只有在社会中才能独立的动物。孤立的一个人在社会之外进行生产——这是罕见的事，在已经内在地具有社会力量的文明人偶然落到荒野时，可能会发生这种事情——就像许多个人不在一起生活和彼此交谈而竟有语言发展一样，是不可思议的。①

可见，个人的独立性是伴随着社会生产力和生产关系的发展而逐步增强的，这种独立性仅仅表现为对于他人的物质依赖性的降低，而他们彼此之间的社会联系却是日益紧密。这种趋势在当今社会非常明显地表现出来，伴随着通信设备和互联网络的发展，人们彼此之间的信息交流在瞬息之间就能够完成，于是就有人感叹人与人之间的距离太近了，自己刚刚做完的一件事情，在千里之外的人很快就能知晓。个人的独立性和依存性总是处于一种纠缠不清的悖论之中。但是，不管怎么说，完全孤立于社会之外的个人是不能够存在的，比较罕见的事例只可能是像马克思所说的那样，"内在地具有社会力量的文明人偶然落到荒野"，这就像在荒岛上的鲁滨孙那样，但就是这样的孤立于社会之外而生存的鲁滨孙也与社会处于广泛的联系之中，他的生存技能来自于人类社会，而且他时刻梦想着能够再次回到他所熟悉的人类社会环境之中。

（二）每个人都有自己的阶级地位

在人类社会中存在不同的阶级以及在各个阶级之间存在着不同形式的阶级斗争，这些理论成果并不是马克思第一次发现并进行阐述的。1852 年 3 月 5 日，马克思在写给魏德迈的信中对于阶级和阶级斗争学说的来源以及自己的理论贡献进行了总结，他认为：

---

① 《马克思恩格斯全集》第 30 卷，人民出版社 1995 年第 2 版，第 25 页。

　　至于讲到我，无论是发现现代社会中有阶级存在或发现各阶级间的斗争，都不是我的功劳。在我以前很久，资产阶级的历史学家就已叙述过阶级斗争的历史发展，资产阶级的经济学家也已对各个阶级作过经济上的分析。我的新贡献就是证明了下列几点：（1）阶级的存在仅仅同生产发展的一定历史阶段相联系；（2）阶级斗争必然要导致无产阶级专政；（3）这个专政不过是达到消灭一切阶级和进入无阶级社会的过渡。①

　　马克思把阶级和阶级斗争学说的起源归功于资产阶级历史学家和经济学家，这些人物主要包括基佐、梯叶里和李嘉图等人。但是据有些学者考证，阶级和阶级斗争学说的起源可以一直追溯到古希腊时期的思想家柏拉图和亚里士多德。柏拉图在《理想国》中论述了社会中富人和穷人两个营垒的对立；亚里士多德在《政治学》中已经对于阶级分析理论有了比较系统、深入的论证，他确立了阶级概念，对城邦公民做了阶级划分，并用阶级概念分析城邦居民的关系；他还以阶级概念分析城邦内部的冲突和斗争；更为重要的是，亚里士多德不仅用阶级分析理论研究一般政体形式，而且对希腊城邦政体进行了具体研究，取得了重要的理论建树。阶级斗争理论在古希腊提出后，通过神学家的译著在中世纪得到了传播，而在维柯的《新科学》中，这一理论继亚里士多德之后第一次用来分析历史上的阶级斗争。其后，阶级斗争理论的发展则主要是通过圣西门的政治理论和法国复辟时期的历史理论实现的。圣西门不仅突破了阶级划分的传统标准，而且提出了新的阶级概念。更为重要的是，他重视和强调经济因素的作用，提出了所有制的概念。复辟时期的历史学家则使传统的说明由具体上升为一般，将阶级划分标准和阶级斗争爆发的原因概括为"利益关系"，并在阶级斗争的功用问题上提出了动力理论。② 可见，阶级和阶级斗争学说源远流长，绝非马克思的一家之言，马克思只是把大家都看到的、都认

---

　　①《马克思恩格斯全集》第28卷，人民出版社1973年版，第509页。
　　② 这里关于阶级分析理论的起源和发展的论述主要参考了我国学者顾銮斋的两篇文章，其一是《阶级分析理论起源新探》（《齐鲁学刊》2003年第2期）；其二是《前马克思主义阶级斗争理论的传播与发展》（《史学理论研究》2007年第1期）。我在这里主要叙述了阶级分析理论的起源与发展的脉络，具体内容可以参见顾文。

识到的东西进行系统化的总结和阐述，具体地运用于分析资本主义社会的现实，论证了阶级发展的前途以及阶级斗争的必然趋势，即：阶级斗争导致无产阶级专政，由无产阶级专政最终进入无阶级社会的发展过程。

有的人坚决否定阶级和阶级斗争的存在，在马克思那个时代这种理论的代表人物是海因岑。海因岑无视摆在眼前的明显的历史事实而作出了错误的判断，马克思曾经这样评价他："象海因岑这类不仅否认阶级斗争，甚至否认阶级存在的无知的蠢才只不过证明：尽管他们发出一阵阵带有血腥气的和自以为十分人道的叫嚣，他们还是认为资产阶级赖以进行统治的社会条件是历史的最后产物，是历史的极限；他们只不过是资产阶级的奴才。这些蠢才越不懂得资产阶级制度本身的伟大和暂时存在的必然性，他们的那副奴才相就越令人作呕。"[1] 马克思嘲笑了海因岑的"无知"，并且为医治他的无知开出了药方，马克思规劝他们"最好是先熟悉一下资产者的著作本身，然后再去大胆地对它的对立面狂吠。这些先生要弄清过去的'阶级的历史'，就应当譬如说研究一下梯叶里、基佐、约翰·威德等人的历史著作。他们想要批判政治经济学批判，就应当先懂得政治经济学的基本原理"[2]。

当然，罗兰·巴尔特本人要比海因岑等人的理论水平要高明得多，他并没有否认人类社会之中阶级和阶级斗争的存在，他在《写作的零度》一书中就清醒地认识到，在文学写作领域存在着不同的写作类型，除了零度写作模式之外，其中还包括资产阶级的写作、艺匠式写作、现实主义写作、小资产阶级写作以及共产主义的写作。社会中存在的各个阶级都有其文学诉求，他所主张的"零度的写作"是一种中性的新写作模式，这种新写作"存在于各种呼声和判决的环境里而又毫不介入其中"。可见，巴尔特的态度是社会中存在着阶级和不同的阶级诉求，但是写作要避开现实，朝向语言和形式，朝向写作行为本身，建立"语言的乌托邦"。所以，下面我们就要分析一下具有阶级身份的个人能否超越阶级而进行一种无阶级立场的写作。

---

① 《马克思恩格斯全集》第28卷，人民出版社1973年版，第509页。
② 同上书，第507—508页。

（三）无阶级立场的写作是一种不现实的写作模式

巴尔特的文学中立主义的立场很容易使人想起另一位伟大的历史学家利奥波德·冯·兰克。"自从历史在 1880 年成为一门遵循兰克学派原则的学科之后，在美国历史学家有关兰克的形象中就存在两个误解。兰克曾被看作是非理论的典范，而且对许多人来说，他是一位政治中立的历史学家。尽管他的保守派偏见已为人注意到，但是人们仍然认为他的这些偏见并没有在他的历史叙述中体现出来。"① 巴尔特反对思想的劳作，兰克是非理论的典范；巴尔特坚持文学中立主义，兰克则坚持走第三条道路的政治中立主义。所不同的是，巴尔特是结构主义的代表人物，反对在历史认识过程中能够达到客观性和真实性的要求；而兰克则坚信历史认识能够客观地"如实直书"。撇开他们之间的差异不谈，也撇开他们反对思想和理论的共同点不谈，我们在这里只对各种形式的中立主义能否在现实的写作过程中得到贯彻加以探讨。

兰克的保守派偏见已经被学界广泛地认识到，而且根据伊格尔斯的研究，在兰克的著作中这种保守派偏见得到了充分的体现。伊格尔斯指出："有三个观点在他这一时期（指兰克在 1832—1836 年编辑《历史—政治杂志》的四年时间里——笔者注）的论文和讲演中反复出现，并且使它们具有了很大程度的一致性。第一个观点是反对将抽象原则应用于政治中，并将'理论'与自由主义和法国革命思想相等同。第二个观点则认为，尽管所有存在都只能通过它自己的历史而被人理解，但是在每一独特现象的短暂外表之后隐藏着一个普遍真理。最后一个观点是，认为历史中存在的国家是潜在的各种理念的具体表现。"② 根据这三个观点可知，兰克认为自由主义和法国革命所坚持的原则都是一些抽象的东西，在现实之中没有实用的价值；而现存的国家是在普遍真理的支配下出现的各种理念的具体体现，因此具有稳固的基础。这就反映出了兰克反对革命，维护现有统治秩序的基本态度，他的政治中立主义实质上是一种政治保守主义。

兰克所坚持的政治中立最终没能贯彻到底，那么巴尔特的文学中立主义能否得到实现呢？我们几乎可以从巴尔特那里看到与兰克同样的命运。

---

① ［美］伊格尔斯：《德国的历史观》，彭刚、顾杭译，译林出版社 2006 年版，第 81 页。
② 同上书，第 90—91 页。

巴尔特的文学中立主义实质上是反对以萨特为代表的激进主义的左派文学的产物，表面上看来他既反对资产阶级的写作，又反对共产主义的写作，但是他对于共产主义的写作抱有更为明显的反对态度，他认为："斯大林的意识形态肯定强加予写作一种颇成疑问的特别是革命性的恐惧：总之，资产阶级写作被看成比它的实际过程具有较小的危险性。于是共产主义的作家们，成为唯一心安理得地支持资产阶级写作的人，而这种写作长久以来已遭到资产阶级作家本身的谴责了，即当他们在自己意识形态的虚张声势中感觉到了妥协性之时，也即当马克思主义被视为正确理论之时。"① 在巴尔特看来，共产主义的写作带来的是"革命性的恐惧"；当资产阶级作家已经意识到自身的缺陷从而开始实现自我拯救的时候，共产主义的作家们实质上仍然在进行着资产阶级的写作，共产主义的作家们明显比资产阶级作家慢半拍。从这里，我们可以看出，如果说巴尔特反对资产阶级写作的话，他就更反对共产主义的写作。从另一个角度我们也可以看到同样的结果，那就是当他提出"写作的零度"的主张时，正是左派文学风头正劲的时期，在这种历史局势下，巴尔特的文学中立主义实质上可以等同于甘地的非暴力不合作运动，表现出一种对左派文学进行抵制的倾向。

从理论的一般层面进行分析，我们也可以得出同样的结果。上面我们已经论证了每个人都是人类社会的成员，社会又是划分为阶级的，每个人依据自身的财产、权力和职业的特征分属于不同的阶级集团，由此，每个人的言论都带有自身的充分的身份标识。在正常的情况下，一个人的言论反映出自身以及自身所属的那个阶级集团的利益诉求；在个别的情况下，一个人可能超越自身的阶级属性而为另一个阶级的利益进行辩护，例如一位本身属于资产阶级的作家却为无产阶级的利益进行辩护，空想社会主义者欧文就是其中的一个典型；但是在更多的情况下是一个本身属于无产阶级的作家却为有产阶级的利益进行辩护，这就是马克思曾经称之为"豢养的文丐"② 的那种人。因此，不管是文学、历史、哲学还是艺术，只要它们反映人以及由人所构成的社会，它们就会带有比较明显的身份标识，无阶级立场或者是不反映一定阶级的利益诉求的写作是不可能存在的。

巴尔特认为应当超越现实主义写作的局限性，文学要纯洁地或纯粹地

---

① ［法］巴尔特：《写作的零度》，李幼蒸译，中国人民大学出版社 2006 年版，第 46 页。
② 《马克思恩格斯全集》第 44 卷，人民出版社 2001 年第 2 版，第 17 页。

朝向语言和形式，这是不可能的事情，因为我们知道没有所谓的纯形式，一定的形式必定反映一定的内容，脱离内容的形式是不存在的，只要有内容就要涉及人和人类社会，就会有其自身的阶级特征。有人也许会说，文学的内容并不一定非要涉及人和人类社会，文学还可以描述风花雪月，在这种情况下，就要看它为什么人服务，也就是供给什么样的人进行阅读；对于这种文学形式，我想黛玉是愿意去读的，而焦大则万万不可能去阅读，由此，这种文学形式为谁服务也就比较清楚了。巴尔特的作品也不例外，他的作品充分体现了一个知识分子的文学诉求，知识分子也是社会中的一个特定的阶层，他们处于劳动阶级和资产阶级的中间，知识分子大多认同一种中性主义或者说中立主义，在中国古代这种理想就是中庸之道。但是理想是一回事，现实又是另一回事，知识分子的这种中立主义在遇到现实问题时往往表现出一定的倾向性，例如兰克所表现出来的保守派偏见以及巴尔特所表现出来的偏袒资产阶级写作的态度，等等。

综上可见，阶级和阶级分析方法是许多著名学者在不同的历史时期的共同发现，阶级是人类社会所具有的现实结构，阶级斗争是人类社会发展的主要动力；基丁这种社会结构和社会发展的机制，以研究人与社会为己任的历史学就不能对阶级分析方法加以忽视，阶级分析方法构成研究阶级社会历史的一条指导线索。

三　对从后思索法的质疑的质疑

"从后思索法"是马克思在《资本论》中分析"商品的拜物教性质及其秘密"时明确提出的，他认为："对人类生活形式的思索，从而对这些形式的科学分析，总是采取同实际发展相反的道路。这种思索是从事后开始的，就是说，是从发展过程的完成的结果开始的。"① 这种从事后开始的，从发展过程的完成的结果开始的思索过程和方法，被我们概括为从后思索法。这种从后思索法内在地包含着两个重要的维度：其一，以历史发展的后一阶段去解释前一阶段的发展过程和特征，这也就是马克思所谓的"人体解剖对于猴体解剖是一把钥匙"。关于这一部分的具体论述出现于《〈政治经济学批判〉导言》之中，马克思认为："资产阶级社会是最发达

---

① 《马克思恩格斯全集》第 44 卷，人民出版社 2001 年第 2 版，第 93 页。

的和最多样性的历史的生产组织。因此，那些表现它的各种关系的范畴以及对于它的结构的理解，同时也能使我们透视一切已经覆灭的社会形式的结构和生产关系。资产阶级社会借这些社会形式的残片和因素建立起来，其中一部分是还未克服的遗物，继续在这里存留着，一部分原来只是征兆的东西，发展到具有充分意义，等等。人体解剖对于猴体解剖是一把钥匙。反过来说，低等动物身上表露的高等动物的征兆，只有在高等动物本身已被认识之后才能理解。因此，资产阶级经济为古代经济等等提供了钥匙。"① 其二，"从时代的先进实践出发来理解较为落后民族的历史发展"②，并把前者视为后者在未来发展过程中所可能经历的阶段，这就是马克思提出的所谓社会历史的典型分析方法。马克思在《〈黑格尔法哲学批判〉导言》中认为，德国的实际发展水平要低于法国和英国的实际发展水平，"在法国和英国是要消灭已经发展到终极的垄断；在德国却要把垄断发展到终极。那里，正涉及解决问题；这里，才涉及到冲突"③。后来，马克思在《资本论》第一卷的"第一版序言"中进一步指出："我要在本书研究的，是资本主义生产方式以及和它相适应的生产关系和交换关系。到现在为止，这种生产方式的典型地点是英国。因此，我在理论阐述上主要用英国作为例证。但是，如果德国读者看到英国工农业工人所处的境况而伪善地耸耸肩膀，或者以德国的情况远不是那样坏而乐观地自我安慰，那我就要大声地对他说：这正是说的阁下的事情。"④ 其后，马克思进一步指出："问题在于这些规律本身，在于这些以铁的必然性发生作用并且正在实现的趋势。工业较发达国家向工业较不发达国家所显示的，只是后者未来的景象。"⑤

在当今的哲学语境中，不断有人对马克思的从后思索法发出质疑，其中主要的代表是法国思想家鲍德里亚（Jean Baudrillard, 1929—　）。鲍德里亚在其代表作《生产之镜》中否定马克思"人体解剖对于猴体解剖是一把钥匙"的理论依据主要包括三个方面："首先，很难说将人体解剖与猴

① 《马克思恩格斯全集》第30卷，人民出版社1995年第2版，第46—47页。
② 杨耕：《为马克思辩护：对马克思哲学的一种新解读》，北京师范大学出版社2004年版，第294页。
③ 《马克思恩格斯选集》第1卷，人民出版社1995年第2版，第6页。
④ 《马克思恩格斯全集》第44卷，人民出版社2001年第2版，第8页。
⑤ 同上。

体解剖相比较就不只是隐喻。当我们从生物解剖领域过渡到人类的象征和历史社会领域时，是什么保证着两个不同领域的图式具有同一性？没有什么比下面这点更确切了，即成人只能从成人的角度来理解孩子。"① 鲍德里亚把马克思的人体解剖与猴体解剖的关系的阐述仅仅视为一种隐喻，这种隐喻所揭示的生物解剖领域的现象与人类历史领域中的现象并不具有可比性。为了说明这个问题，鲍德里亚提供了另一个隐喻，他说："这种唯物主义是在意象中工作，就像一个在黑暗的小巷中丢了钥匙的人，却在明亮的街上来寻找一样，因为他认为只有在这个地方才能找到这把钥匙。"② 其次，"资本主义经济学是否回溯地阐明了中世纪、古代社会和原始社会？没有。……魔力、宗教和象征处于经济的边缘。甚至当象征形态像原始交换一样，为了防止超越社会权力的经济结构的出现时——这种经济权力会逃出团体的控制——从来也不会像把经济看作最终的决定事件"③。可见，鲍德里亚认为资本主义经济学并不能回溯地说明中世纪、古代社会和原始社会，在这些社会中并不是经济力量处于支配的决定性地位，而是处于经济边缘的魔力、宗教和象征在这些社会中处于支配社会其他层面的地位。由此，鲍德里亚似乎攻破了马克思的从后思索法的第一个重要的维度，即从历史发展的后一阶段出发去解释前一阶段的发展过程和特征。再次，鲍德里亚以西方文化对所有其他文化的解读模式为例加以说明，"西方文化是第一个批判地反观自身的文化（这开始于 18 世纪）。但这种危机的结果是西方文化的自我观照，并将自己理解为一种普遍性的文化，这样，所有其他文化就被放进了博物馆中，成为西方文化想象中的遗迹。西方文化将这些其他文化'审美化'，并根据自己的模式来解释它们，以阻止这些'不同的'文化对自己的根本质疑"④。文化之间的差异造成了相互理解的困难，呈现出在文化之间进行通约的困难，在西方文化对其他文化的理解中，把自身普遍化，把其他文化"审美化"，从而在文化自省中取得想象中的优势。这就是以发达国家的意识形态去审视未发达国家的意识形态所造成的结果；由此，从后思索法的第二个重要的维度，"从时代的先进实

① ［法］鲍德里亚：《生产之镜》，仰海峰译，中央编译出版社 2005 年版，第 71 页。
② 同上书，第 92 页。
③ 同上书，第 72 页。
④ 同上书，第 74 页。

践出发来理解较为落后民族的历史发展"的方法似乎也就值得怀疑了。①

　　鲍德里亚等人在对马克思的从后思索法的批判中存在一个重要的误区，这个误区就是把马克思所谓的"人体解剖对于猴体解剖是一把钥匙"解读为"人体即猴体"②，把人体解剖等同于猴体解剖，从而以人体解剖取代猴体解剖，这种解读方式明显是对马克思思想的误解。据我们所知，马克思在任何时候都没有把资本主义社会与中世纪、古代社会以及原始社会相等同，恰恰相反，马克思强调："决不是像那些抹杀一切历史差别、把一切社会形式都看成资产阶级社会形式的经济学家所理解的那样。人们认识了地租，就能理解代役租、什一税等等。但是不应当把它们等同起来。……如果说资产阶级经济的范畴适用于一切其他社会形式这种说法是对的，那么，这也只能在一定意义上来理解。这些范畴可以在发展了的、萎缩了的、漫画式的种种形式上，总是在有本质区别的形式上，包含着这些社会形式。"③ 对于各种社会形式之间的这种联系，甚至鲍德里亚本人也予以承认："当马克思说在对我们社会矛盾的分析和对早期社会的理解之间存在着联系时，我们同意他的看法。"④ 在他看来，马克思的错误不是看到了这二者之间的联系，而是把这种联系进行了片面化的理解，也就是说把这种联系片面化和绝对化，忽视了它们之间的区别，从而用在资本主义社会才占有支配地位的经济因素（主要是生产因素）去对于早期社会进行解

---

　　① 除了鲍德里亚之外，其他一些人的理论也对从后思索法提出了质疑，例如齐格蒙特·鲍曼曾经批评过文化精英们观察世界的视角，他认为："文化精英们把自己的生活方式，或世界的一部分人的生活方式（这一部分人主导了，或他们认为主导了这个世界）来权衡所有其他各式各样的生活方式（过去的、现在的），并且把所有其他的生活方式看作是发展迟缓的、落后的、不成熟的、不完善的，或者畸形的、残缺的、扭曲的类型，并且处在其他的诸如此类的低级发展阶段中或低级的自我认识阶段中。"（《立法者与阐释者》，上海人民出版社 2001 年版，第 149 页）鲍曼认为马克思对于世界历史的分析同样采取了文化精英们的这种视角。在国内中山大学教授刘森林，对于马克思的从后思索法提出了质疑，他认为："'从后思索法'对一般性、普遍性的诉求表明，'进步''发展'是一种精英信念的普遍化。它在时、空两个向度上，严格说来都需要重视。因其意味着把历史连续化和同质化，意味着普遍发展对特殊文化、变迁的拒斥和漠视，意味着把'猴子'都视为有待和必然变成的'人'，意味着某种形式的'以今释古'、客观目的主义和弱发展主义。"[《"从后思索法"视野内的"发展"检思》，《中山大学学报》（社会科学版）2003 年第 4 期，第 1 页]

　　② 张一兵：《文本学解读语境的历史在场：当代马克思哲学研究的一种立场》，北京师范大学出版社 2004 年版，第 107 页。

　　③《马克思恩格斯全集》第 30 卷，人民出版社 1995 年第 2 版，第 47 页。

　　④［法］鲍德里亚：《生产之镜》，仰海峰译，中央编译出版社 2005 年版，第 75 页。

释，忽视和歪曲了在人类早期社会占有支配地位的魔力、宗教和象征等因素。但是，与鲍德里亚的看法恰恰相反，马克思不仅看到了资本主义社会与早期社会之间的种种联系，并从这种联系出发提出了进行历史研究的从后思索法；更为重要的是，马克思进一步指出二者之间还存在着"本质区别"，不能把它们等同起来，并且在《德意志意识形态》中对于不同社会形态的生产力状况以及在此基础上形成的不同的社会所有制形式进行了描述①，从中我们可以看到早期社会与资本主义社会之间存在的明显差异。至于鲍德里亚提出的生产并不是在早期社会中处于支配地位的决定性因素，只有象征交换在其中起着决定性作用，这种观点明显是对社会力量的一种本末倒置。我们知道，没有生产，社会就不能延续，就不能发展；社会中的有闲阶级的产生，只有在产生了剩余产品之后才有可能；社会发展明显伴随着生产力水平的提高，而且每次生产力状况的改变都会在不同程度上带来社会结构的改变，这是在历史中存在的一系列明显的事实，只有用物质生产因素才能对这些事实加以说明。鲍德里亚所提出的象征交换对这一系列事实没有任何说明作用，因为我们知道象征交换在不同的历史时期的差异并不明显，它只能够说明人们在交换和消费过程中的心理机制而已，更为重要的是人们为了能够进行交换和消费，首先必须要生产，生产是交换的起点。在人类历史发展过程中，没有任何理由能够把交换放在比生产更加重要的地位。

至于鲍德里亚对于从后思索法的第二个维度的质疑就更加没有道理了。正像马克思所指出的那样，自然科学开展研究的重要方式是设想物体处于一种理想状态之中；而在社会科学开展研究的时候，这种理想状态是不存在的，因而历史研究只能采用典型分析法。而在当时，资本主义社会发展得比较完全的形态是在英国，英国的资本主义起步早、发展快而且文明程度高，因此资本主义的本质及其弊端表现得也就比较充分；另外，还有一个因素，那就是英国的研究资料比较丰富，"德国和西欧大陆其他国家的社会统计，与英国相比是很贫乏的"②。基于这种状况，马克思在《资本论》中的理论阐述主要用英国作为例证。以英国为例证进行说明，并不意味着英国的状况就必然适用于世界其他国家和地区，它只是提供一个一

---

① 参见马克思《德意志意识形态（节选本）》，人民出版社2003年版，第12—15页。
② 《马克思恩格斯全集》第44卷，人民出版社2001年第2版，第9页。

般的指导和参照，每个国家还要根据具体国情对之进行区别对待。这正像马克思在《给维·伊·查苏利奇的复信》中针对俄国的状况指出的那样："在分析资本主义生产的起源时，我说：'因此，在资本主义制度的基础上，生产者和生产资料彻底分离……全部过程的基础是对农民的剥夺。这种剥夺只是在英国才彻底完成了……但是，西欧的其他一切国家都正在经历着同样的运动。'（《资本论》法文版第 315 页）可见，这一运动的'历史必然性'明确地限于西欧各国。……在这种西方的运动中，问题是把一种私有制形式变为另一种私有制形式。相反，在俄国农民中，则是要把他们的公有制变为私有制。"① 在马克思看来，西欧各国与俄国的国情存在重大的差别，在西欧各国所实行的对农民的剥夺过程并不适用于俄国，在俄国要实行区别于西欧的特殊政策：农村公社是"俄国社会新生的支点"，不要对俄国农村公社中的农民进行剥夺，反而要对他们进行有效的保护和引导。在这里，马克思并不是从英国或西欧其他国家的状况出发去解决俄国社会面临的问题，而是强调在面对具体问题时要充分重视各国国情的具体差异，这就是后来被称为"具体问题具体解决"的矛盾分析方法。这种分析方法与鲍德里亚等人所谓的种族中心主义或者西方中心主义没有任何关系。理论分析总要有一个落脚点，而马克思选择的这个落脚点就是当时资本主义发展的典型形态——英国，这本来就无所厚非；"马克思说过，对到其时为止人类社会发展的最高水平的西方资本主义社会结构的解剖，更加有益于我们透视先前初级形式的社会生活存在，但仅此而已，他并没有想将资本主义的存在方式推广到西方社会发展的先前历史时期或者非西方的社会存在中去的野心。"②

综上可见，马克思的从后思索法为历史研究提供了一条重要而现实的研究路径，但是我们不能对从后思索法所包含的两个维度进行绝对化的片面解读，从后思索法不是把"后"等同于"前"，与此相反，"前"和"后"之间存在着"本质区别"；从后思索法只是要通过对"后"的理解使我们能够更好地把握"前"。

---

① 《马克思恩格斯选集》第 3 卷，人民出版社 1995 年第 2 版，第 774 页。
② 张一兵：《论猴体解剖与猿体结构之谜：鲍德里亚〈生产之镜〉的批判性解读》，《学海》2006 年第 6 期，第 66 页。

结　语

　　对历史进行改写的现象在历史研究领域比比皆是。在中国，孔子在封建帝王时代被誉为"大成至圣先师文宣王"；在某些特定的时代，他的名字也曾经成为迂腐、专制、呆板、反动等反面形象的代名词。宋朝的大奸臣秦桧，他的地位和声誉似乎早已经成为历史定案，但是在某些人的解读中，秦桧所提出的"南人归南，北人归北"的主张有利于维护南宋王朝的国计民生和社会稳定，他是一位在历史上蒙受不白之冤的"大英雄"。由人们对这两个人物的评价可以看出，历史之中似乎存在着被不断改写的无限的可能性。

　　人类的历史确实是在进行着不断的改写，造成历史改写的原因主要有三种。

　　（1）改写的需要主要来自于已经发展的时代的需要，新的时代精神要求新的历史著述。李大钊在《史学要论》中曾经指出："没有一个历史事实，能有它的完满的历史；即没有一个历史事实，不要不断的改作。这不是因为缺乏充分的材料，与特殊的天才；乃是因为历史的事实本身，便是一个新史产生者。一时代有一时代比较进步的历史观，一时代有一时代比较进步的知识；史观与知识不断地进步，人们对于历史事实的解喻自然要不断地变动。"① 历史是伴随着时代精神的进步而不断地被改写，例如，古史中关于"西狩获麟"的事迹言之凿凿，认为这是孔子"受命之瑞"，但是随着现代科学和时代精神的进步，我们知道这类事迹包含着浓厚的神话色彩，纯属无稽之谈，在现时代重新书写孔子的历史就要对这类事迹采取非常谨慎的态度。

---

　　① 李守常：《史学要论》，商务印书馆 1999 年版，第 80 页。

（2）造成改写历史的原因还包含着历史学家个人的因素。对历史进行改写的需要在很大程度上来自于历史学家个人的治学经验和学术观点，这种作用的机制大体是这样：一位历史学家在阅读历史的时候发现问题，也就是以往解释的缺陷和不通顺之处，于是针对这个问题，根据自己掌握的资料对之进行改写。这就像我们手中的笔，只有在它不能正常书写的时候，我们才会注意这支笔本身所具有的问题，才能引起我们对于这支笔本身的关注。历史学家对待历史著作也是这样，在叙述通顺、合乎情理的地方往往不会引起他们的关注，并进而对之进行解释；只有那些产生矛盾，理解产生断裂的地方才能引起他们对之重新加以解释的需要，在此基础上就有了新史的产生。这正像伽达默尔所指出的那样："我们必须说，正是我们一般对文本感到不满这一经验——或者是文本不产生任何意义，或者是它的意义与我们的期待不相协调——才使我们停下来并考虑到用语的可能的差别。"①

（3）造成历史改写的第三方面的原因在于新史料的出现。"中国近代史学以'新史料'领域的开拓而著称于海内外。十九世纪末至二十世纪初，中国考古学与史料学，曾有多起重大发现。学术价值较高者，概括起来有下列四种：光绪二十五年（1899）关于河南小屯'甲骨文'的发现；光绪二十六年（1900）关于'敦煌遗书'的发现；光绪二十六至二十七年（1900—1901）关于敦煌附近'汉晋简牍'的发现；民国初年关于'清宫内阁大库档案'的发现，等等。"② 这些新史料的发现掀起了新的历史研究的高潮，造就了一系列历史研究的大家。以甲骨文的发现为例就可以看到这种趋势，甲骨文的发现造就了"甲骨四堂"，即罗振玉（号雪堂）、王国维（号观堂）、董作宾（字彦堂）和郭沫若（字鼎堂），"自雪堂导夫先路，观堂继以考史，彦堂区其时代，鼎堂发其辞例，固已极一时之盛。"③由此，学者们在甲骨文资料的基础上对于商代的社会结构、国家职能、经济状况、宗教祭祀以及气象、历法和医学传统等方面进行了深入系统的研究，本来比较模糊抽象的领域现在变得逐步清晰具体起来。甲骨文的发现

---

① ［德］伽达默尔：《诠释学 I：真理与方法——哲学诠释学的基本特征》，洪汉鼎译，商务印书馆 2007 年版，第 365 页。

② 赵吉惠：《历史学方法论》，四川人民出版社 1987 年版，第 81 页。

③ 百度百科：《甲骨四堂》，http：//baike.baidu.com/view/135110.htm，2009 年 4 月 21 日。

对于我国先秦史的研究作出了重要的贡献，其影响一直波及当代，泽被子孙。可见，新史料的发现必将会造成历史的改写。

当然，如果改写之后的历史与原有的历史观点相同，那就没有再进行改写的必要了，在历史的改写过程中往往容易出现历史学家之间的观点的差异。至于造成历史学家之间的意见的不一致的原因，沃尔什认为主要有四个方面。

首先，个人的对于某人或者某一类人的好恶。在历史叙述中体现个人的好恶往往招致历史学学术共同体的批评，例如，修昔底德由于对雅典政治家克莱昂的厌恶而对当时的政治史做出了不正确的叙述；由于韦尔斯在其著作《世界史纲》中表现出对所有杰出的军事人物的反感，人们普遍地认为他的这部著作属于莠史。

其次，集体的偏见，或者用比较温和的文字表述，就是作为某一集团成员的历史学家的假设，也就是说从特定的国家、种族、阶级或宗教的立场出发所作出的假设。这类集体的偏见相对于个人的好恶更加隐蔽，更难以察觉，往往是沉淀于历史学家潜意识中的东西，不自觉地就能流露出来，例如历史学家从自己的宗教信仰出发去对待异教人十就是这种集体偏见的表现。

再次，历史解释的各种相互冲突的理论。马克思主义者利用经济因素对各种社会历史现象作出解释；但是也有人不同意这种观点，例如罗素就是这样，虽然他同意马克思主义的某些结论，但是他是一个多元主义者，拒绝承认某种单一的偶然因素在历史中具有决定作用。这些不同的历史理论必然会在进行历史解释的过程中造成差异。

最后，根本不同的道德观、人生观或世界观。一位抱有基督教信仰的历史学家和一位本质上坚持 18 世纪意义上的"理性主义"信念的历史学家在研究历史过程中可能会得出不同的结论，这种状况就是由上述第四方面的因素所造成的。① 沃尔什列举出来的这四种因素比较全面地说明了造成历史学家之间出现意见分歧的原因。在这些原因中，有的原因能够通过历史学家的自律得到控制，但是有些原因是以潜移默化的形式在发生着作

---

① 参见 Walsh W. H. , *Philosophy of History: An Introduction*, New York and Evanston: Harper & Row, 1960, pp. 100 – 108.

用，是在历史写作过程中很难加以根除的。英国著名历史学家阿克顿曾经试图写出令英国人、法国人、德国人和荷兰人全都满意的滑铁卢战争，但是我们认真想一想就会知道，这只是一种不可能实现的幻想。因为历史事件本身就不可能令参与的各方全都满意，某种对历史事件的书写如果能够令有关各方全都满意，那只能说明这种书写方式完全违背了历史的真实。所以，由于上述四个因素的存在，历史学家之间的歧义是不可根除的，幻想书写一部所有人都能满意的人类历史就是试图在历史研究领域建造乌托邦。

历史需要不断地改写，在改写之后又会造成各种不同意见的积累；同时，历史学家们又普遍地相信，随着时间的流逝，随着历史研究的不断地深入，人们能够不断地接近历史的真实。这二者之间似乎存在着一个很大的悖论，在不断地累积的意见的分歧之中如何能够接近历史的真实呢？历史并不是想怎么写就怎么写的，对于历史的改写是有一定的限度的，有的东西可以改写，而有的东西却不能改写，这正像李大钊所认为的那样："历史的真实，有二意义：一是说曾经遭遇过的事的记录是正确的，一是说关于曾经遭遇过的事的解喻是正确的。前者比较的变动少，后者则时时变动。"① 正像我们前文所说，对于"曾经遭遇过的事的记录"追求的是现实的真实性，追求的是符合的真实性，是在历史认知方面达到的真实性，也就是合事实的真实性，对于曾经遭遇过的事的记录必须符合历史事件发生的具体过程。对于历史事件发生的具体过程只有当事人和见证人有发言权，这些对于历史事件的过程的记述也许会出现冲突，但是作为历史事件结束其发展过程之后才出现的历史学家绝对不能对这些历史事件的过程加以改写，留给他们的工作只是依据当事人或见证人的记述加以考证，判断这些当事人或见证人谁说的是正确的，因此，历史学家对于历史事件发生过程，即"某年某月某日在某地发生某事"，这类事实加以改写是不允许的。

历史改写的空间主要是"关于曾经遭遇过的事的解喻"，也就是对于历史行为背后的动机和原因的推测、对于历史过程中的因果关系的判断等作出符合已经确定的事实的说明和解释。"关于曾经遭遇过的事的解喻"

① 李守常：《史学要论》，商务印书馆1999年版，第79页。

追求的是观念的真实性，追求的是融贯的真实性，是在历史评价方面达到的真实性，也就是合理的真实性，这种真实性是在事实的基础上构建出来的关于历史事件发生和演变逻辑的可能性的说明，对于这一部分的说明和解释是历史改写的主要空间。历史学家在不断地进行说明和解释的过程中，提供了历史事件发生和发展的各种可能性方案，并随着历史研究的深入，对于各种可能性方案又进行综合和生发，形成更为完备的关于历史事件发生和发展的可能性的说明，历史认识就是在这样一种历史认识运动中不断地深化和发展，直至对于这种历史事件发生和发展的各种可能性都进行了必要的说明之后，历史的真实就会向我们敞开。不同的历史学家持有不同的意见，每种意见都是对于他们所研究的历史事件发生和发展的多种可能性中的一种，当每种可能性都得到充分研究的时候，我们就已经站在真实历史的切近了。

在历史研究过程中存在着各种分歧，这些分歧并没有害处，反而有益，正是各种分歧的存在带领我们不断地靠近历史的本来面目。由此又可以得出一个更为广泛的结论：人类社会是由人所构成的，而人与人之间的观念具有丰富的差异性，正是因为这些差异的存在，这个世界才这么精彩。正如英国著名诗人亚历山大·蒲柏所说的那样：

> 自然界的所有差异，
> 换来了整个自然界的平静。

我们也可以说：

> 人类社会的所有差异，
> 换来了整个人类社会的安宁。

参 考 文 献

一 马克思主义经典著作

［1］［德］马克思：《〈黑格尔法哲学批判〉导言》，载《马克思恩格斯选集》第 1 卷，人民出版社 1995 年第 2 版。

［2］［德］马克思：《1844 年经济学哲学手稿》，人民出版社 2000 年第 3 版。

［3］［德］马克思、恩格斯：《神圣家族》，载《马克思恩格斯全集》第 2 卷，人民出版社 1957 年版。

［4］［德］马克思：《关于费尔巴哈的提纲》，载《马克思恩格斯选集》第 1 卷，人民出版社 1995 年第 2 版。

［5］［德］马克思：《德意志意识形态（节选本）》，人民出版社 2003 年版。

［6］［德］马克思：《哲学的贫困》，载《马克思恩格斯全集》第 4 卷，人民出版社 1958 年版。

［7］［德］马克思、恩格斯：《共产党宣言》，载《马克思恩格斯选集》第 1 卷，人民出版社 1995 年第 2 版。

［8］［德］马克思：《1848 年至 1850 年的法兰西阶级斗争》，载《马克思恩格斯选集》第 1 卷，人民出版社 1995 年第 2 版。

［9］［德］恩格斯：《德国的革命和反革命》，载《马克思恩格斯选集》第 1 卷，人民出版社 1995 年第 2 版。

［10］［德］马克思：《路易·波拿巴的雾月十八日》，载《马克思恩格斯选集》第 1 卷，人民出版社 1995 年第 2 版。

［11］［德］马克思、恩格斯：《流亡中的大人物》，载《马克思恩格斯全集》第 8 卷，人民出版社 1961 年版。

[12] [德] 马克思：《〈政治经济学批判〉导言》，载《马克思恩格斯选集》第1卷，人民出版社1995年第2版。

[13] [德] 马克思：《〈政治经济学批判〉序言》，载《马克思恩格斯选集》第2卷，人民出版社1995年第2版。

[14] [德] 恩格斯：《卡尔·马克思〈政治经济学批判〉》，载《马克思恩格斯选集》第2卷，人民出版社1995年第2版。

[15] [德] 马克思：《工资、价格和利润》，载《马克思恩格斯选集》第2卷，人民出版社1995年第2版。

[16] [德] 马克思：《资本论》，载《马克思恩格斯全集》第44卷，人民出版社2001年第2版。

[17] [德] 马克思：《法兰西内战》，载《马克思恩格斯选集》第3卷，人民出版社1995年第2版。

[18] [德] 恩格斯：《流亡者文献》，载《马克思恩格斯选集》第3卷，人民出版社1995年第2版。

[19] [德] 马克思：《哥达纲领批判》，载《马克思恩格斯选集》第3卷，人民出版社1995年第2版。

[20] [德] 马克思：《历史学笔记》，中国人民大学出版社2005年版。

[21] [德] 恩格斯：《反杜林论》，载《马克思恩格斯选集》第3卷，人民出版社1995年第2版。

[22] [德] 恩格斯：《社会主义从空想到科学的发展》，载《马克思恩格斯选集》第3卷，人民出版社1995年第2版。

[23] [德] 恩格斯：《家庭、私有制和国家的起源》，载《马克思恩格斯选集》第4卷，人民出版社1995年第2版。

[24] [德] 恩格斯：《路德维希·费尔巴哈和德国古典哲学的终结》，载《马克思恩格斯选集》第4卷，人民出版社1995年第2版。

[25] [德] 恩格斯：《自然辩证法》，载《马克思恩格斯选集》第4卷，人民出版社1995年第2版。

[26] [苏联] 列宁：《哲学笔记》，人民出版社1993年第2版。

[27] [苏联] 列宁：《列宁短篇哲学著作》，人民出版社1993年版。

[28] [苏联] 列宁：《唯物主义和经验批判主义》，人民出版社1998年第2版。

二 中文译著

［1］［法］阿隆：《论治史》，冯学俊、吴泓缈译，生活·读书·新知三联书店2003年版。

［2］［荷］安克施密特：《历史与转义：隐喻的兴衰》，韩震译，文津出版社2005年版。

［3］［英］奥克肖特：《经验及其模式》，吴玉军译，文津出版社2005年版。

［4］［苏联］巴尔格：《历史学的范畴和方法》，莫润先、陈桂荣译，华夏出版社1989年版。

［5］［法］巴尔特：《写作的零度》，李幼蒸译，中国人民大学出版社2006年版。

［6］［英］巴勒克拉夫：《当代史学主要趋向》，杨豫译，北京大学出版社2006年版。

［7］［古希腊］柏拉图：《泰阿泰德篇》，载《柏拉图全集》第2卷，王晓朝译，人民出版社2003年版。

［8］［法］鲍德里亚：《生产之镜》，仰海峰译，中央编译出版社2005年版。

［9］［俄］别尔嘉耶夫：《历史的意义》，张雅平译，学林出版社2002年版。

［10］［英］伯恩斯、皮卡德：《历史哲学：从启蒙到后现代性》，张羽佳译，北京师范大学出版社2008年版。

［11］［奥地利］波普尔：《历史主义贫困论》，何林、赵平译，中国社会科学出版社1998年版。

［12］［德］布洛赫：《历史学家的技艺》，张和声、程郁译，上海社会科学院出版社1992年版。

［13］［美］德雷：《历史哲学》，王炜、尚新建译，生活·读书·新知三联书店1988年版。

［14］［法］德里达：《论文字学》，汪堂家译，上海译文出版社2005年版。

［15］［德］德罗伊森：《历史知识理论》，胡昌智译，北京大学出版

社 2006 年版。

[16] [德] 狄尔泰:《历史中的意义》,艾彦、逸飞译,中国城市出版社 2002 年版。

[17] [德] 狄尔泰:《精神科学引论(第一卷)》,童奇志、王海鸥译,中国城市出版社 2002 年版。

[18] [德] 狄尔泰:《体验与诗》,胡其鼎译,生活·读书·新知三联书店 2003 年版。

[19] [法] 笛卡尔:《探求真理的指导原则》,管震湖译,商务印书馆 1991 年版。

[20] [美] 杜威:《评价理论》,冯平、余泽娜等译,上海译文出版社 2007 年版。

[21] [美] 法伊尔阿本德:《反对方法:无政府主义认识论纲要》,周昌忠译,上海译文出版社 1992 年版。

[22] [法] 福柯:《知识考古学》,谢强、马月译,生活·读书·新知三联书店,2007 年第 3 版。

[23] [加拿大] 弗莱:《批评的解剖》,陈慧等译,百花文艺出版社 2006 年版。

[24] [英] 格鲁内尔:《历史哲学:批判的论文》,隗仁莲译,广西师范大学出版社 2003 年版。

[25] [德] 海德格尔:《演讲与论文集》,孙周兴译,生活·读书·新知三联书店 2005 年版。

[26] [德] 海德格尔:《存在与时间》,陈嘉映、王庆节译,生活·读书·新知三联书店 2006 年第 3 版。

[27] [德] 黑格尔:《哲学史讲演录》(四卷),贺麟、王太庆译,商务印书馆 1959 年版。

[28] [德] 黑格尔:《逻辑学》上卷,杨一之译,商务印书馆 1966 年版。

[29] [德] 黑格尔:《精神现象学》(上、下卷),贺麟、王玖兴译,商务印书馆 1979 年版。

[30] [德] 黑格尔:《小逻辑》,贺麟译,商务印书馆 1980 年第 2 版。

[31] [德] 黑格尔:《法哲学原理》(影印本),Nisbet H. B. 译,中

国政法大学出版社 2003 年版。

[32] [德] 黑格尔:《历史哲学》,王造时译,上海书店出版社 2006 年版。

[33] [美] 怀特:《元史学:十九世纪欧洲的历史想像》,陈新译,译林出版社 2004 年版。

[34] [美] 怀特:《形式的内容:叙事话语与历史再现》,董立河译,文津出版社 2005 年版。

[35] [德] 伽达默尔:《诠释学Ⅰ、Ⅱ:真理与方法》(修订译本),洪汉鼎译,商务印书馆 2007 年版。

[36] [英] 加登纳:《历史解释的性质》,江怡译,文津出版社 2005 年版。

[37] [英] 卡尔:《历史是什么》,陈恒译,商务印书馆 2007 年版。

[38] [德] 康德:《历史理性批判文集》,何兆武译,商务印书馆 1990 年版。

[39] [德] 康德:《纯粹理性批判》,邓晓芒译,人民出版社 2004 年版。

[40] [英] 柯林武德:《历史的观念》,何兆武、张文杰译,商务印书馆 1997 年版。

[41] [英] 柯林武德:《精神镜像或知识地图》,赵志义、朱宁嘉译,广西师范大学出版社 2006 年版。

[42] [英] 柯林武德:《形而上学论》,宫睿译,北京大学出版社 2007 年版。

[43] [意] 克罗齐:《历史学的理论和实际》,傅任敢译,商务印书馆 1982 年版。

[44] [法] 勒高夫、诺拉等:《新史学》,姚蒙编译,上海译文出版社 1989 年版。

[45] [德] 李凯尔特:《文化科学和自然科学》,涂纪亮译,商务印书馆 1986 年版。

[46] [法] 利科:《解释学与人文科学》,陶远华译,河北人民出版社 1987 年版。

[47] [法] 利科:《哲学主要趋向》,李幼蒸、徐奕春译,商务印书

馆 1988 年版。

[48] [法] 利科：《历史与真理》，姜志辉译，上海译文出版社 2004
年版。

[49] [法] 利科：《活的隐喻》，汪堂家译，上海译文出版社 2004
年版。

[50] [美] 罗蒂：《哲学与自然之镜》，李幼蒸译，商务印书馆 2003
年版。

[51] [德] 洛维特：《世界历史与救赎历史：历史哲学的神学前提》，
李秋零，田薇译，生活·读书·新知三联书店 2002 年版。

[52] [美] 马丁：《历史解释：重演与实践推断》，王晓红译，文津
出版社 2005 年版。

[53] [意] 马基雅维里：《论李维》，冯克利译，世纪出版集团 2005
年版。

[54] [澳] 麦卡拉：《历史的逻辑：把后现代主义引入视域》，张秀
琴译，北京师范大学出版社 2008 年版。

[55] [德] 梅林：《马克思传》，樊集译，人民出版社 1965 年版。

[56] [德] 蒙森：《罗马史》第 1 卷，李稼年译，商务印书馆 1994 年
版。

[57] [德] 尼采：《苏鲁支语录》，徐梵澄译，商务印书馆 1992 年版。

[58] [德] 尼采：《悲剧的诞生》，杨恒达译，译林出版社 2007 年版。

[59] [法]帕斯卡尔：《思想录》，何兆武译，世纪出版集团 2007
年版。

[60] [英] 培根：《新工具》，许宝骙译，商务印书馆 1984 年版。

[61] [瑞士] 皮亚杰：《发生认识论原理》，王宪钿等译，商务印书
馆 1981 年版。

[62] [英] 莎士比亚：《雅典的泰门》，载《莎士比亚全集》第 8 卷，
朱生豪译，人民文学出版社 1978 年版。

[63] [联邦德国] 施太格缪勒：《当代哲学主流》（上、下卷），王炳
文、燕宏远等译，商务印书馆 1986 年版。

[64] [瑞士] 索绪尔：《普通语言学教程》，高名凯译，商务印书馆
1980 年版。

［65］［美］汤普森：《历史著作史》（四分册），谢德风、孙秉莹译，商务印书馆1992年版。

［66］［英］汤因比、厄本：《汤因比论汤因比》，王少如、沈晓红译，上海三联书店1989年版。

［67］［英］汤因比：《历史研究》，刘北成、郭小凌译，上海人民出版社2005年版。

［68］［美］梯利：《西方哲学史》，葛力译，商务印书馆1995年版。

［69］［波兰］托波尔斯基：《历史学方法论》，张家哲、王寅等译，华夏出版社1990年版。

［70］［英］托什：《史学导论》，吴英译，北京大学出版社2007年版。

［71］［意］维柯：《新科学》，朱光潜译，商务印书馆1989年版。

［72］［德］文德尔班：《哲学史教程》，罗达仁译，商务印书馆1987年版。

［73］［英］沃尔夫：《当今为什么还要研读马克思》，段忠桥译，高等教育出版社2006年版。

［74］［英］沃尔什：《历史哲学——导论》，何兆武、张文杰译，广西师范大学出版社2001年版。

［75］［美］伍德、福斯特：《保卫历史》，郝名玮译，社会科学文献出版社2009年版。

［76］［古希腊］希罗多德：《希腊波斯战争史》，王以铸译，商务印书馆1959年版。

［77］［德］西美尔：《历史哲学问题：认识论随笔》，陈志夏译，上海译文出版社2006年版。

［78］［美］希梅尔法布：《新旧历史学》，余伟译，新星出版社2007年版。

［79］［英］休谟：《人性论》，关文运译，商务印书馆1980年版。

［80］［古希腊］修昔底德：《伯罗奔尼撒战争史》，谢德风译，商务印书馆1960年版。

［81］［古希腊］亚里士多德：《形而上学》，吴寿彭译，商务印书馆1959年版。

［82］［古希腊］亚里士多德：《诗学》，陈中梅译，商务印书馆1996

年版。

[83]［美］伊格尔斯：《德国的历史观》，彭刚、顾杭译，译林出版社2006年版。

[84]［英］詹金斯：《论"历史是什么?"——从卡尔和艾尔顿到罗蒂和怀特》，江政宽译，商务印书馆2007年版。

[85]陈启能、倪为国：《书写历史》（第一辑），上海三联书店2003年版。

[86]陈新：《当代西方历史哲学读本》，复旦大学出版社2006年版。

[87]《第欧根尼》中文精选版编辑委员会：《对历史的理解》，商务印书馆2007年版。

[88]丁耘：《什么是思想史》，上海人民出版社2006年版。

[89]刘北成、陈新：《史学理论读本》，北京大学出版社2006年版。

[90]田汝康、金重远：《现代西方史学流派文选》，上海人民出版社1982年版。

[91]张文杰：《现代西方历史哲学译文集》，上海译文出版社1984年版。

三 中文著作

[1]白寿彝：《中国史学史论集》，中华书局1999年版。

[2]北京大学哲学系外国哲学史教研室：《西方哲学原著选读》（上、下卷），商务印书馆1981年版。

[3]陈先达：《走向历史的深处：马克思历史观研究》，中国人民大学出版社2006年版。

[4]陈先达：《处在夹缝中的哲学：走向21世纪的马克思主义哲学》，北京师范大学出版社2004年版。

[5]杜维运：《史学方法论》，北京大学出版社2006年版。

[6]傅斯年：《史学方法导论》，载《傅斯年全集》第2卷，湖南教育出版社2003年版。

[7]傅斯年：《历史语言研究所工作之旨趣》，载《傅斯年全集》第3卷，湖南教育出版社2003年版。

[8]郭继海：《真理符合论的困难及其解决》，中国社会科学出版社

2003 年版。

[9] 韩震：《西方历史哲学导论》，山东人民出版社 1992 年版。

[10] 韩震：《20 世纪西方历史哲学》，北京师范大学出版社 2003 年版。

[11] 韩震、董立河：《历史学研究的语言学转向——西方后现代历史哲学研究》，北京师范大学出版社 2008 年版。

[12] 韩震、孟鸣歧：《历史哲学：关于历史性概念的哲学阐释》，云南人民出版社 2002 年版。

[13] 韩震、孟鸣歧：《历史·理解·意义——历史诠释学》，上海译文出版社 2002 年版。

[14] 何怀远：《欧洲社会历史观：从古希腊到马克思》，黄河出版社 1991 年版。

[15] 胡壮麟：《语言学教程》，北京大学出版社 2007 年第 2 版。

[16] 翦伯赞：《历史哲学教程》，北京大学出版社 1990 年版。

[17] 金毓黻：《中国史学史》，商务印书馆 1999 年版。

[18] 金岳霖：《知识论》，商务印书馆 1983 年版。

[19] 李德顺：《价值论》，中国人民大学出版社 2007 年第 2 版。

[20] 李秋零：《德国哲人视野中的历史》，中国人民大学出版社 1994 年版。

[21] 李守常：《史学要论》，商务印书馆 1999 年版。

[22] 梁启超：《中国历史研究法》，上海古籍出版社 2006 年版。

[23] 刘放桐：《新编现代西方哲学》，人民出版社 2000 年版。

[24] 陆象淦：《现代历史科学》，重庆出版社 1991 年版。

[25] 孟轲：《孟子》，中华书局 2006 年版。

[26] 欧阳康：《社会认识论：人类社会自我认识之谜的哲学探索》，云南人民出版社 2002 年版。

[27] 彭刚：《精神、自由与历史：克罗齐历史哲学研究》，清华大学出版社 1999 年版。

[28] 启良：《史学与神学：西方历史哲学引论》，湖南出版社 1992 年版。

[29] 齐思和：《中国史探研》，河北教育出版社 2003 年版。

［30］漆侠：《历史研究法》，河北大学出版社 2003 年版。

［31］瞿林东：《中国简明史学史》，上海人民出版社 2005 年版。

［32］司马迁：《史记》，中华书局 2006 年版。

［33］孙正聿：《简明哲学通论》，高等教育出版社 2000 年版。

［34］万斌：《历史哲学论纲》，浙江大学出版社 1992 年版。

［35］王尔敏：《史学方法》，广西师范大学出版社 2005 年版。

［36］王国维：《古史新证》，清华大学出版社 1994 年版。

［37］王南湜：《社会哲学：现代实践哲学视野中的社会生活》，云南人民出版社 2001 年版。

［38］吴廷嘉、沈大德：《历史唯物论与当代史学理论的发展》，浙江人民出版社 1995 年版。

［39］吴向东：《重构现代性：当代社会主义价值观研究》，北京师范大学出版社 2006 年版。

［40］夏甄陶：《关于目的的哲学》，上海人民出版社 1982 年版。

［41］夏甄陶：《认识论引论》，人民出版社 1986 年版。

［42］夏甄陶：《人是什么》，商务印书馆 1999 年版。

［43］杨耕：《为马克思辩护：对马克思哲学的一种新解读》，北京师范大学出版社 2004 年版。

［44］衣俊卿：《历史与乌托邦——历史哲学：走出传统历史设计之误区》，黑龙江教育出版社 1995 年版。

［45］易兰：《兰克史学研究》，复旦大学出版社 2006 年版。

［46］袁贵仁：《价值学引论》，北京师范大学出版社 1991 年版。

［47］袁吉富：《历史认识的客观性问题研究》，北京大学出版社 2000 年版。

［48］张岱年：《中国哲学史方法论发凡》，中华书局 2003 年版。

［49］张耕华：《历史哲学导论》，复旦大学出版社 2004 年版。

［50］张广智：《西方史学史》，复旦大学出版社 2006 年第 2 版。

［51］张广智、张广勇：《史学：文化中的文化——文化视野中的西方史学》，浙江人民出版社 1990 年版。

［52］张广智、张广勇：《现代西方史学》，复旦大学出版社 1996 年版。

［53］张曙光：《个体生命与现代历史》，山东人民出版社 2007 年版。

［54］张一兵：《回到马克思：经济学语境中的哲学话语》，江苏人民出版社 1999 年版。

［55］张一兵：《文本学解读语境的历史在场：当代马克思哲学研究的一种立场》，北京师范大学出版社 2004 年版。

［56］赵吉惠：《历史学方法论》，四川人民出版社 1987 年版。

［57］赵家祥：《马克思主义历史哲学》（共 5 卷），吉林人民出版社 2006 年版。

［58］赵轶峰：《学史丛录》，中华书局 2005 年版。

［59］朱红文：《人文精神与人文科学》，中共中央党校出版社 1994 年版。

［60］庄国雄、马拥军、孙承叔：《历史哲学》，复旦大学出版社 2004 年版。

［61］庄周：《庄子》，中华书局 2007 年版。

四　外文著作

［1］Ankersmit F. R. , *Narrative Logic：a Semantic Analysis of the Historian's Language*, The Hague：M. Nijhoff, 1983.

［2］Bober M. M. , *Karl Marx's Interpretation of History*, 2nd ed, Cambridge：Harvard University Press, 1962.

［3］Brown C. G. , *Postmodernism for Historians*, New York：Pearson/Longman, 2005.

［4］Burns R. M. and Rayment-Pickard H, *Philosophies of History：from Enlightenment to Postmodernity*, Oxford and malden：Blackwell Publisher, 2000.

［5］Dray W. H. , *Philosophy of History*, 2nd ed, Englewood Cliffs, N. J. : Prentice-Hall, 1993.

［6］Ferry L. , *The System of Philosophies of History*, Chicago：University of Chicago Press, 1992.

［7］Gaddis J. L. , *The Landscape of History：How Historians Map the Past*, Oxford：Oxford University Press, 2004.

［8］Garraghan G. J. , *A Guide to Historical Method*, New York：Fordham University Press, 1946.

[9] Gruner R. , *Philosophies of History*: *a Critical Essay*, England: Gower, 1985.

[10] Harris R. , *The Linguistics of History*, Edinburgh: Edinburgh University Press, 2004.

[11] Jenkins K. , *On "What is History?"*: *from Carr and Elton to Rorty and White*, London; New York: Routledge, 1995.

[12] Lewis B. , *History*: *Remembered*, *Recovered*, *Invented*, New York: Simon & Schuster, 1987.

[13] Miller C. , *Giambattista Vico*: *Imagination and Historical Knowledge*, New York: St. Martin's Press, 1993.

[14] McCullagh C. B. , *The Truth of History*, London and New York: Routledge, 1998.

[15] Ranke L. , *"Critique of Guicciardini"*, in Wines R, Eds. *The Secret of World History*, New York: Fordham University Press, 1981.

[16] Ricoeur P. , *Memory*, *History*, *Forgetting*, translated by Blamey K. and Pellauer D. , Chicago: University of Chicago Press, 2004.

[17] Rogers J. E. T. , *The Economic Interpretation of History*: (*Lectures delivered in Worcester College Hall*, *Oxford*, *1887—8*), New York: Putnam's Sons; London: T. Fisher Unwen, 1888.

[18] Southgate B. C. , *Postmodernism in History*: *Fear or Freedom?*, New York: Routledge, 2003.

[19] Sweet W. , *The Philosophy of History*: *a Re-examination*. Aldershot, Hants, England: Ashgate, 2004.

[20] Walsh W. H. , *Philosophy of History*: *an Intruduction*. New York and Evanston: Harper & Row, 1958.

后　记

　　这本著作是本人 2014 年承担的河北省社会科学基金项目"历史叙事的真实性问题研究"（课题编号：HB14ZX002）的结题成果。这个项目的研究工作主要是在我的博士毕业论文基础上进行的，其理论成果吸收借鉴了博士论文的大部分研究成果和观点，同时花费大量精力进行了修改和完善。修改和完善的主要部分包括参照中国社会科学出版社的出版规范修改了注释和参考文献的格式、添加了英文目录、修改了部分章节的标题，从头至尾进行了认真的审阅，去掉了许多现在看来不成熟、不准确的理论表述。这个修改完善过程实质上是现在的我和过去的我的一次交流对话，这促使我进一步澄清了自己的思想观点，加深了我对相关问题的认识。

　　博士论文是我过去一个阶段学习成果的总结，也是我非常看重、在我的人生中具有里程碑意义的一部作品。在写作博士论文过程中，身边的师长、同事、好友和亲人给予我很大的帮助和支持。值此作品付梓之时，我的导师杨耕先生在百忙之中为这本著作写作了"序言"，对于导师给予的帮助和支持我表示由衷的感谢。在这本著作出版过程中，中国社会科学出版社编辑宋燕鹏同志进行了认真的审校，我的研究生祖玲玲、张雨晴、燕伟璇、冯薛宇分章节通读了这本著作，对于他们的辛勤付出一并表示感谢。

　　本著作是在修改完善博士论文的基础上形成的，在博士论文写作过程中，师长、朋友和家人给予我许多帮助，在此照录博士论文"致谢"部分如下：

　　别人在撰写博士论文期间是越来越瘦，我却越来越胖了，电子秤上不断攀升的数字说明了这一点。吴向东老师非常关注我的体重，认为我这种现象异乎寻常；三年未曾谋面的同事也纷纷感叹我在读博士期间过的日子不错；妻子也总是抱怨："三年了，家里的事你什么都不管，看把你养得白白胖胖的！"我自己对这种现象也是百思不得其解，想来想去也许只能说明两件事情。首先这证明老子所揭示的学术规律是对的。老子云："为学日益，为道日损。"如果老子的这句话能够用体重来理解的话，那么别人都是在"为道"，而我只能算是在"为学"，"为学"确实能够"日益"。另外，它还证明一条著名的减肥规律是错的。这条减肥规律告诉我们，少睡觉就能达到减肥的效果。我的实践证明这是错的，撰写论文期间的多少个不眠之夜、多少次的辗转反侧都不能使我的体重减损分毫。不管怎么说，在这临近毕业的时刻，一篇博士论文最终还是呈现在大家的面前，总算能够对自己这三年的时光有一个交代了。

一艘船要远航，就必须要有水；一只鸟要飞翔，就必须要有风。船和鸟都要感谢那托起它们的水和风。如果我是一艘小船，那么我的导师杨耕先生就是大海；如果我是一只小小鸟，他就是狂风。没有先生，我很难想象自己能够完成这篇论文的写作。先生对于学生的要求是极为严格的，这种严格首先表现在对于我的学习时间的严格要求。入学后，第一次见到先生，他就要求我："在学期间，除了寒暑假可以回家之外，其他时间都要老老实实地待在学校。"如果我对于这个要求有所违反，先生就会非常不高兴。我记得其中最严重的一次，先生竟然要求我退学。我对这样的要求有时也会有牢骚，但是现在想来，先生如果不这样要求我的话，一些工作和生活上的事务我就很难推掉，先生的严格要求给我提供了推掉一切杂务的借口，保证了我用于读书和写作的时间。有了时间，我才能完成毕业论文的写作。此外，先生对于我的论文的修改意见伴随着我的写作过程的始终，每个意见都会带来论文标题、结构和内容的重大调整，有的时候需要删掉一节，有的时候需要删掉一章，乃至于我在写每一个字的时候都会想先生对这种表述会有什么意见，能否通过他的审查。我的论文就是在这种状态下完成的，这篇论文凝结着先生的智慧和汗水，我对于先生的指导和教诲表示由衷的感谢。

我还要感谢学院的其他老师，在开题和预答辩的过程中，张曙光教授、吴向东教授、沈湘平教授、朱红文教授、崔新建教授、兰久富教授对我的论文提纲和内容提出了许多宝贵的意见，没有这些意见，这篇论文远不是现在这个模样。在读博士学位的三年间，我还在王成兵教授和李红教授的课堂上学到了许多东西，除此之外，我还有幸聆听了李景林教授和刘孝廷教授的讲座，他们的话语中充满着智慧，我从中得到许多启发，谢谢你们！

我还必须感谢攻读硕士学位期间的导师崔绪治教授，老先生已经退休，在香港和美国居住的时间也许要比在国内的时间更多，能够联系的时间很少，但是每次通话，在他的话语中总是充满着殷切的期望和关注。在北师大读书期间，我还有幸在一次学术会议上见到了在苏州大学读书时的老师任平教授，他认真询问了我的学业和生活现状以及论文的写作规划，见到他的时候感到无比的亲切，在此，谢谢他对我的关心。

我要感谢我的父母、妻子和女儿，他们给予我无私的帮助和支持。读书的三年中，父母分居两地，母亲一直帮我照顾着孩子。妻子也在攻读博士学位，但是为了我能够早点毕业，她义无反顾地挑起家庭的重担，一次又一次地延迟了毕业的时间。女儿还小，大部分时间是与奶奶和妈妈一起度过的，我在她的眼中几乎成为一个外人。当她问我"什么时候你能到我们家来"的时候，我的心中就充满了无限的伤感。毕业了，我要重新回到家庭中去了，去尽一个父亲应该尽到的责任。

张云飞

2016 年 10 月 1 日